GESPRÄCHE mit Lehrern

EINE *Collage*

Steffen Strohmenger

GESPRÄCHE MIT LEHRERN

Eine Collage

Aus der
Reihe
Berufswelten

Sinnreich & Schweitzer | Berlin

Aus der Reihe *Berufswelten,* Band 1

MIX
Papier aus verantwortungsvollen Quellen
FSC® C083411

Die Deutsche Nationalbibliothek verzeichnet diese Publikation in der Deutschen Nationalbibliografie; detaillierte bibliografische Daten sind im Internet über www.dnb.de abrufbar

1. Auflage, 2016

Umschlaggestaltung: Anne-Catherine Escher, Berlin
Layout: Marina Siegemund, Berlin
Satz: Im Verlag
Druck und Bindung: CPI books GmbH, Leck

ISBN 978-3-946283-00-3

www.sinnreich-schweitzer.de

INHALT

Einleitung

In einer inszenierten Gesprächsrunde berichten 22 Lehrer und Lehrerinnen über die Erfahrungen ihres Berufsalltags. Wir hören die Stimmen von Vertretern unterschiedlicher Schulformen: von Grundschule, Haupt- und Realschule über Gymnasium, Sonderschule, Waldorfschule bis hin zu Berufs- und Auslandsschule. Wir begegnen Lehrern und Lehrerinnen unterschiedlicher Unterrichtsfächer, die sich noch im Referendariat befinden, die aus der Mitte ihres Berufslebens berichten oder die aus dem Ruhestand auf ein langes Lehrersein zurückblicken.

Die Interviews, die der hier präsentierten Gesprächscollage zugrunde liegen, wurden von mir in den Jahren 2010 bis 2012 geführt. Die Auswahl der Gesprächspartner erfolgte eher zufällig. Es handelt sich um Kontakte aus dem Freundes- und Bekanntenkreis, um Weiterempfehlungen oder um Menschen, denen ich in diesen Jahren begegnet bin. Wichtig sollte sein, dass bei der Auswahl eine möglichst große Bandbreite verschiedener Erfahrungshintergründe zum Tragen kommt.

Die Interviewgespräche wurden aufgenommen und anschließend wörtlich und vollständig transkribiert, um dann zu der hier inszenierten Gesprächsrunde zusammengestellt zu werden. Das heißt, es handelt sich bei allen Gesprächsbeiträgen um die Originalwortlaute aus den geführten Interviews. Die Interviewpassagen wurden ausgedünnt, es gibt kleine Korrekturen um der Verständlichkeit und der Lesbarkeit willen. Aber – das war das oberste Gebot – es gibt keine Abwandlungen oder Hinzufügungen meinerseits. Bei den Namen der Gesprächsteilnehmer handelt es sich um Pseudonyme. Die konkreten Schulen wurden anonymisiert. Die Interviews wurden einzeln und unabhängig voneinander geführt. Nur LENA und ANKE sowie KLAUS und GUNNAR wurden gemeinsam interviewt. Die hier inszenierte Gesprächsrunde hat also in dieser Form niemals stattgefunden, obwohl – so ist es zumindest mein Empfinden – man sich nicht ganz dem Eindruck entziehen kann, als würden die Gesprächspartner tatsächlich zusammen an einem runden Tisch sitzen und gemeinsam miteinander diskutieren. So ist das mit der sozialen Dimension der Diskurse.

Am Anfang, in Szene I, steht die Frage, wie es zum Berufswunsch Lehrer gekommen ist. Ist man selbst früher eigentlich gerne zur Schule gegangen? Szene II spricht über die Zeit des Studiums. Hat das Studium Spaß gemacht? Warum hat man sich für welche Schulform und welche Fächerkombination entschieden? Szene III handelt von der Zeit des Referendariats. Ist es wirklich, wie zumindest einige erinnern, die schlimmste Zeit im Leben gewesen? In Szene IV geht es um den Berufseinstieg und eine Beschreibung der Schule, an der man gegenwärtig tätig ist. Wie sieht die Arbeitswoche aus? Was hat man alles zu tun? Szene V widmet sich der Schülerschaft. Was hat man für Schüler und wie ist es um die Lernbereitschaft und die Disziplin bestellt? War es früher anders als heute? Und wie verhält es sich mit dem Thema der Schüler mit Migrationshintergrund? Die Szenen VI und VII drehen sich um die Fragen des Lehrerseins. Welche Tipps und Tricks hat man, um in der Klasse für Ruhe und Ordnung zu sorgen? Wie hält man es mit Strafen? Ist einem auch schon mal der Kragen geplatzt? Was hat man für einen pädagogischen Stil? Unterrichtet man lieber die Kleinen oder die Großen? Ist es leichter mit Jungen oder mit Mädchen? Wie gestaltet sich die Zusammenarbeit mit den Eltern? Und wie ist das Verhältnis zu den Kollegen? In Szene VIII spricht man über das Schöne, die Belohnungen des Lehrerberufs, aber auch über die gesundheitlichen Belastungen und die allgegenwärtige Bedrohung durch den Burnout. Ist man trotz allem noch gerne an der Schule? In Szene IX geht es allgemein um das Schulsystem in Deutschland. Wie steht man zur Zusammenlegung von Haupt- und Realschule? Was hält man von Waldorfschule, Montessoripädagogik und von Privatschulen allgemein? Welche Probleme sieht man bei der deutschen Schulpolitik? Fährt Berlin den »Karren an die Wand«? Und schließlich, wie ist es um das Ansehen des Lehrers in deutschen Landen bestellt? Denken die Menschen wirklich, dass Lehrer »faule Säcke« sind? Und Szene X fragt zum Abschluss danach, inwieweit man mit der Berufswahl als Lehrer zufrieden ist und ob man es – noch einmal vor die Wahl gestellt – denn wieder täte.

Bei den Aussagen der Gesprächsteilnehmer, das sollte klar sein, handelt es sich um subjektive Einschätzungen und persönlich gemachte Erfahrungen. Das Buch ist kein offiziell von Expertenhand verbriefter Bericht über das Lehrersein in Deutschland, noch ein autoritativer Ratgeber für oder wider das Ergreifen des Lehrerberufs. Es breitet vielmehr verschiedene Sichtweisen aus, gewährt Einblicke in den Berufsalltag und erzählt von den Erfahrungen, die man machen kann, wenn man sich aufmacht, den Lehrerberuf zu ergreifen.

Persönlich bin ich nachhaltig beeindruckt, mit wie viel Leidenschaft, Überzeugung und Engagement die meisten Gesprächsteilnehmer von ihrem Beruf erzählen – auch dann noch, wenn man schon lange Jahre auf ein nicht wenig strapaziöses Berufsleben zurückblicken kann. Diese Bereitschaft, sich auch über ein gefordertes Maß hinaus in den Berufsalltag einzubringen und sich mit seiner Aufgabe zu identifizieren, ist eine kostbare Ressource, auf die der Schulbetrieb in seinem Funktionieren unbedingt angewiesen ist. Allerdings mag auch deutlich werden, wie sehr diese Ressource der Gefahr ausgesetzt ist, im Schulalltag über die Zeit verschlissen zu werden: durch Arbeitsüberlastung, durch den oft anstrengenden Umgang mit Schülern (und Eltern), durch das Damoklesschwert des Burnouts sowie durch die vielen Zumutungen und Insensibilitäten vonseiten der Schulpolitik. Man scheint gut beraten zu sein, als Lehrer rechtzeitig auf seine nervlichen Grenzen zu achten. Dennoch, gefragt, ob man mit seiner Berufswahl zufrieden ist, und ob man es wieder machen würde, ein mancher weiß dazu ein klares Bekenntnis abzulegen: »Das ist der schönste Beruf, den ich mir vorstellen kann.« Chapeau!

Gedacht ist das Buch zum einen für diejenigen, die sich für den Lehrerberuf interessieren und die sich mit der Überlegung tragen, diesen Weg einzuschlagen. Ihnen soll der kleine Band – mit seinen Berichten aus der Praxis – helfen, sich ein Bild zu machen, was einem auf diesem Weg möglicherweise alles erwartet. Zum anderen hofft das Buch aber auch unter einer gestandenen Lehrerschaft seine Leser zu finden. Man mag amüsiert reinhören, wie es bei den Kollegen so läuft. Und schließlich sind auch Schüler, Eltern und alle anderen, die sich für das Thema interessieren, eingeladen, die Berufswelt Lehrer aus dem Inneren heraus etwas genauer kennen und vermutlich auch schätzen zu lernen.

Bleibt mir zum Schluss, mich zu bedanken: bei den Gesprächsteilnehmern dieser Collage, dass sie ihre Erfahrungen mit mir geteilt haben; bei meiner Frau Anne-Catherine Escher, die den Entstehungsprozess dieses Buches von Anbeginn mit Rat und Tat begleitet und unterstützt hat; sowie bei allen anderen, die zu seinem Gelingen beigetragen haben.

Steffen Strohmenger, Berlin, im Oktober 2015

DIE GESPRÄCHSTEILNEHMER

Anke ist 30 Jahre alt und kommt aus Ostberlin. Wie ihre Freundin Lena studiert sie in Potsdam Lehramt für die Primarstufe in den Fächern Englisch, Mathematik und Sachkunde. Ihr Referendariat macht sie an einer Grundschule am Prenzlauer Berg in Berlin, wo sie als Grundschullehrerin übernommen wird und seit zwei Jahren in den Klassen Eins bis Sechs im jahrgangsübergreifenden Lernen (»JÜL«) unterrichtet. *Es ist schon viel Arbeit, ohne Frage. Aber ich würde nie was anderes machen wollen. Also Lehrer ist genau das, was ich machen will und auch immer schon wollte.*

Dagmar ist 61 Jahre alt und gebürtige Westberlinerin. Sie studiert in ihrer Heimatstadt Lehramt für Deutsch und Biologie und macht dort ihr Referendariat an demselben Gymnasium, an dem sie auch anschließend für sieben Jahre als Lehrerin tätig ist. Danach wechselt sie an ihre heutige Schule, ein Gymnasium in Berlin Tempelhof, wo sie nun seit dreißig Jahren ihre beiden Studienfächer unterrichtet. Sie ist zudem Fachseminarleiterin für die Lehrerausbildung im Referendariat für das Fach Deutsch. Mit ihrer Arbeitskollegin Svenja ist Dagmar befreundet. *Für mich ist auch klar, wenn ich 65 bin, ist Schluss. Ich bin keiner, der sagt: »Ich halte das ohne Schule nicht aus.« Also ich hab jetzt schon tausend Ideen, was ich alles machen kann.*

Georg ist 53 Jahre alt und kommt aus einer brandenburgischen Kleinstadt in der ehemaligen DDR. Nach einem Studium für Polytechnik und einem Zusatzstudium in Informatik arbeitet er als Lehrer für Polytechnik an verschiedenen Ostberliner Schulen und Betrieben. Nach der Wende absolviert er ein Zusatzstudium in Mathematik und arbeitet seitdem an verschiedenen Berliner Realschulen als Lehrer für Mathematik, Informatik und Arbeitslehre. An seiner jetzigen Schule in Berlin Schöneberg ist er seit einem Jahr. Georg und Kirsten sind Arbeitskollegen. *In mir steckt so ein gewisser Preuße drin, Pflichterfüllung. Also ich kann nicht lau. Ich bin von meinem Typ nicht lau. Entweder heiß oder kalt. Wie sagt AC/DC so schön: »I'm hot and when I'm not, I'm cold as ice.«*

Gunnar ist 61 Jahre alt und kommt aus Ostwestfalen. Er studiert Sport, Deutsch und Biologie auf Diplom in Bielefeld. Seit nunmehr 36 Jahren ist er Lehrer an einer Hauptschule in seiner Heimatstadt, zusammen mit seinem Freund und Kollegen Klaus. Ihm bleiben noch anderthalb Jahre, bis er in Frührente gehen will. *Ich bin eigentlich die meiste Zeit meines Berufslebens zufrieden gewesen. Aber ich bin jetzt auch froh, dass es zu Ende geht und dass ich hoffentlich meinen Ruhestand noch lange genießen kann.*

Heiko ist 49 Jahre alt und kommt aus Westfalen. Er absolviert zunächst ein Diplomstudium an der Sporthochschule Köln und anschließend ein berufsbegleitendes Lehramtsstudium für Grund- und Hauptschule in Geschichte und Wirtschaftslehre. Danach arbeitet er sechzehn Jahre an einer Schule für Erziehungshilfe mit Heimunterbringung in einer Kleinstadt im Schwarzwald. Seit drei Jahren ist er mit seiner Frau Marion und ihrem gemeinsamen Sohn im Rahmen einer Freistellung für den Auslandsschuldienst als Sportlehrer an der Deutschen Schule in Kairo. *Man darf jetzt nicht denken, dass es das Wichtigste im Leben ist, dass mein Schüler, der da sitzt, bruchrechnen kann. Es ist wichtig, dass das ein anständiger Kerl wird. Wir müssen gucken, dass der nicht mit achtzehn im Knast sitzt und der Gesellschaft Kosten macht. Und wenn er dann noch ein bisschen bruchrechnen kann, ist das in Ordnung.*

Helmuth ist 71 Jahre alt und kommt aus Ostwestfalen. Er absolviert in Bonn und Münster ein Lehramtsstudium für die Sekundarstufe II in den Fächern Deutsch, Erdkunde und Sport. Bis zu seiner Pensionierung vor acht Jahren arbeitet er in seiner Heimatstadt als Lehrer für die genannten Fächer an einem naturwissenschaftlichen Gymnasium, einer ehemaligen Jungenschule, 35 Jahre lang. *Also ich muss sagen, ich blicke auf mein ganzes Lehrerdasein sehr positiv zurück. Ich habe auch ganz selten frustrierende Erlebisse gehabt. Es hat mir Freude gemacht bis zum Schluss.*

Holger stammt aus dem Saarland und ist 60 Jahre alt. In Berlin absolviert er ein Magisterstudium in Geschichte, Philosophie und Romanistik, mit anschließender Promotion. Nach einer zweijährigen Eurythmie-Ausbildung wird er Lehrer an einer Berliner Waldorfschule, wo er als Klassenbetreuer in Geschichte, Deutsch, Philosophie und Politischer Weltkunde unterrichtet, insgesamt 24 Jahre lang. Vor sechs Jahren erleidet er einen Herzinfarkt und befindet sich seitdem im Vorruhestand. *Also mit Druck irgendwas erreichen beim Kind, mein Gott, das kann jeder. Aber aus der Sache heraus zu wirken, das ist anders.*

Inge ist 70 Jahre alt und kommt aus dem Schwarzwald. Sie studiert zunächst Grundschulpädagogik mit Wahlfach Musik und arbeitet als Grundschullehrerin in einer kleinen Ortschaft in ihrer Heimatregion. Nach einem Zusatzstudium für Sonderpädagogik arbeitet sie über sieben Jahre an diversen Sonderschulen in Süddeutschland und anschließend für insgesamt 21 Jahre an zwei Sonderschulen für Lernbehinderte in Berlin Neukölln und Tempelhof. Mit 48 Jahren nimmt sie berufsbegleitend ein Ergänzungsstudium für Musiktherapie auf und ist anschließend für fünf Jahre an einer Berliner Einrichtung für schwerstmehrfachbehinderte Kinder tätig. Im Alter von 57 Jahren muss Inge mit akutem Burnout in den Vorruhestand gehen. Sie veröffentlicht Bücher und Musik für Bewegungsspiele für Kinder. *Sonderschullehrer ist eine Herausforderung der Person. Sie kriegen ganz viel als Gegenleistung, wenn es Ihnen gelingt, eine gute Beziehung zu diesen Menschen herzustellen. Das ist schwer. Das ist wirklich schwer. Aber wenn Sie das geschafft haben, dann ist es wundervoll.*

Katja kommt aus Norddeutschland und ist 45 Jahre alt. Nach ihrer Ausbildung und Tätigkeit als Erzieherin holt sie mit 29 Jahren das Abitur auf dem zweiten Bildungsweg nach und beginnt in Berlin ein Lehramtsstudium für Kunst sowie ein Studium für Sonderpädagogik. Nach einem Studienjahr für »Freie Kunst« in London macht sie ihr Referendariat an einer Förderschule für Lernbehinderte im Rollbergkiez, einem so genannten sozialen Brennpunkt in Berlin Neukölln. Seit drei Jahren ist Katja an einer privaten evangelischen Grundschule als Klassenlehrerin und Leiterin für den »Fachausschuss Integration« tätig. *Also die meisten, die mich kennenlernen, die sagen, dass sie das beeindruckend finden, dass ich so ruhig bleibe, auch in Situationen, wo sie schon längst lospoltern würden.*

Kirsten ist 52 Jahre alt und stammt aus einer Kleinstadt in Niedersachsen. Sie studiert in Berlin Lehramt Sekundarstufe I und II für Deutsch und Geschichte. Anschließend absolviert sie ein Magisterstudium in Amerikanistik, Germanistik und Politologie. Kirsten arbeitet zunächst in unterschiedlichen Einrichtungen der Erwachsenenbildung, bevor sie mit 37 Jahren in den Schuldienst geht, wo sie an verschiedenen Berliner Realschulen als Lehrerin für Deutsch, Geschichte und Englisch tätig ist. An ihrer jetzigen Schule, einer Realschule in Berlin Tempelhof, ist sie seit sechs Jahren. Zurzeit macht sie eine Weiterbildung für den Ethikunterricht. Kirsten und Georg sind Arbeitskollegen. *Ich erzähle viel. Ich lache viel. Ich bin selten übellaunig. Ich laufe viel rum, ich sitze nicht an meinem Platz. Ich hätte gerne ein Stehpult, das wäre perfekt.*

Klaus ist 64 Jahre alt und kommt aus Ostwestfalen. Nach seiner Mittleren Reife macht er zunächst eine Ausbildung zum Rechtsanwaltsgehilfen. Durch eine Begabtensonderprüfung bekommt er in Paderborn die Zulassung für das Lehramtsstudium für die Sekundarstufe 1, wo er die Fächer Sport, Deutsch und Geschichte studiert. Er arbeitet seit nunmehr 37 Jahren als Lehrer an verschiedenen Hauptschulen in seiner Heimatregion, davon neunzehn Jahre an seiner jetzigen Schule, zusammen mit seinem Freund und Kollegen Gunnar. Noch ein Jahr, dann geht Klaus in Rente. *Grundsätzlich muss ich sagen, der Lehrberuf war für mich eine Berufung. Ich konnte meine Hobbys, meine Interessen mit meinem Beruf wunderbar verbinden. Ich war ein überzeugter Lehrer.*

Lena ist 29 Jahre alt und kommt aus Westberlin. Sie verbringt ein Schuljahr in den USA und studiert zusammen mit ihrer Freundin Anke in Potsdam Lehramt für die Primarstufe in den Fächern Englisch, Mathematik und Sachkunde. Nach ihrem Referendariat ist sie seit einem Jahr in Berlin als Grundschullehrerin an einer ganztägigen Bilingualen (Deutsch und Englisch) Privatschule tätig und unterrichtet dort als Klassenlehrerin eine erste Klasse. *Die hampeln auf dem Tisch. Die klettern auf den Stuhl. Die stehen alle fünf Minuten auf und müssen aufs Klo. Oder müssen ihren Bleistift anspitzen. Müssen in ihrer Federtasche irgendwas rumkramen. Fangen an zu singen oder zu summen oder irgendwelche Geräusche zu machen. Spielen mit den Fingern tap tap tap auf dem Tisch oder treten auf dem Boden rum, schlurfen oder ruckeln auf ihrem Stuhl hin und her. Das sind so die Hauptphänomene, die einen dann wild machen können.*

Mahmud ist 35 Jahre alt und stammt aus Casablanca in Marokko. Mit 22 Jahren kommt er nach Berlin und absolviert dort ein Studium der Elektrotechnik. Im Anschluss beginnt er ein Lehramtsstudium für Mathematik und Elektrotechnik und ist jetzt seit anderthalb Jahren im Referendariat an einer Berliner Berufsschule für technische Berufe. *In Elektrotechnik habe ich zum Beispiel eine Klasse, da merke ich, die Schüler, die freuen sich wirklich, dass sie bei mir sind. Das sagen sie sogar: »Herr Zahir, wie schade, dass wir heute keine Elektrotechnik bei Ihnen haben.«*

Marion ist 45 Jahre alt und stammt aus einer Kleinstadt im Schwarzwald. Sie studiert zunächst Sozialpädagogik und arbeitet anschließend drei Jahre in einer Einrichtung für Geistigbehinderte. Mit 25 Jahren nimmt sie in Karlsruhe ein zweites Studium für Lehramt der Sekundarstufe I in den Fächern Musik, Erdkunde und Geschichte auf. Nach ihrem Referendariat arbeitet sie für zehn Jahre an einer Grund- und einer Hauptschule in einer Kleinstadt in Baden-Württemberg. Seit drei Jahren ist sie mit ihrem Ehemann HEIKO und ihrem gemeinsamen Sohn im Rahmen einer Freistellung für den Auslandsschuldienst als Musiklehrerin an der Deutschen Schule in Kairo. *Man hat hier in Ägypten keine Schwierigkeiten, dass die Kinder unverschämt werden. Also sie sind sehr höflich und gehen auch sehr liebevoll mit den Lehrern um.*

MARTIN ist 47 Jahre alt und stammt aus Offenbach am Main. Er absolviert in Freiburg ein Magisterstudium in Theologie und Geschichte, mit einer Zusatzausbildung als Religionslehrer. Anschließend arbeitet er zunächst für sieben Jahre als Religionslehrer an verschiedenen Berliner Grundschulen, parallel zu einer Tätigkeit in der evangelischen Gemeinde. Danach ist er für elf Jahre vollzeitlich als Pastor tätig, bevor er vor drei Jahren als Lehrer für Religion, Geschichte, Latein und Englisch an eine evangelische Privatschule in Hamburg geht. Martin lebt weiterhin in Berlin und ist mit PIA verheiratet. *Also mir persönlich geht es darum, den Schülern irgendwie nahezubringen, dass der christliche Glaube, oder ein Leben mit Jesus, eine spannende Sache ist, dass das nichts Langweiliges ist, sondern dass dadurch das Leben Sinn macht.*

OLIVER ist 49 Jahre alt. Er studiert in Paderborn Lehramt für Geschichte, Sozialwissenschaften und Mathematik. Sein Referendariat macht er an einem Gymnasium in Aachen. Dort arbeitet er anschließend für sechs Jahre als Lehrer an einer Gesamtschule. Nun ist er seit elf Jahren an einer Gesamtschule in Ostwestfalen, wo er u.a. Mathematik, Geschichte und Gesellschaftslehre unterrichtet. *Das ist schon so mein Traumberuf. Das macht mir heute noch Spaß, nach zwanzig Jahren. Ja, ich gehe da eigentlich so drin auf, muss ich sagen.*

PIA ist 38 Jahre alt und gebürtige Westberlinerin. Sie studiert in ihrer Heimatstadt Lehramt für Musik und Latein. Ihr Referendariat absolviert sie an einem Gymnasium im wohlhabenden Berliner Stadtbezirk Dahlem, wo sie auch heute noch, inzwischen verbeamtet, arbeitet. Seit zwei Jahren ist sie zudem mit einer halben Stelle als Universitätsdozentin im Bereich der Lehrerausbildung für Fachdidaktik Latein tätig. Pia ist mit MARTIN verheiratet. *Ich bin vom Typ her bestimmt keine ruhige, zurückgezogene Lehrerin. Gar nicht. Ich glaube, die Schüler hören mir aber auch gerne zu, wenn ich rede. Ich darf nur nicht zu viel reden.*

SANDRA ist 42 Jahre alt und kommt aus Ostwestfalen. Nach einem Biologiestudium lebt sie für elf Jahre in Australien und auf den Salomonen, wo sie zunächst als Meeresbiologin und später als Bildhauerin arbeitet. Nach ihrer Rückkehr nach Deutschland nimmt sie mit 39 Jahren in Paderborn ein Lehramtsstudium für Kunst und Biologie auf. Heute ist sie seit einem Jahr im Referendariat an einem Gymnasium in ihrer Heimatregion. *Ich freue mich darauf, wenn dieser ganze Ausbildungskrempel erledigt ist, wenn ich das hinter mir habe und an einer Schule bin, wo ich mich mit dem Kollegium und den Schülern wohlfühle und dann so richtig schöne Projekte verwirklichen kann. Ja, da freue ich mich darauf. Und dann auch auf das regelmäßige Geld.*

STEFFEN ist 49 Jahre alt und lebt mit seiner Familie in Berlin Kreuzberg. Er hat Ethnologie studiert und mehrere Jahre in Kairo in Ägypten gelebt. Er hat die Interviews mit den Lehrern geführt und zu der hier inszenierten Gesprächscollage verarbeitet. Aufgewachsen ist Steffen in Lippe Detmold, einer wunderschönen Stadt in Ostwestfalen. Dort ist er auch auf die Schule gegangen.

SVENJA ist 33 Jahre alt und stammt aus Mecklenburg-Vorpommern. Sie studiert in Berlin Lehramt Sekundarstufe II für Deutsch und Französisch. Während des Studiums geht sie für zwei Jahre als Fremdsprachenassistentin für Deutsch nach Frankreich. Danach arbeitet sie als wissenschaftliche Mitarbeiterin an der FU Berlin und legt dort ihre Promotion ab. Sie macht ihr Referendariat an einem Gymnasium in Berlin Tempelhof, wo sie anschließend auch als Lehrerin übernommen wird und seit einem Jahr die Fächer Deutsch und Französisch unterrichtet. Svenja und DAGMAR sind Arbeitskolleginnen und gut miteinander befreundet. *Also immer dieses »Ach, jetzt habt ihr schon wieder Ferien«, das nervt. Was viele gar nicht sehen, in der Abiturszeit, da hast du schon* *eine Siebzig-Stunden-Woche, aber locker. Und dafür kriegst du nischt. Diese Abiturswochen, so sechs bis acht Wochen, das ist krass.*

Tanja ist 46 Jahre alt und kommt aus Westberlin. Nach einer Ausbildung als Erzieherin studiert sie in ihrer Heimatstadt Grundschulpädagogik und Englisch. Im Anschluss geht sie für ein Jahr nach England, wo sie als Deutschlehrerin arbeitet. Wieder zurück in Berlin studiert sie Lehramt für die Sekundarstufe I für Englisch und Deutsch. Nach ihrem Referendariat an einer Realschule arbeitet sie seit mittlerweile zwei Jahren an einer Hauptschule in Berlin Kreuzberg, einer Projektschule für Duales Lernen für neunte und zehnte Klassen. Sie unterrichtet dort Englisch und Kunst und betreut die Berufspraktika der Schüler. *Also ich arbeite an einer Stelle, wo ich sehr viel mit dem geballten menschlichen Elend zu tun habe. Das sind einfach sozialschwache Familien, bildungsferne Familien, wo die jungen Menschen durch die Familienstruktur so irritiert sind, dass sie da gar nicht richtig funktionieren können.*

Thomas ist 43 Jahre alt. In der ehemaligen DDR geboren und aufgewachsen, absolviert er zunächst in Magdeburg ein Diplomstudium der Mathematik, um nach der Wende in Berlin ein Lehramtsstudium in Mathematik und Geschichte aufzunehmen. Nach seinem Referendariat an einem Berliner Gymnasium ist er seit neun Jahren Lehrer für Mathematik am Berliner Oberstufenzentrum für das Gastgewerbe, mit ca. 6000 Schülern und Auszubildenden eine der größten beruflichen Schulen Deutschlands. Inzwischen ist Thomas auch Fachbereichsleiter für Mathematik. *Wir sind schon ein ziemliches Großunternehmen. Ich glaube, wir sind die größte Schule Deutschlands. Es ist extrem anonym, weil es einfach so gigantisch groß ist. Vor zwei Jahren, da hatten wir zum Beispiel 35 Parallelklassen á dreißig Köche, die nur erstes Ausbildungsjahr waren.*

Vincent kommt aus Norddeutschland und ist 29 Jahre alt. Nach einem Studium der Sonderpädagogik in Köln unternimmt er eine zweijährige waldorf-spezifische Weiterbildung als »Lehrer in der Heilpädagogik« in Hamburg. Sein Referendariat macht er an einer Berliner

Waldorfschule für Geistigbehinderte, wo er auch seit einem Jahr als »Nachmittagslehrer« für eine erste und zweite Klasse arbeitet. *Also es gab Zeiten, wo ich nicht gesagt habe, dass ich an einer Waldorfschule arbeite, weil ich keine Lust hatte, mir immer dieses »Ach ja, da tanzt ihr ja euren Namen« anzuhören.*

SZENE I

DIE BERUFSWAHL

Berufswunsch Lehrer?

STEFFEN: Wie kam es dazu, dass ihr Lehrer geworden seid? War das schon immer euer Wunschberuf?

DAGMAR: Mit sechzehn wollte ich Stewardess werden, aber dafür war ich a) zu klein und b) hätte ich zu viele Fremdsprachen lernen müssen. Ich wollte dann relativ schnell Lehrerin werden und ich hatte ein ganz simples Motiv: Ich hatte zum Teil richtig schlechte Lehrer gehabt und ich hatte immer gedacht, Lehrer zu sein, das muss doch eigentlich Spaß machen und man muss es besser machen können als die. Das war mein Motiv.

GUNNAR: Ich wollte Flugzeugführer werden. Ich hatte mich da auch beworben. Aber das hat nicht geklappt. Und ich muss sagen, im Nachhinein bin ich da auch nicht traurig drüber.

ANKE: Sagen wir mal so, erst wollte ich Kindergärtnerin werden. Das ist der erste Berufswunsch, an den ich mich erinnern kann. Und dann kam damals die Wende und die Möglichkeit, dass man auch studieren konnte. Seitdem war eigentlich für mich klar, dass ich Lehrerin werde. Das stand für mich außer Frage. Denn ich bin gerne zur Schule gegangen. Ich fand das großartig, mit Kindern zu arbeiten, Kindern etwas beizubringen.

LENA: Ich wollte schon immer mit Kindern arbeiten, also etwas, was irgendwie mit Kindern zu tun hat. Ich habe auch immer gerne gebabysittet. Und dann habe ich irgendwann meine Liebe für Englisch entdeckt und gedacht: »Man könnte den Kindern gut Englisch beibringen.« Ich habe ja während der Schulzeit ein Jahr in Amerika gelebt. Da ist die Liebe zu Englisch entstanden. Und so kam es, dass ich gedacht habe, ich will das zu meinem Beruf machen.

SANDRA: Also Lehrer ist ganz bestimmt nicht mein Wunschberuf gewesen. Aber ich hatte früher immer das Gefühl gehabt, ich sollte eigentlich Lehrerin werden. Ich hab das aber immer beiseitegeschoben, weil ich gedacht habe, wenn ich das mal so sagen darf: »Die armen Schweine! Ich möchte das nicht machen müssen. Die tun mir leid.«

INGE: Alle wollten, dass ich Lehrerin werde, weil ich es offensichtlich immer gut verstanden habe mit Kindern. Das war schon in der Schule so. Aber ich wollte es nie werden. Also es war so: Meine Mutter war ja Kriegerwitwe und hatte ganz einfach keine finanziellen Möglichkeiten, mich zum Studium zu schicken. Ich hatte natürlich schon Träume gehabt. Ich hätte gerne Musik studiert. Ich war auch sehr gut. Aber da war nichts drin. Meine kluge Mutter sagte mir: »Werde du bitte Lehrerin! Das ist eine schnelle Ausbildung. Du kommst in den Staatsdienst. Du hast dein klares Geld. Du musst dich um nichts kümmern und wirst später mal eine Pension haben.« Da mir nichts anderes übrig geblieben ist und da ich immer ein sehr folgsames Kind war, habe ich zugestimmt.

HELMUTH: Mein Vater war Lehrer gewesen. Ich hatte auch einige Male bei ihm im Unterricht mit zugehört. Das hatte mir immer gefallen.

VINCENT: Sicherlich bin ich indirekt dadurch beeinflusst worden, dass meine Mutter auch Lehrerin gewesen ist. Wobei meine Mutter aber nie gesagt hat: »Ja, du musst das machen«, sondern das Interesse ist auch aus mir heraus entstanden. Aber sicherlich war meine Mutter indirekt auch so ein Vorbild.

GEORG: Mein Vater und meine Mutter waren ja auch beide Lehrer. Das heißt, ich habe das alles zu Hause erlebt. Und ich muss natürlich sagen, dass bestimmte Dinge einfach schön sind, weil man mit Menschen umgeht. Das hat mich gereizt. Das andere war, dass ich schon in der Schulzeit Gruppen betreut habe auf freiwilliger Basis. Das hat mir durchaus Spaß gemacht. Und als ich dann mit der Schule fertig war, habe ich irgendwann entschieden, Lehrer zu werden, weil mir viele Berufe nicht attraktiv vorkamen. Die technischen Berufe kamen mir in der DDR nicht wirklich attraktiv vor und ich hatte immer ein Interesse, mit Menschen zu arbeiten.

KIRSTEN: Lehrerin, nein, absolut nicht. Bei mir kam der Gedanke erst kurz vorm Abi. Zunächst habe ich den Beruf eher kritisch gesehen, wahrscheinlich, weil ich aus einer Lehrerfamilie komme und mein Vater zu allem Überfluss auch noch der Leiter der Schule war, an der ich gewesen bin. Also sprich, das war sehr anstrengend. Mir war aber klar, ich möchte irgendwas machen, was mit Menschen zu tun hat. Also ich hätte niemals Jura studiert. Das wäre das Allerletzte gewesen für mich. Jura finde ich grauenhaft, finde ich absolut grauenhaft. Es hätte nicht zwangsläufig Lehrerin sein müssen, aber ich dachte dann: »Ach, eigentlich bist du selber gerne zur Schule gegangen, trotz aller Schwierigkeiten. Und dann versuchst du das mal.«

THOMAS: Überhaupt nicht. Überhaupt nicht. Also das kam bei mir sehr spät. Das hat auch damit zu tun, dass ich ja aus dem Osten komme und eigentlich mit Lehrern und Schule wirklich nichts am Hut hatte und damit auch gar nichts zu tun haben wollte. Das hat sich alles erst mit der Wende ergeben.

OLIVER: Ich hab als Schüler nach der Schule öfter Nachhilfeunterricht gegeben, in Mathe und so. Das hat mir eigentlich immer Spaß gemacht. Da habe ich mir gedacht: »Mensch, eigentlich wäre das genau das Richtige für dich. Du gehst gern zur Schule. Und mit Menschen zu arbeiten finde ich toll.« Da habe ich das entschieden: Ich werde studieren und werde Lehrer. Und es hat sich für mich dann ja auch erwiesen, dass es genau das Richtige ist. Das ist schon so mein Traumberuf. Das macht mir heute noch Spaß, nach zwanzig Jahren. Ja, ich gehe da eigentlich drin auf, muss ich sagen.

TANJA: Lehrerin zu werden? Also sicherlich nicht zu Schulzeiten. Ich glaube, die Überlegungen dazu kamen wirklich erst in der Zeit, wo ich schon als Erzieherin gearbeitet habe und gemerkt habe, das mache ich nicht bis an mein Lebensende. Ich möchte gerne mein

Abitur noch nutzen und diese andere Welt im Studium kennenlernen. Ja, und dann war das naheliegend. Aber dass ich irgendwie schon als Kind gesagt hätte: »Ich möchte Lehrerin werden«, niemals.

VINCENT: Also eigentlich wollte ich kein Lehrer werden. Ich wollte eher so in Richtung Sozialpädagogik studieren. Ich habe dann überlegt: Was kann man damit machen? Und da bin ich auf die Idee gekommen, nicht auf normales Lehramt zu studieren, sondern eben für Kinder mit Behinderungen. Nach dem Abi war ich dann hier in Berlin im Zivildienst in einem Wohnheim für Menschen mit geistigen Behinderungen. Das hatte mir sehr viel Spaß gemacht. Ich habe mich dann für Sonderpädagogik beworben, habe in Köln einen Studienplatz bekommen und dort neun Semester studiert.

HOLGER: Ja, als Kind schon, als Kind schon. Aber wenn man sich dann näher damit beschäftigt, hat man irgendwann gesagt: »Nee, also in das System gehe ich nicht rein. Das mache ich nicht.« Deshalb habe ich auch nie auf Lehramt studiert. Ich bin erst auf die Idee gekommen, als ich mit der Anthroposophie und der Waldorfschule bekannt wurde und dann gemerkt habe: Das ist ja ein ganz anderes Schulsystem, so ein Schulsystem ohne Noten, ohne Sitzenbleiben, ohne Druck. Das hat mir zugesagt. Wenn ich früher gewusst hätte, dass es die Waldorfschule gibt, dann wäre ich wahrscheinlich zielstrebig drauf zugegangen.

PIA: Eigentlich hat mir das immer Spaß gemacht, anderen was beizubringen. Ich hatte schon in der Schulzeit Musikunterricht gegeben, also kleine Kinder in Klavier und Flöte unterrichtet, und dann später in Geige. Und ich hatte immer das Gefühl, das klappt ganz gut. Wenn ich anderen was erkläre, verstehen die das gut. Also ich hatte Spaß an diesem Lehren. Ich habe mir dann nach dem Abitur gar nicht so viel Gedanken drüber gemacht, was man machen könnte, weil ich gerne Musik studieren wollte. Aber da gibt es ja nicht so viele Möglichkeiten, entweder Instrumentallehrer oder eben Schulmusiker. Und das war für mich dann die klare Alternative, weil ich wusste, für's Konzertfach war ich, zumindest was Geige angeht, nicht gut genug. Und Flöte, das wollte ich nicht. Und daraufhin habe ich dann an der UDK in Berlin die Aufnahmeprüfung gemacht und Schulmusik studiert.

INGE: Und dann kam noch hinzu: Lehrer war der Beruf, wo Frauen einen bestimmten sozialen Status erreichen konnten zu der Zeit. Selbstständigkeit, Unabhängigkeit von einem Ernährer, und auch eine bestimmte Position. »Frau Lehrerin«, das war doch immerhin was.

KLAUS: Ich bin ja erst sehr spät zum Lehrerberuf gekommen. Ich war fünfzehn Jahre alt, hatte mittlere Reife gemacht und da stand mein Vater plötzlich vor mir und sagte: »So, Klaus, jetzt gehst du aus der Schule raus und musst einen Beruf erlernen!« Also wirklich aus heiterem Himmel. Da sagt er: »Ich hab zwei Möglichkeiten für dich zur Auswahl: Entweder gehst du mit dem Henkelmann zur Firma Böckel, Möbelfabrik, oder du gehst in eine Lehre beim Rechtsanwalt und Notar Dr. Drehinger.« Da habe ich mich natürlich für den Rechtsanwalt und Notar entschieden und habe da drei Jahre Lehre gemacht. Aber das war ziemlich trocken, der Beruf, also viel Aktenarbeit, Kopieren, Lesen, Auswerten. Also unterschwellig hatte ich immer diesen Wunsch gehabt, Lehrer zu werden, nie den Wunsch nach Rechtsanwaltsgehilfe oder Bauarbeiter oder Möbelfabrik, nein, nein, eigentlich schon so den Lehrberuf.

STEFFEN: Einige von euch sind also erst über Umwege zum Lehrerberuf gekommen?!

SANDRA: Ich hatte ja zunächst Biologie studiert und war dann elf Jahre in Australien. Als ich dann wieder in Deutschland war, wusste ich ja gar nicht so recht, was ich denn jetzt nun machen soll. Und jeder hat irgendwie diese Idee an mich herangetragen: »Ja, werde doch Lehrerin!« Das hat mir erst gar nicht gefallen. Selbst mein Vater hat das zu mir gesagt. Und da bin ich ziemlich wütend geworden. Da haben wir uns richtig gestritten.

HEIKO: Lehrer werden wollte ich eigentlich schon immer. Es war halt nur so, dass man damals in den achtziger Jahren auf Lehramt gar nicht studieren brauchte, weil die Einstellungssituation in allen Bundesländern für fast alle Schultypen, ob du jetzt Hauptschule, Realschule, Gymnasium gemacht hast, oder Berufsschullehrer, schwierig war. Da sind nur ganz, ganz wenige eingestellt worden. Deshalb hatte ich Sport auf Diplom studiert. Ich bin damit eigentlich meinem Hobby nachgegangen und hab gedacht, ich gehe vielleicht in den Leistungssport, irgendwo in Verbände oder Trainerbereich.

MAHMUD: Ich habe ja erst ein Ingenieursstudium gemacht und erst danach habe ich noch auf Lehramt studiert. Das heißt, ich habe jetzt zwei Abschlüsse. Im ersten Studium habe ich immer als Nachhilfelehrer gearbeitet. Da habe ich schon gemerkt, dass mir das eigentlich Spaß macht. Ich habe irgendwann festgestellt: Das ist eigentlich mein Beruf. Da werde ich glücklich sein. Also ich hatte mir vorher nie darüber Gedanken gemacht, weil ich nicht dachte, dass ich dazu vielleicht geeignet wäre. Aber als ich als Nachhilfelehrer gearbeitet hatte, und auch Gruppenunterricht gemacht hatte, da hab ich festgestellt, dass ich diese Gabe habe, den Schülern geduldig und zielstrebsam die Sachen zu vermitteln, und auch diese Menschenkenntnis, auf die Leute zuzugehen, und dass ich auch didaktisch gesehen begabt bin. Deswegen habe ich gesagt: »Okay, das ist mein Beruf.« Ich habe dann erst das Studium zum Ingenieur fertig gemacht und danach habe ich weiter auf Lehramt studiert.

MARION: Also es war nicht von Kindheit an mein Wunsch, nur Lehrerin zu werden. Aber ich wollte immer was mit Menschen machen. Ich hab erst Sozialpädagogik studiert und hab drei Jahre mit Geistigbehinderten und Verhaltensauffälligen gearbeitet. Aber ich bin dann einfach in dieser Arbeit unzufrieden gewesen, von den Arbeitszeiten her, und auch immer nur mit den Menschen zu tun zu haben, wo normalerweise keiner hinschaut. Ich habe dann einfach etwas gesucht, was ich machen kann, damit es mir besser geht. Ich hatte dann wieder angefangen Querflöte zu spielen. Und der Vater meiner Querflötenlehrerin, der war Musikprofessor, der hat mich gehört und einfach gesagt: »Du musst zu uns an die Pädagogische Hochschule kommen. Das ist was für dich.« Ich habe dann aufgehört zu arbeiten und hab noch mal studiert und bin dann Lehrerin geworden.

MARTIN: Ganz ursprünglich wollte ich gerne Deutsch und Geschichte machen. Also in der Schule hatte ich mir das so überlegt. Aber nach dem Abi hat dann jeder gesagt: »Deutsch und Geschichte, da kannst du gleich einen Taxischein machen. Da hast du keine Aussicht.« Da bin ich dann erst mal auf Theologie umgestiegen, weil mich das auch interessiert hatte. Dann habe ich aber überlegt: »Nee, Pfarrer willst du eigentlich auch nicht werden.« Und dann hat sich diese Möglichkeit des Zusatzstudiums, einer Ausbildung als Religionslehrer, ergeben, dass ich also nicht umsonst studiert habe.

Georg: Ich hatte damals in der DDR große Schwierigkeiten einen Studienplatz zu kriegen. Das lag an meiner Aufsässigkeit. Ich hatte mich als fast einziger Schüler der Schule geweigert, drei Jahre zur Armee zu gehen, und wurde auch dementsprechend vorgeführt. Und das hieß, man hat mich als nicht studientauglich eingestuft, so diese üblichen Geschichten: »die Arbeiterklasse verraten«. Ich hab keinen Studienplatz bekommen. Und daraufhin habe ich beschlossen, ich muss eine Arbeiterkarriere einschlagen und bin im Endeffekt da gelandet, wo alle Ganoven gelandet sind: im Werk für Fernsehelektronik. Ich hatte mich schon damit abgefunden, dass ich nichts machen kann. Da hat meine Mutter sich für mich beworben, meine Mutter hatte das alles immer forciert, und ich wurde schließlich doch angenommen. Ich hatte ja auch ein gutes Zeugnis. Ich hab einen Eins-Komma-Durchschnitt gehabt.

Anja: Ich habe ja Abi auf dem zweiten Bildungsweg gemacht. Da habe ich dann noch mal ganz neu überlegt, was ich werden möchte. Da gab's ganz unterschiedliche Vorstellungen. Aber Lehramt, das war klar, das wollte ich auf keinen Fall. Kunst an der UDK in Berlin wollte ich studieren. Das hatte ich mich aber nicht getraut, weil ich einfach Angst hatte, damit kann ich nicht auf eigenen Beinen stehen. Und Sonderpädagogik hat mich auch interessiert. Da ist Medizin mit bei und Diagnostik und solche Sachen. Das finde ich einfach total spannend. Mich hat einfach Kunst interessiert, und eben auch Sonderpädagogik, Medizin und Diagnostik. Aber ich muss von irgendwas leben. Und da dachte ich: Lehramt ist einfach besser als Diplom oder Meisterschülerin an der UDK. Obwohl ich es lieber gemacht hätte.

Früher gerne zur Schule?

Steffen: Seid ihr früher gerne zur Schule gegangen? Wie waren eure Lehrer?

Klaus: Ich hatte ein gutes Verhältnis zu meinen Lehrern. Ich habe die Schule eigentlich immer geliebt. Nicht die Lehrer alle, aber die Schule als solches, und einzelne Lehrer.

Heiko: Ja, ich bin gerne zur Schule gegangen. Hausaufgaben war nicht so mein Ding, so die Arbeit am Schreibtisch zu Hause. Aber in der Schule bei uns war immer was los. Das habe ich genossen. Das heißt nicht, dass jeder Lehrer, den ich hatte, toll war. Aber ich habe das Zusammenkommen von Kindern und Jugendlichen auf einem großen Haufen, wo dann immer was passierte, wo man was lernen konnte, wo Action war, das hab ich genossen. Ich fand das toll. Ich bin gerne zur Schule gegangen. Muss ich echt sagen.

Mahmud: Sehr gern, ja. Ich glaube, das war, weil ich in Marokko auch ganz tolle Lehrer hatte. Ich hatte Lehrer, an die ich immer noch denke, was ich alles Tolles bei denen gelernt hab. Die waren fachlich sehr gut. Und ich hatte Glück gehabt, dass sie auch menschlich nett waren, dass sie einfach so fröhliche Menschen waren. Das war keine Ausnahme bei uns in Marokko. Das ist oft die Regel, also in den Schulen, wo ich war. Ich war auf Privatschulen, weil sich das meine Eltern leisten konnten. Und da waren die Lehrer natürlich gut bezahlt und dementsprechend haben die ihren Beruf auch gern gemacht. Ich glaube, durch diese positive Erfahrung habe ich auch den Lehrerberuf immer mit positiven Dingen verbunden.

Thomas: Also es war nicht so, dass ich am Ende der Ferien sagte: »Juhu, Ferien sind zu Ende, die Schule fängt wieder an!« Sondern ich war schon immer so ein bisschen ein Einzelgänger dort in der Schule. Ich war immer der Einzige, der nicht in der FDJ war, nicht in diesen ganzen Organisationen drin war. Aber das eigentliche Lernen hat mir viel Spaß gemacht. Das fiel mir auch leicht. Sprachen habe ich immer sehr gerne gelernt und diese ganzen mathematisch-naturwissenschaftlichen Sachen. Deutsch und Geschichte und so was eher nicht. Ich war eigentlich ganz gerne in der Schule. Aber es war nicht so ein Ort, wo ich sagte: »Da bin ich zu Hause.«

GEORG: Ich bin immer gern zur Schule gegangen. Mir ist Lernen unglaublich leichtgefallen. Ich hab ein ausgeprägtes Faktengedächtnis. Schon von Kindheit an, ich hatte immer einen hohen Bildungswillen. Ich werde krank, wenn ich nicht jeden Tag Zeitung lesen kann und wenn ich nicht irgendwie aktuell dran bin. Ich bin so ein richtiger Informationsjunkie. Jeden Abend blättere ich im Internet mindestens sieben Zeitungen durch, um einfach so für mich das Wissen zusammenzubasteln. Was keinen Spaß gemacht hat, war, dass ich im Endeffekt viel angeeckt bin. Ich war eigentlich ein höflicher Schüler, aber ich war schwierig zu handhaben. Wissbegierde ist ja nirgends so richtig beliebt. Da hatte ich mit manchen Lehrern Probleme.

KIRSTEN: Ja, ich bin gerne zur Schule gegangen, obwohl ich auch Schwierigkeiten mit manchen Lehrern hatte. Anfang der siebziger Jahre hat man ja generell eine andere Moral vertreten und einen anderen Blick als heute. Also man stand in der Kleinstadt sehr unter Beobachtung. Das war einfach unangenehm. Das war ja nicht so locker wie heute. So der Einfluss der 68er schwappte gerade rein. Also ich war eher ein aufmüpfiges Kind.

TANJA: Ja und nein. Also es gab Dinge, die mich gerne haben in die Schule gehen lassen. Ich hab manche Lehrer sehr gern gehabt. Und es gab Dinge, weswegen ich nicht gerne in die Schule gegangen bin. Teilweise hatte das mit meinen schulischen Leistungen zu tun, dass ich Phasen hatte, wo ich mich sehr anstrengen musste, um gut mitzukommen. Das hatte viel mit dem Klassengefüge zu tun und wie ich mich darin aufgehoben gefühlt hatte. Also die Beziehungsebene zu den Mitschülern war streckenweise sehr schwierig. Und da habe ich gelitten.

VINCENT: Jein. Also ich bin gerne zur Schule gegangen wegen meinen Mitschülern. Besonders in der Grundschulzeit, bis zur Pubertät. Und dann, muss ich ehrlicherweise sagen, habe ich schon so meine

Phasen gehabt, wo ich eher weniger gerne zur Schule gegangen bin. Das hat für mich sicherlich auch was mit so einem starren System zu tun, also dass man in bestimmten Phasen in der Schule eigentlich andere Inhalte bräuchte, so gerade in der Pubertät, weil man einfach andere Themen hat in bestimmten Lebensabschnitten.

Anja: Ich habe ziemlich unangenehme Erfahrungen als Kind gemacht. Ich bin als Kind nicht gerne in die Schule gegangen. Die meisten fanden die Schule schön, wollten selber ein bisschen Lehrerin werden. Ich fand die Schule schrecklich, habe viel geschwänzt. Ich war, glaube ich, so eine Anti-Schülerin. Und ich wollte nicht Lehrerin werden. Und jetzt finde ich es immer schöner, Lehrerin zu sein.

Dagmar: Ich bin gerne zur Schule gegangen. Und ich habe auch ein paar Lehrer gehabt, die ich total nett fand. Mir hat Schule Spaß gemacht, ich habe gerne gelernt. Ich habe auch nie große Probleme gehabt. Ich bin da immer ziemlich glatt durch. Aber ich habe mich auch über Lehrer geärgert, die schrecklich waren. Also ich habe so eine Bio-Lehrerin gehabt, die hat uns wirklich gepiesackt, anders kannst du das nicht nennen. Und Biologie ist ein Fach, ich hab's ja auch nachher trotzdem studiert, was mich interessiert und wo ich immer dachte, das muss man doch netter machen können.

Sandra: Es gibt sicherlich ein paar Lehrer, die ich nicht mochte, die fies waren, die da ihre Macht ausgenutzt haben. Aber was ich am Schlimmsten fand, das waren die langweiligen Lehrer. Davon hatte ich einen, in Geschichte, jahrelang. Ganz netter Mann, aber stinkelangweilig. Ich war immer ganz aufgeweckt und ganz wach in der Schule, nur bei dem hatte ich im Unterricht wirklich mit Müdigkeit zu kämpfen. Und das ist jetzt etwas, wo ich denke: »Ja, das möchte ich anders machen.« Ich möchte Unterricht machen, der auch Spaß macht.

Oliver: Man hatte natürlich früher teilweise Lehrer, die da nur vorne standen, »Buch auf!«, und dann wurde einer aufgerufen. In Geschichte oder in Erdkunde hatten wir solche Lehrerinnen damals. Wir bekamen immer zwei Seiten auf, das mussten wir mehr oder weniger auswendig lernen, und dann kam man dran, musste eben vor der versammelten Mannschaft vortragen, was da auf den zwei Seiten stand.

Dann gab's 'ne Note und fertig. Ja, so lief der Unterricht. Das ist natürlich eine Sache, die ist so dröge und so langweilig und macht den Schülern mehr oder weniger nur Angst. Jeder hatte Angst, dass er dran kam, dass er fertiggemacht wurde vom Lehrer und dass er sich blamiert. Und groß was gelernt hat man dabei im Grunde genommen nicht. Andererseits hatte ich einen guten Mathematiklehrer, das muss ich schon sagen, das hat Spaß gemacht. Das war wahrscheinlich auch ein Grund, warum ich dann später Mathematik studiert habe.

SZENE II

DAS STUDIUM

Spaß am Studium?

STEFFEN: Wie habt ihr eure Studienzeit in Erinnerung? Hat euch das Studium Spaß gemacht?

ANKE: Also ich glaube, die Ausbildung, die wir in Potsdam gekriegt hatten, die war großartig.

LENA: Wir hatten in Potsdam unheimlich Glück, wir haben unheimlich viele praktische Sachen gemacht. In Potsdam war die Betonung sehr auf Praktika und Unterrichtsbesuche. Also wir mussten viel in Schulen direkt unterrichten und das sehr früh kennenlernen. Wir hatten auch ein sehr vielfältiges Studium, mit Fächern wie Psychologie und Kindesentwicklung und pädagogische Sachen. Dadurch war es immer spannend. Wir hatten unheimlich viele tolle Kurse, die einfach Spaß gemacht haben. Also wir haben uns da sehr wohlgefühlt in Potsdam.

OLIVER: Im Großen und Ganzen war das schon eine schöne Zeit. Was ich damals so ein bisschen vermisst habe, war, dass wir zu wenige Praktika machen mussten. Also damals war ja nur ein Praktikum vorgeschrieben. Ich habe aber alles mitgenommen, was ich an Praktika machen konnte, gleich von Anfang an im Studium. Ich war an der Realschule, ich war an der Hauptschule, ich war beim Gymnasium, am Mädchengymnasium. Also ich habe alles mitgenommen, was ich nur kriegen konnte, um mich selber auszuprobieren: »Ist Lehrer denn wirklich das Richtige? Welche Schulform ist für dich die Richtige?«

KIRSTEN: Ich hab gern studiert und lange studiert, weil ich zwischendrin noch mal gewechselt hab. Ich hatte zunächst mit Anglistik angefangen und hab dann auf Politologie gewechselt. Ich hab schon gern studiert, obwohl ich in Berlin ja an so riesigen Fachbereichen war, das Otto-Suhr-Institut, und der Fachbereich Germanistik ist ja auch nicht gerade zierlich. Trotzdem habe ich gerne studiert. Ich fand das einfach sehr nett nach achtzehn Jahren Kleinstadt in der Großstadt zu leben.

THOMAS: Die eigentlich prägende Erfahrung des Studiums war ja für mich nicht so sehr das Lehramtsstudium an sich, sondern überhaupt die große Westberliner Uni, einfach die völlig andere Art zu studieren als noch zu DDR-Zeiten in Magdeburg. Also diese viel, viel größere Freiheit und viel mehr Möglichkeiten zwischen verschiedenen Seminaren auszuwählen, Schwerpunkte zu setzen.

MARION: Dadurch, dass ich ja zuvor drei Jahre voll gearbeitet hatte, konnte ich dieses Studenten-Sein in vollen Zügen genießen. Also ich mochte das Studium und ich muss auch sagen, das Studium selber ist mir überhaupt nicht schwergefallen. Ich denke, ich war da einfach schon ein paar Jahre älter. Auch meine Erfahrung im Umgang mit Menschen hat mir sehr viel geholfen, auch später dann, als wir die ersten Lehrproben hatten und in die Schule mussten. Also ich hab die Studienzeit in positiver Erinnerung. Ich habe es sehr genossen.

STEFFEN: Gab es Dinge, die euch an der Ausbildung nicht so gefallen haben?

MAHMUD: Ich hätte mir, didaktisch gesehen, ein mehr praxisbezogenes Studium gewünscht. Also fachlich haben wir sehr viel gemacht, vor allem in Mathematik. Aber da war zu viel Theorie dabei. Es gab viele Sachen, die wir als Lehrer eigentlich gar nicht brauchen. Da hätte man sich sehr gewünscht, dass man da weniger macht oder dass wir einfach andere Vorlesungen gehabt hätten als die anderen, die Mathematik auf Diplom studieren, und dafür mehr Vorlesungen Richtung Didaktik, Methodik, Erziehungswissenschaft. Das war nicht gut.

SANDRA: Ich bin so eher der Praxismensch. Alles, was irgendwie praktisch war, vor allen Dingen Bildhauerei und Malen, hat mir superviel Spaß gemacht. Aber was mir wenig Spaß gemacht hat, das war immer da, wo so ganz theoretisch über Dinge abstrahiert wurde und alles irgendwie so total kognitiv. Da denke ich dann: »Ach, was soll denn das?«

VINCENT: Grundsätzlich hat mir das Studium insofern Spaß gemacht, als dass ich da ziemlich frei entscheiden konnte, wo ich meine Schwerpunkte setze. Dass man eben Seminare aussuchen konnte. Ein Problem war aber, dass man nicht immer die Seminare bekommen hat, die man gerne hätte besuchen wollen, zu wenig Stellen, Seminare überbelegt und so. Das Lernen zusammen mit den Kommilitonen, Referatsvorbereitung oder für Klausuren lernen, damit konnte ich mich sehr identifizieren. Aber ich muss sagen, auch da habe ich irgendwie von Anfang an für mich festgestellt, dass ich mich mit dieser klassischen Lehrerrolle nicht identifizieren konnte, wo viele der Kommilitonen schon damals mit Anfang zwanzig so drin waren. So dass ich vieles doch so ein bisschen unsympathisch fand, vom Verhalten einfach, so dieses sehr Rechthaberische und im Urteil schon Feststehende, wie ich das von meinen Lehrern aus meiner eigenen Schulzeit kannte. Also da habe ich eher ein Identifikationsproblem gehabt.

HEIKO: Bei meinem Studium auf Lehramt, nach dem Sportdiplom, da war ich ja schon älter. Da war ich schon über dreißig. Ich hab zwar auch sehr viel gelernt, was die Didaktik und Methodik angeht, aber ich muss sagen, ich war dann ja auch teilweise mit zwanzigjährigen Mädchen und mit relativ jungen Leuten in den Seminaren. Und ich war schon über dreißig. Das habe ich manchmal als belastend empfunden. Die Beiträge und das Niveau war dann manchmal schon, muss ich sagen, unterdurchschnittlich, was so von den Studenten kam.

STEFFEN: Ist euch das Studium leichtgefallen? Oder hattet ihr auch viel Stress?

KIRSTEN: Nein, das nicht. Heutzutage ist das Studium ja wieder verschulter. Und das macht auch einen Teil des Stresses aus, dass eben ständig in kleinen Etappen Prüfungen gemacht werden. Bei uns war das verhältnismäßig locker. Das heißt nicht, dass man nichts machen musste und keine Prüfungen hatte, aber es hatte eben nicht diesen verschulten Charakter wie heute. Sondern man hat auch das Leben gelernt im Studium, nicht nur die Fächer. Man hatte schon genug Möglichkeiten auch nebenher zu gucken und so irgendwie erwachsen zu werden, Dinge auszuprobieren, die Stadt zu erkunden. Schöne Zeiten. Streiksemester, solche Geschichten hatten wir natürlich auch. Viele politische Aktivitäten. Solche Sachen. Ich möchte das heute nicht missen, dass man das einfach mal erlebt hat.

GEORG: Das Studium in der DDR war straff organisiert. Wirklich straff organisiert. Und ich würde mal sagen, vom Fachlichen her durchaus anspruchsvoll. Ich hab ja mit einundzwanzig Jahren angefangen zu studieren. Und ich muss sagen, es lief wirklich gut. Ich habe mich nicht überlastet gefühlt. Es war sehr vielfältig. Und ich war einer von den Studenten im vorderen Drittel. Das Studium war relativ verschult, was ich auch bis heute nicht als wirklichen Nachteil ansehe, weil es natürlich dazu geführt hat, dass man in einem guten Zeitrahmen blieb.

VINCENT: Also es war ehrlicherweise ein sehr legeres Studium, weil durch die neuen Bachelor- und Masterstudiengänge auch vieles im Umbruch war. Also es waren so Übergangsformen, wo relativ wenig Kontrolle war, ob man zu den Seminaren hingeht oder nicht, oder welche Scheine man machen musste. Es war ziemlich frei organisiert. Das Examen war dann nachher Stress, also sehr viel Stress, auch weil es zeitlich sehr gerafft gewesen ist, in einem Semester acht Prüfungen und Examensarbeit. Das war schon sehr aufwendig. Aber das Studium als solches, das war weder großartig schwer noch stressig.

LENA: Es gab immer so Höhepunkte. Zum Semesterende war dann plötzlich wieder so ein Stress, wegen Klausuren und Hausarbeiten. Irgendwelche Scheine kriegen. Irgendwelchen Scheinen hinterherrennen und irgendwelche Professoren noch dringend sprechen. Das waren so stressige Zeiten. Aber ansonsten hatten wir ein ziemlich schönes Studium.

SANDRA: Doch, das Studium hat mir schon Spaß gemacht. Aber es war natürlich auch superanstrengend, weil ich halt aufgrund meines Alters mein Studium, das in der Regel mindestens zweieinhalb Jahre dauert, quasi in anderthalb Jahren durchgezogen habe. Ich musste hundert Semesterwochenstunden in drei Semestern machen, plus zehn Wochen Praktikum, plus das Examen, sonst wäre ich jetzt nicht vor einem Jahr in den Schuldienst gekommen. Sonst hätte ich noch länger warten müssen. Und dann ging's bei mir natürlich auch darum, so schnell wie möglich auf eigenen Beinen zu stehen und selber Geld zu verdienen, damit ich jetzt nicht von meinen Eltern oder sonst wem abhängig bin, denn das ist eine sehr unschöne Sache.

TANJA: Also am Anfang hab ich wahnsinnig gerne studiert und fand es ganz toll, nach diesen Jahren der Berufserfahrung noch mal lernen zu dürfen. Das hat mir sehr viel Freude bereitet. Dann wurde das einfach verkompliziert dadurch, dass ich kein BAföG mehr bekommen habe. Also deswegen hat das alles dann eine sehr anstrengende Richtung gekriegt, wegen der vielen Arbeit nebenher. Da hat das Studium sehr drunter gelitten. Und ich bin dann ja auch Mutter geworden. Es war dann sehr mühevoll diese Scheine alle zusammenzukriegen. Ich hab mich mit den Hausarbeiten teilweise wahnsinnig gequält. Und das alles hat dazu geführt, dass das Studium bei mir so lang gedauert hat. Am Ende war es dann einfach nur noch hoffen, dass man fertig wird. Alle Kräfte mobilisieren und irgendwie durch.

SANDRA: Also das war ein absoluter Wahnsinn. Ich habe wirklich durchgemacht, auch die Semesterferien. Es war halt sehr, sehr viel für diese zwei Jahre. Ich habe in dieser Zeit wenig Zeit gehabt, mich wirklich mal ein bisschen zu orientieren und einfach mal auszuruhen, das gelernte Wissen sacken zu lassen. Und als ich dann vor einem Jahr dieses Referendariat angefangen habe, war ich komplett erschöpft.

TANJA: Ich hab teilweise drei Jobs neben dem Studium gehabt. Ich habe als Familienhelferin gearbeitet, als Bildungsreferentin Seminare geleitet, geputzt, übersetzt, ich hab bei H&M im Lager gearbeitet. Also ich habe ganz viele verschiedene Sachen gemacht und manchmal mussten eben drei verschiedene Sachen irgendwie laufen, damit die Kohle einigermaßen zusammenkommt. Man musste ja irgendwie über die Runden kommen.

PIA: Nach vier Semestern hatte ich eine Krise. Also das hatte auch ein bisschen was mit dem Fach Musik zu tun. Man steht da unendlich unter Druck. Ich liebe es, Musik zu machen. Aber Noten dafür zu bekommen, auf der Bühne zu stehen, unter Druck, und alle gucken: »Ah, wie ist die?« Das fand ich ganz schwierig. Und dann habe ich gedacht, ich sattle einfach um, um diesem Druck zu entgehen. Ich war relativ gut in der Schule, mir fiel das Lernen leicht, und den Beruf der Ärztin, den fand ich immer sehr spannend. Nach vier Semestern habe ich dann den Medizinertest gemacht und auch einen Studienplatz in Medizin in Berlin bekommen. Aber dann habe ich es doch nicht gemacht. Ich habe dann in Musik meine Zwischenprüfung gemacht. Das lief auch alles gut. Und dann dachte ich: »Ach, jetzt noch mal ein neues Fach anfangen, nee.«

TANJA: Ich hab das ganze Studium über sehr gehadert mit dieser Berufswahl. Das kam daher, dass ich parallel zum Studium als Bildungsreferentin gearbeitet hab, mit Jugendlichen, die in der Altersgruppe waren, wie sie in der Sekundarstufe I eben sind. Ich wusste also, dass mein Studiengang mich dahin führt, mit solcher Schülerschaft zu arbeiten. Ich habe sehr viel Freude gehabt an dieser Arbeit, manchmal aber auch einen Horror davor, wie das wohl sein muss, in der Schule mit diesen Menschen zu arbeiten, wenn ich mir vorgestellt habe, die sitzen da irgendwie im Pulk und du kriegst keine Ruhe rein und ich muss denen Stoff vermitteln. Das habe ich mir immer schlimm vorgestellt. Weil die Jugendlichen in dem Alter ja spätestens ab der achten Klasse in der so genannten Pubertät voll drin sind. Und dann denkt man eigentlich: »Die gehören jetzt nicht in die Schule. Die gehören irgendwie in ein Forstcamp zum Arbeiten. Die gehören auf die Weide. Die gehören aufs Feld.« Keine Ahnung. Also alles Praktische, nur nicht irgendwo sitzen und in diesem hormondurchspülten Körper irgendwas geistig arbeiten sollen. Das passt einfach nicht zusammen. Und das hat mich nicht unbedingt bewogen mich darauf zu freuen, in die Schule zu kommen.

Welche Schulform?

STEFFEN: **Warum habt ihr euch für welchen Schultyp entschieden?**

HELMUTH: Das war von vornherein klar, dass ich ans Gymnasium möchte. Das stand fest, weil da bei den Schülern, die man hat, die Spanne des Alters am größten ist. Und weil mich die Fächer interessierten und man da eben auch fachspezifisch unterrichtet.

OLIVER: Ich hab mich von Anfang an fürs Gymnasium, Sek I und Sek II entschieden. Ich hab gesagt, ich mache gleich diese kombinierte Form, dass ich also von Fünf bis Dreizehn alles unterrichten kann, weil ich mir dadurch auch erhofft habe, später eine Anstellung zu bekommen. Das war ja in einer Zeit, wo eine Lehrerschwemme war und es viele arbeitslose Lehrer gab.

MARION: Ich habe Sekundarstufe I studiert. Dadurch, dass ich 27 war, als ich angefangen hab, war klar, dass das Studium möglichst schnell sein sollte, so dass ich einfach wieder finanziell unabhängig werde. Ich meine, das Studium haben mir damals meine Eltern gezahlt. Und das Studium für den Gymnasiallehrer hätte noch zu lange gedauert.

KIRSTEN: In der Sek I ist noch viel an Einfluss möglich, da kann man noch mancherlei Dinge auffangen, die vielleicht vorher nicht so toll gelaufen sind. Da wir ja doch verstärkt Schüler haben, die irgendwie Probleme mit Schule haben, denke ich, ist der Sek-I-Bereich einer, wo man noch mehr ausgleichen und behilflich sein kann. Und das ist auch eine sehr schöne Aufgabe. Also bei allem, was das an Kraft kostet, ist es auch eine schöne Aufgabe.

KLAUS: Also ich konnte ja nur Hauptschule machen. Aber ich war auch überzeugt davon, dass ich da an der richtigen Stelle war, weil ich auch ein bisschen rustikal veranlagt war und auch eher praktisch veranlagt bin, gerade im Bereich des Sports. Und da war ich überzeugt, dass ich an dieser Schulform richtig bin. Also ich bin da schon ein Überzeugungstäter gewesen.

GUNNAR: Ich hatte sehr schnell den Vorteil erkannt. Ich hab an der Hauptschule ein breiteres Fächerspektrum. Ich bin also nicht nur, wie bei Realschul- oder Gymnasiallehrern auf zwei Fächer fixiert, sondern ich habe neben Sport, Deutsch und Biologie von Anfang an auch mein Neigungsfach Englisch mitunterrichtet. Und ich konnte auch das Fach Arbeitslehre/Wirtschaft unterrichten. Also die Abwechslung ist mir immer vordergründig gewesen. Und letzten Endes habe ich mich eigentlich auch die meiste Zeit an meiner Schule wohlgefühlt. Die Möglichkeit hätte es am Anfang gegeben, zumindest zum Realschullehrer noch aufzustocken. Aber das hatte ich nicht vor. Ich bin eigentlich auch so die meiste Zeit meines Berufslebens zufrieden gewesen.

HEIKO: Ich hab auf Grund- und Hauptschullehrer studiert, weil das andere Studium länger gedauert hätte. Ich war jetzt auch schon im fortgeschrittenen Alter, und bis 35 konnte man noch Beamter werden. Und dadurch, dass mir das Sportstudium als Hauptfach anerkannt wurde, war ich relativ schnell mit dem Studium durch. Ich war in anderthalb Jahren fertig, weil ich ziemlich Gas gegeben hab. Vom Interesse her hätte ich lieber Sonderschule gemacht. Aber das hätte länger gedauert. Von der Zeit hätte es nicht mehr gereicht, bis 35.

INGE: Warum Sonderschule? Also mich hat die Unverbogenheit und Unbekümmertheit und die Aggressivität und Durchsetzungskraft dieser gesellschaftlich Benachteiligten, die hat mich einfach immer fasziniert. Können Sie sich das nicht vorstellen? Auch ihre Aggressionen, ihr Toben, alles. Ich konnte das immer nachempfinden, wie es ihnen geht. Ich hatte ein mutistisches Mädchen, also eine Sprachverweigerung, gehabt. Das hat mich alles fasziniert. Dieses Absonderliche des Menschseins, sich nicht an den Mainstream angepasst zu haben, das war immer das, was mich fasziniert hat. Das war gar nicht so ein Sendungsbewusstsein, ich wollte die jetzt nicht total verändern. Aber ich wollte einen Raum bieten – wie soll ich das ausdrücken? –, mit ihnen zusammen eine kleine Trutzburg zu bauen, eine Burg, in der wir uns gutfühlen, in der wir was leisten, in der wir Sicherheit holen für draußen. Und das konnte ich, glauben Sie mir. Ich konnte bei einem Schüler, und da bin ich ganz stolz drauf, intuitiv seine Fähigkeiten erahnen. Und ich kann an diesen Fähigkeiten arbeiten, konnte ihn hinführen zu seinen Fähigkeiten und zu seinem Potential, dass er sich positiv erlebt. Das war ganz einfach meine Stärke. Das kann ich einfach.

VINCENT: Der Unterricht an einer Schule für Kinder mit geistigen Behinderungen ist ja schon ein Stück weit anders. Man kann jetzt nicht eins zu eins Frontalunterricht machen, Wissen vermitteln und so weiter, wie man das im klassischen Sinne kennt, sondern dass man da andere Formen sucht, denen Inhalte näherzubringen. Das hat mich viel mehr interessiert, als jetzt ganz klassisch am Gymnasium zu arbeiten oder an einer Real- oder Grundschule. Das war eigentlich so das Interessante, dass man sozusagen Wegbegleiter ist. Ich glaube, dass ich nicht so diese klassische Lehrerrolle für mich gesehen habe. Dass man da irgendwie seinen Unterricht durchzieht und dann nach Hause geht und Klausuren korrigiert. Das hätte ich nicht machen wollen.

HOLGER: An der Waldorfschule hatte mich eben dieses Schulsystem gereizt, was nicht mit dem Druck arbeitet, den ich aus meiner eigenen Schulzeit kannte, nämlich einfach mit Druck und nicht aus Liebe an der Sache. In einem System zu arbeiten, wo der Druck nicht da ist, weil man keine Noten vergeben kann und weil man nicht sitzen bleiben kann, das war reizvoll. Dann stehe ich da mit meiner Person und mit meinem Wissen und Können und nicht mit der Zuchtrute der Noten oder des Sitzenbleibens. Und das ist reizvoll. Also mit Druck irgendwas erreichen beim Kind, mein Gott, das kann jeder. Aber aus der Sache heraus zu wirken, das ist anders.

Steffen: Hättet ihr euch auch vorstellen können an einen anderen Schultyp zu gehen?

Oliver: Also Hauptschullehrer wollte ich eigentlich nicht werden. Gymnasiallehrer, das war so die Vorstellung, weil ich ja auch selber auf dem Gymnasium war. Das ist dann ja immer auch naheliegend. Als ich dann im Referendariat auf die Gesamtschule kam, war das für mich erst mal ganz was Neues.

Pia: Ich bewundere die Hauptschullehrer. Ich finde das so klasse, wie die das machen. Aber mir ist eben auch ganz wichtig, gut strukturiert den Stoff zu vermitteln. Also Latein und Musik zu vermitteln. Und da brauche ich natürlich ein Gegenüber, was grundsätzlich offen ist und auch fähig zu lernen. Aber ich bewundere, wie Leute das können, die dann an anderen Schultypen doch auch mehr Sozialarbeit machen. Aber dafür bin ich nicht so geeignet. Da bin ich einfach zu kopflastig. Deswegen bin ich an meinem Gymnasium eigentlich ganz richtig, weil das auch in einem guten Bezirk ist und eine sehr leistungsstarke Schülerklientel hat. Also ich bin am Gymnasium richtig. Ich hab Hochachtung vor den Leuten, die das machen. Also ich sage nicht: »Hö, das sind die Haupt- und Realschullehrer!« Ich finde das enorm, dass sie das so hinkriegen. Aber das wäre nichts für mich gewesen.

Tanja: Rückwirkend denke ich, es wäre eigentlich schön am Gymnasium zu arbeiten. Es hat ja alles seine Vor- und Nachteile. Und der Weg ist mir ja nicht verbaut. Also wenn's mich irgendwann ganz wilde juckt, dann kann ich entweder versuchen mich in die Grundschule versetzen zu lassen, oder aber ich kann noch mal einen Studiengang aufnehmen und sozusagen nachstudieren. Also ich könnte dann versuchen aufzustocken, um auf Studienrat zu kommen. Aber davon bin ich jetzt im Moment erst mal weit entfernt.

Heiko: Gymnasiallehrer, ja, hätte ich mir auch vorstellen können. Damals wäre ich wahrscheinlich eher noch Gymnasiallehrer geworden. Aber wenn ich es heute noch mal machen würde, glaube ich, würde ich Sonderschule studieren.

Georg: Gymnasium, eher nein. Zwei Gründe: die Schülerschaft ist eine andere. Da steckt auch viel Arroganz dahinter, und ich habe keine

Lust mit Arroganz umgehen zu müssen. Vor allen Dingen auch, was die Elternseite betrifft. Und was ich immer wieder höre, ist die Tatsache, dass der kollegiale Zusammenhalt an Gymnasien deutlich schlechter ist. Also sagen wir mal so, ich würde es machen, aber ich strebe es nicht an. Ich traue es mir zu, aber ich möchte es nicht unbedingt.

KIRSTEN: Bis zum ersten Staatsexamen hatte ich noch gedacht, ich gehe auf jeden Fall ans Gymnasium. Ich habe dann ja auch das Referendariat am Gymnasium gemacht. Dann kam ich per Zufall an die Realschule. Und da fand ich den Schultyp sehr nett und sehr angenehm und dachte: »Ach, das hat eigentlich auch was.« Ja, und dann kam ich später ja auch an diese kombinierte Haupt-Real-Schule und hab mich erst gefragt: »Schaffst du das, Hauptschule zu unterrichten?«

SVENJA: Hauptschule, muss ich ehrlich sagen, da hätte ich nicht die Kraft für. Was gegen Hauptschule und Realschule aus meiner Sicht spricht, ist, dass mir immer wichtig ist, Schülern auch sehr viel von meinem Fachwissen zu vermitteln. Und ich glaube, das kannst du in diesen Schultypen nicht. Da bist du sehr viel mehr Pädagoge und Erzieher. Das ist einfach anders. Und darum kann ich es mir für mich nicht vorstellen. So idealistisch bin ich nicht.

GEORG: Ich würde auch Hauptschule machen. Ich habe grundsätzlich keine Berührungsängste. Also von Friedrichshain war ich ja durchaus Elend gewohnt. Das ist ja so, wenn zwanzig Mann so kompakt zusammenhängen, dann entwickeln sie eigene soziale Strukturen. Und im Unterricht geht's dann mehr oder minder um, ich nenn's mal nett, die Kunst der Menschenführung. Ich müsste mich dran gewöhnen. Ich würde mich reinfinden, aber ich strebe es auch nicht an.

ANKE: Also es gibt so einen Spruch: Erste bis sechste Klassen, die wollen noch. Siebte bis zehnte, die müssen. Und zehnte bis dreizehnte, die wollen wieder. Und genau diesen Zwischenraum, siebte bis zehnte Klassen, würde ich nicht unterrichten wollen. Ich würde erste bis sechste und zehnte bis dreizehnte machen. Aber für mich war es immer die Grundschule. Immer.

Steffen: Die anderen gefragt, wäre Grundschule für euch auch eine Option gewesen?

Oliver: Also ich könnte mir jetzt nicht vorstellen, in der Grundschule zu arbeiten. Also wenn die noch gar nichts groß können und man noch mit den Kleinen das Einmaleins anfangen muss. Ich glaube, das wäre nichts für mich.

Svenja: Ich habe im zweiten Semester an einer Berliner Grundschule ein Orientierungspraktikum machen müssen. Das hat mich sehr fasziniert. Das fand ich unglaublich schön. Mir war aber auch klar, Grundschule, das ist nichts für mich.

Martin: Ich hab das in der Grundschule als Religionslehrer doch sehr genossen. Ich kann auch mit Kindern gut. Ich bin aber als Person, glaube ich, nicht so dafür geeignet. Ich habe mit großem Respekt und großer Bewunderung immer die Klassenlehrer und Klassenlehrerinnen gesehen, die den Kindern das Alphabet beibringen und den Klassenraum schön einrichten, und alles ist sauber und ordentlich. Aber mir ist immer klar geworden: Das kann ich nicht. Dazu bin ich nicht sortiert genug. Ich könnte da nie eine Klassenleitung machen. Irgendwie die große Mutter oder der große Vater sein. Oder auch einfach das Äußere, das Drumherum, die Rituale, die die Kinder brauchen, das ist ja unheimlich wichtig, ein schöner Klassenraum und so was. Das könnte ich nie im Leben umsetzen. Ich bin viel zu chaotisch dafür. Und mich würde es dann auch langweilen. Ich arbeite lieber mit Gymnasiasten oder mit jüngeren Erwachsenen, also Schülern, die in der Oberstufe sind. Damit komme ich persönlich am besten klar. Insofern wäre meine Wahl immer ein Gymnasium oder eine Schule mit Gymnasialzweig.

Dagmar: Also Grundschule wollte ich nicht. Ich hab ja während des Studiums für sechs Wochen ein Praktikum an einer Grundschule gemacht. Ich hatte eine zweite Klasse, die waren total süß. Aber das war mir zu dicht. Da waren 25 Schüler und die wollten mir immer erzählen, was sie erlebt hatten und was sie im Fernsehen gesehen hatten und was sie am Wochenende gemacht haben. Und dann musstest du denen die Schuhe zubinden und die Jacke anziehen. Da habe ich immer gedacht, das schaffe ich nicht vierzig Jahre lang. Und ich hab einfach das Gefühl gehabt, ich muss ein bisschen mehr fachliche Anregung haben. Also erste bis vierte Klasse, da kommt nichts Neues mehr dazu. Da bringst du denen Schreiben und Lesen bei. Das machst du immer nach dem gleichen Stiefel. Und ich hatte das Gefühl, ich brauche ein bisschen mehr Futter für meinen eigenen Kopf.

INGE: Ich fand die Klassen mit den dämlichen Grundschülern für mich indiskutabel. Da wollte ich nie sein. Ich habe ja genug Grundschulen kennengelernt, ich war ja in diesen Integrationsschulen. Hat mich einfach nicht interessiert, diese normalen Sachen da. Die Grundschulkinder haben mich einfach nicht interessiert.

Welche Fächer?

STEFFEN: Für welche Unterrichtsfächer habt ihr euch entschieden? Und warum?

KLAUS: Ich habe meine Interessen, Sport und Geschichte, als Studienfächer genommen, das heißt, zum Beruf gemacht. Dann musste ich ein drittes Fach nehmen, hab mich für Deutsch entschieden, weil ich einfach Interesse an Literatur hatte. Ich bin damals auch in jungen Jahren sehr oft im Theater gewesen.

HELMUTH: Germanistik habe ich gewählt, weil mein früherer Lehrer am Gymnasium mich sehr beeindruckt hat. Erdkunde, weil ich gerne gereist bin. Und Sport sozusagen als Ausgleich.

OLIVER: Ich habe mich natürlich erst mal für Geschichte und Mathematik entschieden, weil das meine Lieblingsfächer in der Schule waren. Ich wusste, das macht mir Spaß, da könnte ich mir auch ein Studium vorstellen. Und Sozialwissenschaften, das hat sich dann hinterher noch ergeben.

HEIKO: Geschichte, weil ich schon immer gut in Geschichte war. Als Schüler habe ich neben dem Geschichtsunterricht immer schon viel historische Sachen gelesen, weil mich das einfach interessiert hatte. Angefangen mit dem Mittelalter, die ganzen Rittergeschichten, bis hin zu den *Drei Musketieren*, die Zeit Ludwig des XIV. und was alles. Und dann war klar, dass ich Geschichte studieren würde. Und Wirtschaftslehre, da war ich immer interessiert. Ich habe immer Tageszeitung gelesen. Wie funktioniert eine Gesellschaft? Da spielt Wirtschaft eine große Rolle. Wobei man natürlich als Hauptschullehrer nachher auch Mathe, Deutsch, Englisch machen muss. Das ist überhaupt keine Frage. Als Hauptschullehrer alles. Also ich habe nicht unterrichtet Physik und Chemie. Das war's aber auch schon. Sonst habe ich alles gemacht.

MARION: Also Musik hing damit zusammen, dass ich einfach gerne Querflöte gespielt habe. Und Musik war immer Mangelfach. Also es hat mir persönlich einfach Spaß gemacht, auch vom Studium her. Wobei ich im Nachhinein sagen muss, als Schulfach ist Musik sehr anstrengend. Auch Geographie hat mich immer sehr begeistert, das habe ich sehr gern gemacht. Geschichte fand ich jetzt nicht so prickelnd, aber ich hab's dann einfach mit durchgezogen.

GEORG: Also ich hatte von Kindheit an ein Faible für Geschichte und für Geographie. Aber das konnte ich nicht machen. Wurde abgelehnt. Im Prinzip hatten sie mir meine Weigerung, drei Jahre zur Armee zu gehen, reingehängt. Und dann blieben für mich im Endeffekt nur zwei Fächer übrig, die ich aber auch ganz gerne mochte. Das war Polytechnik, ein neues Fach, das gesucht war, und Mathematik, was keiner machen wollte.

ANKE: Das Schöne an Mathe ist ja, es ist greifbar.

LENA: Es ist logisch. Es ist nachvollziehbar. Man kann es einfach verstehen.

ANKE: Und man kann es Kindern auch praktisch besser beibringen. Also ich kann Kindern besser Addition beibringen, zwei plus zwei, als wenn ich denen die Buchstaben erklären muss: »Wenn ein kurzer Vokal kommt, folgt darauf ein doppelter Konsonant.«

SVENJA: Ich war ja während meines Abiturs für ein Jahr nach Frankreich gegangen und darum hatte ich angefangen Französisch zu studieren, auf Lehramt, weil ich der Meinung war, dass das ein anspruchsvolleres Studium als das Magisterstudium ist.

ANKE: Bei mir war es so: Ich habe nach der Schule ein Jahr in Amerika verbracht und dadurch bin ich auf Englisch gekommen. Also ich wusste im Vorfeld nicht, welche Fächer ich studieren werde. Aber nach dem Jahr Amerika war mir klar, dass es Englisch wird.

TANJA: Englisch, weil ich die Sprache einfach fantastisch finde, weil ich meinen Englischlehrer in der Schule sehr verehrt habe und der sozusagen die Liebe für die Sprache in mir geweckt hat. Und Kunst, ich hab einfach mein ganzes Leben lang, als Kind, als Schülerin, immer gekritzelt, gezeichnet, und bin von der Familie sehr gelobt worden für meine künstlerischen Ergebnisse. Das war halt immer ein Hobby, mit dem ich mich auch gut und sicher gefühlt hab.

KIRSTEN: Ich habe Englisch und Deutsch gemacht, weil sie mir selber zu Schulzeiten Spaß gemacht haben. Beide Fächer zählen zwar als ausgesprochene Korrekturfächer. Aber das hat mich nicht abgeschreckt. Und was hätte man sonst als Alternative finden können? Ich bin nun wirklich keine Naturwissenschaftlerin, überhaupt nicht. Auch mit Mathe hatte ich eher Probleme. Und ich habe auch keine künstlerische Begabung, um dann Kunst zu machen.

DAGMAR: Deutsch und Biologie, das waren meine beiden Lieblingsfächer. Ich bin für beides zu begeistern, für Sprache und für Naturwissenschaften. Ich unterrichte beide Fächer sehr, sehr gerne. Wobei ich sagen muss, in Biologie unterrichte ich am liebsten in der Oberstufe, wo ich auch Leistungskurse mache. Da hast du dann Themen wie Genetik und Evolution, wo du einfach einen sehr großen Bezug zum Alltag und zum heutigen Denken kriegst, und wo das ja auch so ein bisschen in philosophische Ansätze geht. Das finde ich richtig toll.

SANDRA: Kunst und Biologie sind halt zwei meiner Steckenpferde. Ich hab diesen wissenschaftlichen Teil in mir, der immer wissen will, wie was funktioniert und warum und wieso. In der Biologie ist es natürlich die Verhaltensforschung, die mich am meisten interessiert hat. Aber zum Beispiel Genetik interessiert mich überhaupt nicht. Oder alles, was so in die Chemie geht. Das kann ich auch, muss ich aber nicht unbedingt haben. Und was mich an der Kunst reizt, ja, Kunst ist natürlich etwas, was ich auch selber total gerne mache.

PIA: Ich suchte dann noch ein zweites Fach. Ich habe Latein in der Schule geliebt, weil ich ganz tolle Lehrer hatte. Ich hatte erst ganz strenge, die mir die Grammatik wirklich eingebimst haben, so diese alte Lateinlehrergarde. Also bei uns an der Schule wurden auch mit Stoppuhr Vokabeln abgefragt. Aber dann hatte ich eine ganz, ganz blutjunge Lehrerin im Leistungskurs Latein, mit der wir in Rom waren, mit der wir römisch gekocht haben, am Lateinwettbewerb teilgenommen haben und all solche Sachen. Und die hat mich unheimlich motiviert. Und dann habe ich das angefangen zu studieren.

DAGMAR: Manchmal habe ich ja gedacht, hätte ich bloß Latein unterrichtet, da hat man weniger Korrekturen. Also ich habe wahnsinnig gerne Latein gelernt, weil ich einen tollen Lateinlehrer hatte. Der hat sich viel Mühe gegeben. Da hat es Spaß gemacht.

PIA: Dieses Fach war ja so am Abnippeln, weil es sich immer wieder dieser Legitimationsfrage stellen musste. Aber das Fach hat sich dem gestellt. Man hat gesagt: »So, was können wir denn eigentlich bieten?«, und hat gleichzeitig auch die Methoden umgestellt. Es gibt für Latein jetzt unendlich viele Arbeitsmaterialien, wo schülerzentriert gearbeitet wird, wo man auf die Schüler eingeht. Ich denke, das hat dem Fach geholfen. Und gerade in der heutigen Zeit, in der es ja immer wieder auch um Werte geht, die in der Gesellschaft verloren gehen, und Bildung, auch im Zuge von Pisa, hat dieses Fach natürlich einen neuen Stellenwert bekommen. Wir setzen uns ja mit einer jahrtausendealten Tradition auseinander, die uns beeinflusst hat, sowohl philosophisch als auch kulturell. Deswegen ist Latein heutzutage wieder aktuell und wird auch wieder häufiger gewählt.

SZENE III

DAS REFERENDARIAT

Die schlimmste Zeit im Leben?

STEFFEN: Sprechen wir jetzt über eure Zeit im Referendariat. Wie war eure Erfahrung?

SANDRA: Vor einem halben Jahr war ich kurz davor, alles hinzuschmeißen, weil mir alles zu viel war. Ich hatte dieses Problem mit dieser Kunstlehrerin, bei der ich Ausbildungsunterricht machen musste. Das war total stressig, ich hab wenig Schlaf gehabt. Dann habe ich auch privat noch viel an den Hacken gehabt. Ich war nervlich einfach so weit, das hatte sich über die Sommerferien aufgebaut, dass ich gesagt habe: »Ich hab da einen Horror, ich will da nicht zurück.«

MARION: Also das Referendariat war schon eine Zeit, wo man sehr viel Stress gehabt hat. Ich habe in einer Zeit fertig studiert, da musste man besser als 1,5 sein. Das heißt, man stand schon unter enormem Druck. Ich war ja schon fast dreißig und wollte schnell in die Schule kommen, also einen Job kriegen. Ich hatte einfach diesen Druck, dass ich gut sein muss, damit ich anschließend auch einen Job kriege.

MAHMUD: Die allerstressigste Phase war in der Zeit, wo ich zusätzlich noch meine Hausarbeit schreiben musste. Die war schrecklich, weil da lief alles andere weiter. Man muss natürlich Unterrichtsentwürfe machen, Unterricht geben. Dann kommen die Leute deinen Unterricht beurteilen. Und dazu noch eine Hausarbeit schreiben. Das war sehr stressig. Da habe ich wirklich auf viele andere Sachen verzichtet, auf meine Hobbys, auf mein normales Leben. Da gab es nur Schreiben, Arbeiten, Unterricht vorbereiten. Das waren ungefähr so drei, vier Monate. Alles andere ist machbar.

DAGMAR: Also die Arbeit würde ich zum Beispiel abschaffen. Die ist wirklich ziemlicher Humbug da am Ende. Aber sie ist nun mal in dem Prüfungsverfahren noch drin.

LENA: Im Grunde genommen war mein Referendariat eine schöne Erfahrung. Es war sehr spannend und vielfältig, weil man ja gleichzeitig noch seine begleitenden Kurse hatte, die ganzen Fachseminare, wo man sich auch mit den anderen austauschen konnte. Aber es war schon eine sehr arbeitsintensive, eine sehr stressige, eine sehr fordernde Zeit. Man stand unter einer ganzen Menge Druck, weil ja jeder Unterrichtsbesuch auch für irgendwas gezählt hat. Und wenn die Kinder dann mal scheiße drauf waren oder man selber mal nicht so gut drauf war, dann hat das sofort eingeschlagen, auf die Note und auf die ganze Stimmung. Das war schon alles sehr intensiv.

ANJA: Ich fand das Referendariat überwiegend fürchterlich, auch mit diesem Prüfungsdruck. Absolut.

SANDRA: Was halt lästig ist, das sind diese ganzen Unterrichtsbesuche, dieses ganze extra Drumherum, weißt du, diese ganzen Prüfungssituationen am laufenden Meter. Das ist sehr stressig. Darauf könnte ich gern verzichten.

LENA: Das Unterrichten war schon ungewohnt, auch weil man eine anleitende Lehrerin hatte, die am Anfang immer hinten in der Klasse mit drinsaß. Und wenn man dann beobachtet wird, wie man sich da vorne irgendwie verhaspelt oder verkaspert, dann ist man einfach nicht so frei und gelöst. Wenn ich jetzt vor meiner Klasse stehe, ist es etwas ganz anderes. Da kann ich einfach ich selber sein und machen, was ich will. Aber wenn da jemand hinten drinsitzt und mich die ganze Zeit beobachtet, dann ist man nicht so locker und fröhlich, wie man eigentlich sein könnte. Sondern man denkt immer: »Oh Gott, mach ich jetzt auch alles richtig?« Das war in den ersten Wochen und Monaten sehr anstrengend, weil man sich immer unter Beobachtung gefühlt hat.

DAGMAR: Also ich will überhaupt nicht verhehlen, dass jemand, der ein Referendariat macht, eine hohe Arbeitsbelastung hat. Und es gibt natürlich das Angst erzeugende Element, dass in deinem Unterricht jemand drinsitzt, zuguckt und hinterher mit dir den Unterricht auch bespricht. Das finden Lehrer natürlich ganz furchtbar. Inzwischen müssen sie sich in Berlin ja dran gewöhnen, weil es so etwas wie eine Inspektion und Evaluation gibt. Das ist ja ein Element, was bei dem einen mehr Angst erzeugt als bei dem anderen. Das ist immer ein bisschen schwierig. Nur, das gehört nun mal dazu. Aber das gehört in jedem anderen Beruf, in der Wirtschaft, auch dazu, dass du beguckt wirst, evaluiert wirst, bewertet wirst. Das gibt's doch gar nicht, dass du vierzig Jahre durch den Beruf läufst, und da hat nicht irgendwo mal jemand draufgeguckt und hat gesagt: »Du machst es gut«, oder: »Du musst das und das besser machen!«

SVENJA: Ich gucke wirklich auf eine unglaublich positive Zeit zurück. Für mich ist das Referendariat in gewisser Weise eine Spielwiese gewesen. Du kannst da unglaublich viel ausprobieren. Du hast natürlich Leute, die dich beurteilen, aber die dir auf der anderen Seite auch mit Rat zur Seite stehen. Und ich habe ein Eins-Komma-Null-Examen gemacht. Vielleicht liegt es auch daran, dass ich im Referendariat eine tolle Zeit hatte.

TANJA: Also der klassische Satz zum Referendariat ist: »Das war die schlimmste Zeit meines Lebens.« Ich habe in meinem Referendariat keinen Kollegen oder Kollegin getroffen, die das nicht gesagt hätten. Alle haben gesagt: »Horror!« Man ist drangsaliert worden. Man wurde vorgeführt. Also nicht etwa von den Schülern, sondern vielmehr von den Ausbildern. Der Anspruch wurde unheimlich hochgehängt. Der Druck war sehr, sehr groß, dass du sehr hohe Kriterien erfüllen musst mit deinen gezeigten Vorführstunden. Und das ist alles eine ganz schlechte Mischung, um kreativ zu sein. Also du arbeitest irgendwie die ganze Zeit, als hättest du Eisenkugeln an den Beinen. Weil du dir jedes Wort überlegst: »Ist das jetzt das, was die haben wollen? Was die hören wollen?« Obwohl sie, das glaube ich mal gerne, wohlmeinende Menschen sind, entsteht trotzdem eine Atmosphäre von wahnsinnigem psychischen Druck, dass die Leute unter diesem Druck echt in die Knie gehen.

Vincent: Das Referendariat war wahnsinnig stressig. Ich bin sehr froh, dass das alles hinter mir ist. Aber ich würde sagen, dafür, dass das grundsätzlich so eine stressige Situation ist, weil die Zeit zu knapp ist für das, was man da machen muss, Schülerarbeit, Elternarbeit, Kollegenarbeit und so weiter, war das bei mir alles noch ganz okay. Und auch zwischenmenschlich habe ich eigentlich nur gute Erfahrungen gemacht. Mit der Schulleitung, mit meinen Ausbildern, mit anderen Kollegen, mit den anderen Referendaren, auch mit dem Seminarleiter. Und somit konnte ich das alles ziemlich gut über die Bühne bringen. Also das sind schon sehr stressige Phasen, da auch die zweite Staatsarbeit zu schreiben und trotzdem noch Unterricht nebenher zu machen. Aber ich würde sagen, ich bin da jetzt nicht völlig traumatisiert herausgegangen.

Dagmar: Man empfindet das Referendariat belastend, weil alles neu ist. Das ist ja erst mal der berühmte Praxisschock: »Wie willst du das alles schaffen?« Das heißt, man muss lernen, sich gut zu strukturieren. Man muss ein Zeitmanagement lernen, damit man auch noch Zeit für sich hat.

Tanja: Für mich war das Referendariat eine Zeit von chronisch akutem Schlafmangel. Ich hab es manchmal nur auf drei oder vier Stunden pro Nacht geschafft. Wenn ich Glück hatte, waren es fünf oder sechs. Mehr habe ich in der Zeit nie geschlafen. Und dadurch, dass ich das Kind hatte – mein Mann hatte mich zwar sehr unterstützt –, hieß das: mittags oder nachmittags aus der Schule, mein Kind vom Kindergarten abholen, betreuen, nebenher versuchen was zu organisieren, zu telefonieren, ein bisschen Haushalt zu machen, das Kind abends ins Bett bringen und dann bis nachts um eins arbeiten. Das war eine ganz harte Zeit. Und weil du ja keine Routine hast im Planen von Stunden, braucht einfach alles viel Zeit.

Svenja: Es war schon stressig. Aber ich habe immer genug schlafen können. Ich war auch nicht vor Lehrproben aufgeregt. Ich meine, ich habe genau vor meiner Staatsexamensprüfung eine Europameisterschaft mitgesegelt.

Mahmud: Die Phase des Referendariats an sich ist natürlich schon stressig. Man macht neue Erfahrungen, man ist neu in der Schule, man übernimmt Klassen. Das macht man alles zum ersten Mal. Und da spielen viele Faktoren eine sehr große Rolle: Wie sind deine Kollegen, deine Ausbildungsleiter? Wie sind deine Schüler? Bei mir war das so, dass ich wirklich Glück hatte. Vielleicht nicht nur, weil die Leute nett waren, sondern weil ich auch versuche immer das Positive zu sehen. Das hat mit meiner Einstellung zu tun, dass ich negative Sachen, die mich nur belasten würden, einfach ausblende. Ich versuche mich auf die Sachen zu konzentrieren, die schön sind. Bei mir war es stressig, aber ich habe trotzdem viele schöne Momente gehabt.

THOMAS: Also ich bin mit sehr viel Optimismus und Enthusiasmus ins Referendariat reingegangen. Ich war irgendwie sehr glücklich, dass ich da an einem Gymnasium landete, das auch den Ruf hatte, irgendwie freier und experimentierfreudiger zu sein als andere Schulen. Auch mit einer sehr angenehmen Ost-West-Mischung, was sowohl das Kollegium als auch die Schüler anbelangte. Ungünstig war dann, also grad bei Mathematik, dass es eigentlich keine Lehrer gab, die freudig sagten: »Ah, ein Referendar! Den möchte ich gerne betreuen.« Sondern da gingen, wenn man auftauchte, so die Blicke nach unten und alle hoffen, dass dieser Kelch an einem vorüberginge. Also die Mathelehrer waren natürlich alles alte Ostlehrer. Und die wussten einfach gar nicht, was ein Referendariat ist, was da sozusagen auf sie zukommt, was sie da tun sollen. Das gab es ja nicht im Osten. Also das sah für sie nach sehr viel Arbeit aus. Ich fand also nicht wirklich einen anleitenden Lehrer, der zu mir passte. Dann hat sich eine Kollegin, eine nette, breitschlagen lassen und hat gesagt: »Okay, ich mach das.«

STEFFEN: Wie seid ihr denn mit den Schülern zurechtgekommen?

THOMAS: Das eigentliche Kerngeschäft, das Unterrichten, ist mir sehr schwergefallen. Das war ziemlich heftig zu Anfang. Da fiel ein anderer Kollege dauerhaft erkrankt aus, so dass ich morgens in die Schule kam und dann sagten die mir: »Ab heute übernimmst du alleine die zehnte Klasse!« Ich stand wirklich da und musste sofort anfangen, so dass ich total allein war und erst mal ganz schön gescheitert bin in dieser Klasse. Also die haben mich da erst mal nicht für voll genommen. Und ich habe das über mehrere Wochen und Monate nicht geschafft, mir da Respekt zu verschaffen. Also ich bin eher ein kooperativer und sanftmütiger Mensch und mir fiel es ausgesprochen schwer, die Grenzen zu ziehen und auch autoritär durchzusetzen. Und dann haben die irgendwann gemacht, was sie wollten.

TANJA: Mit den Schülern fühlte ich mich gar nicht so unsicher, weil ich ja zuvor viele Jahre Jugendbildungsarbeit gemacht hatte. Also ich hab das Gefühl gehabt, dass ich zu den Jugendlichen schnell einen guten Zugang habe, dass ich weiß, wie ich mich vor so einer Gruppe bewegen muss. Das war wie ein Heimspiel.

ANKE: Ich wurde von meiner Schule, die eine sehr moderne und projektorientierte Schule ist, sehr gut aufgenommen. Also man hat gleich seine Fächer und seine Stunden gehabt. Man wurde von Anfang an sofort gefordert. Wie gesagt, die Uni Potsdam hat uns da wirklich gut vorbereitet. Vor der Klasse zu stehen, war für mich von Anfang an völlig normal.

SVENJA: Ich habe mich sehr in diese Fachdidaktik eingelesen und habe sehr viel ausprobiert, habe viele Methoden durchprobiert, und ich habe sehr schnell ein gutes Standing bei den Schülern gehabt. Also ich habe eigentlich nie diese Probleme mit Schülern gehabt. Bis heute nicht. Also das kenne ich eigentlich nicht. Im Referendariat bin ich eben an eine Schule gekommen mit einem sehr gut funktionierenden Kollegium und habe da gleich sehr, sehr viel Verantwortung gekriegt. Ich hab da sofort neun Stunden unterrichtet, wurde sofort im Abitur eingesetzt. Ich blicke auf ein wirklich tolles Referendariat zurück.

DAGMAR: Es heißt ja oft, das Referendariat war die schlimmste Zeit. Aber ich verstehe das gar nicht. Zu mir kommen auch Leute nach der Ausbildung, nach dem zweiten Staatsexamen, und bedanken sich bei mir: »Wir haben zwei Jahre lang viel bei Ihnen gelernt.« Das gibt's ja auch. Es gibt auch unglaublich viele Leute mit positiven Erfahrungen.

SVENJA: Ich hatte sehr gute Fachseminarleiter. Zwei sehr tolle Frauen, die das gut akzeptieren konnten, dass ich was zu sagen hatte.

Ich hatte einen tollen Hauptseminarleiter, der mich sehr gefördert hat. Ich hab da keine Horrorgeschichten zu erzählen. Und ich hatte eben auch eine Schule, die mich viel hatte machen lassen. Ich hab einfach da sehr, sehr viel ausprobieren können. Also für mich war das super. Ich hab da auch sehr, sehr, sehr viel gelernt. Und dafür bin ich sehr dankbar.

SANDRA: So wie es in den letzten drei Jahren gelaufen ist, zwei Jahre Studium, ein Jahr Referendariat, wo ich wirklich keine zwei Sekunden für mich selber hatte, wo ich noch nicht mal weiß, regnet es jetzt draußen, ist Sonnenschein, was für eine Jahreszeit haben wir eigentlich, weil ich nur in diesem Stoff bin, nur in der Arbeit, wo du keine Zeit hast, irgendwie auch zu reflektieren und das Leben auch mal zu genießen, so darf das nicht weitergehen. Das macht so keinen Spaß.

MAHMUD: Alle sagen mir, es wird viel entspannter, wenn die Referendariatszeit vorbei ist. Jetzt habe ich Stress, aber trotzdem habe ich meinen Spaß. Und deswegen denke ich mir, wenn der Stress vorbei ist, dieser Druck, dann kann es nur noch schöner werden. Ich glaube einfach, es ist ein Beruf, der mir immer Spaß machen wird.

SANDRA: Ich freue mich darauf, wenn dieser ganze Ausbildungskrempel erledigt ist und ich an einer Schule bin, wo ich mich wohlfühle, mit dem Kollegium, mit den Schülern, und wo ich dann auch so richtig schöne Projekte verwirklichen kann. Ja, da freue ich mich drauf. Und dann auch auf das regelmäßige Geld. Ja, das kannst du hier als letzten Satz schreiben: Geld!

SZENE IV

ARBEITSPLATZ SCHULE

Berufseinstieg

STEFFEN: Wie war der Start in das Berufsleben? War es nach dem Referendariat schwer eine Anstellung zu finden?

ANKE: Es ist ganz stark fächerabhängig. Englisch, Musik, Kunst, das sind die Fächer, die sehr gesucht werden. Und auch Nawi, Naturwissenschaften. Fünfte, sechste Klasse. Das sind die Fächer, die ganz gesucht werden.

LENA: Aber so Deutsch, da hast du keine Chance. Also da gibt's echt Leute, die warten.

ANKE: Also im Moment sind die Wartelisten leer, weil wir ja das Problem haben, dass alle aus Berlin abwandern, weil die Bezahlung woanders besser ist. Nur die, die unbedingt in Berlin bleiben wollen, bleiben in Berlin. Ich weiß, dass zum Beispiel an unserer Schule teilweise wirklich Lehrernot herrschte.

TANJA: Die Bewerbungsverfahren in Berlin laufen zentralgesteuert. Du gibst eine Online-Bewerbung ab, und dann gibt es so genannte Massencastings, wo viele Leute, die das entsprechende Fächerprofil haben, eingeladen werden. Da sitzen dann mehrere Schulleiter, und dann müssen sich die jungen Lehrer verkaufen, so als müssten sie einen Staubsauger verkaufen. Ich hab so was Gott sei Dank selber nicht mitmachen müssen. Ich bin auch nicht zu einem Casting eingeladen worden. Das mag damit zu tun haben, dass meine Fächerkombination so nicht gefragt war.

ANKE: Dann muss man zu diesem Casting gehen. Man ist in diesen Raum reingekommen, da saßen sechzig Schulleiter. Dann hat man sich vorgestellt: »Ich bin die und die. Ich mache das und das. Wer will mich?« Es war grauenvoll.

LENA: Ich hab das sogar zweimal gemacht. Es ist unglaublich. Man wird behandelt wie Vieh. Man sitzt da erst eine gute Stunde draußen, bis dann seine Nummer aufgerufen wird. Dann darf man in diesen Raum. Bei mir waren es bestimmt hundert Schulleiter. Und dann wurde man reingeführt und hatte zwei Minuten, um sich vorzustellen und zu erzählen, wer man ist, was man kann, wo man gelernt hat, was man gelernt hat. Dann machen die sich eventuell dazu Notizen, vielleicht auch nicht. Ja, und dann durften sie dir noch Fragen stellen.

ANKE: »Sind Sie bereit, auch das und das zu unterrichten? Können Sie sich vorstellen auch da und da hinzugehen?« Man hat natürlich zu jedem Ja und Amen gesagt, weil man ja einen Job haben will.

LENA: Dann waren die zwei Minuten um und man kam wieder raus vor die Tür. Dann hat man eine weitere Stunde, anderthalb gewartet, bis alle anderen Bewerber fertig waren. Und dann ging die große Tür auf. Alle Schulleiter kamen raus, stürzten sich auf ihren Kandidaten. Einer kam auf mich zugerannt und hat gesagt: »Ich habe Sie abgekriegt!« Ich meine, was ist denn das für ein Satz? Fand ich nicht sehr komisch. Und dann habe ich gedacht: »Nee, so nicht. So kann man mit mir nicht umgehen. Ich lass mich nicht wie Vieh verkaufen.« Ich hab mich dann nach anderen Schulen umgeguckt und später bei einer Privatschule angefangen.

TANJA: Nach dem Referendariat hatte ich es erst schwer, hier in Berlin an eine Stelle zu kommen. Ich bin dann auf eine Frau getroffen, die ich aus der Jugendbildungsarbeit kannte, und die hat gesagt: »Mensch, geh doch an diese Projektschule für Duales Lernen! Die machen eine ähnliche Arbeit wie wir in der Bildungseinrichtung. Die sind sehr nah an den Schülern dran, die haben ein anderes Verständnis von dem Verhältnis zwischen Lehrer und Schüler.« Und der Tipp war einfach gut. Als ich mich da vorgestellt habe und die gehört haben, dass ich so viel Erfahrung im Bereich Familienhilfe und Sozialpädagogik habe, da haben die gesagt: »Wir nehmen Sie hier sofort!«

Dagmar: Ich hatte ursprünglich Realschule oder Gesamtschule im Visier. Gymnasium, nicht dass ich es nicht gewollt hätte, aber ich hätte da noch mal ein Jahr Studium dranhängen müssen, und ich wollte damals einfach von Zuhause weg. Ich hab mich dann eben für Realschule und Gesamtschule beworben und kriegte dann einen Anruf vom Schulamt, ob ich mir vorstellen könnte, an einem Gymnasium zu unterrichten? Da habe ich gedacht: »Ja, warum nicht?« Ich habe mir die Schule und den Schulleiter angeguckt. Und dann war ich drin. Und wenn du einmal drin bist, nach drei Jahren hat keiner mehr gefragt, auf welche Laufbahn du studiert hast.

Thomas: Als mein Referendariat zu Ende ging, gab's überhaupt keine Stellen. Da war nichts zu machen. Die Gymnasien, die stellten gar nicht ein. Damals war das alles total zu. Ich hatte dann allerdings das Glück, dass eine Kollegin aus dem Referendariat mir erzählt hatte, dass ein Oberstufenzentrum neu aufgemacht hat und dass die Leute suchen, die dort Sozialkunde unterrichten. Ich hatte zunächst überhaupt nicht auf meinem Schirm, dass es überhaupt Oberstufenzentren gibt, wo man als Gymnasiallehrer hingehen kann, dass man da auch Abitur machen kann und wie viele verschiedene Bildungsgänge da angeboten werden. Und dann habe ich dort bei der Schulleiterin angerufen. Die war erst ein bisschen zögerlich, sagte: »Sozialkunde? Was haben Sie denn als zweites Fach?« Ich sagte: »Mathematik.« Dann sagte sie: »Oh, dann kommen Sie mal sofort vorbei!« Und dann ging das sehr schnell. Die wollten mich da sofort haben.

Holger: Indem ich mich mit Anthroposophie beschäftigt hatte, kam man natürlich automatisch auch zur Waldorfschule. Ich war in dem pädagogisch-philosophischen Seminar, was hier an der Rudolf-Steiner-Schule schon seit zig Jahren läuft. Damals war großer Lehrermangel in den Waldorfschulen, wie heute auch noch. Und da wurde man sofort vereinnahmt. Denn neben dem allgemeinen Lehrerwesen müssen unsere Leute ja auch die anthroposophische Pädagogik beherrschen. Und das geht nicht ohne Ausbildung. Das ist immer das große Handicap. Es gibt nicht genug gute Lehrer.

Meine Schule

STEFFEN: Die Schule, an der ihr arbeitet oder gearbeitet habt, was ist das für eine Schule? Beschreibt mir ein wenig!

SVENJA: Wir sind ein grundständiges Gymnasium, also ab der fünften Klasse, weil wir eine Ausrichtung auf Latein haben. Das ist eine Besonderheit in Berlin, weil in Berlin ja die Grundschule eigentlich sechs Jahre geht. Das heißt, wir haben Schüler, die in der fünften Klasse zu uns kommen, und Schüler, die in der siebten Klasse zu uns kommen. Unsere Fünftklässler müssen mit Latein beginnen. Und wir haben einen sehr, sehr guten Musikfachbereich. Also die lernen dann bei uns ein Instrument. Das ist unsere Spezialisierung.

SANDRA: Unser Gymnasium hat ungefähr 450 Schüler und ist zweizügig. Das bedeutet, es gibt immer zwei Parallelklassen. Es ist eigentlich eine relativ kleine Schule, hat vielleicht so 35 Lehrer. Ich würde mal behaupten, dass das ein ganz normales Gymnasium ist, so wie wir es von früher auch kannten. Also mit den ganz normalen Problemen, die damals auch schon da waren. Nur dass wir früher nicht alle mit Handys rumgelaufen sind. Und auch noch nicht so durchgeschminkt waren wie die heutigen Kids.

OLIVER: Wir sind eine Ganztagsschule. Das heißt, bei uns sind die bis zwanzig nach drei in der Schule. Und morgens um sieben Uhr fünfundfünfzig geht's los. Wir haben eine Mensa, die können bei uns essen. Wir haben einen Kiosk und Schüler, die da selbst Sachen verkaufen, so kleine Pizza machen und so. Also es gibt alles Mögliche bei uns. Einen großen Schulhof natürlich auch. Dann haben wir Spiele, die man ausleihen kann, so Gesellschaftsspiele. Internetcafé. Wir haben eine große Mediothek, wo sie Bücher, Filme ausleihen können, wo auch zig Computerplätze sind. Also wir sind topp ausgestattet, das muss ich sagen. Also das ist Wahnsinn. Da werden wir wirklich von den meisten Schulen auch bewundert und beneidet. Wir sind eine Kreisgesamtschule und der Kreis hat da sehr, sehr viel Geld reingesteckt. Das muss man wirklich mal gesehen haben.

PIA: Wir sind ein Gymnasium auf humanistischer Basis mit musisch-ästhetischem Profil. Unser Gymnasium fängt einzügig ab der fünften Klasse an, der grundständige Zug nennt sich das, mit Latein als zweiter Fremdsprache. Englisch haben sie ja alle schon von der Grundschule an. Und Griechisch als dritter Fremdsprache. Das ist dann der altsprachliche Zug. Und dann gibt es drei Klassen ab siebter Klasse. Davon ist eine die so genannte WÄB-Klasse, »Werkstatt Ästhetische Bildung«. Da gibt es zwei Stunden die Woche, den so genannten Werkstattunterricht, wo zum Beispiel irgendein Projekt erarbeitet wird, eine Klangwerkstatt, ein Theaterstück, ein Musical, irgendetwas. In diesen zwei Stunden hat mal der Kunstlehrer, mal der Musiklehrer und mal der Deutschlehrer diese Klasse und sie erarbeiten irgendein Projekt gemeinsam, sei es eine Ausstellung, eine Aufführung, irgendwas. Wir haben nämlich drei Orchester, drei Bands, drei Chöre. In den Orchestern spielen bis zu 120 Leute. Und unsere Bigband, die hat schon Preise gewonnen.

HEIKO: Meine alte Schule, das war eine Heimschule. Da ist also ein Internat angegliedert, ein Kinderheim alter Prägung, wo eher so Sozialwaisen waren, die aus Haushalten kommen, die zerrüttet sind, die praktisch das Strandgut unserer Gesellschaft waren. Kriminelle Sachen schon mit elf, zwölf Jahren und so. Die Kinder sind oft vom Sozialamt eingewiesen worden oder die Eltern haben sie abgegeben, weil sie einfach nicht mit ihnen fertig geworden sind. Es gibt verschiedenste Gründe, warum die im Heim untergebracht waren. Und wir haben auch Externe gehabt, die in anderen Schulen aus dem Umfeld problematisch waren. Wir haben also einen internen und einen externen Teil gehabt. Das waren in Hochzeiten insgesamt vielleicht zwischen sechzig und siebzig Schüler. Und wenn wir mal schwächer belegt waren, vielleicht zwischen fünfundvierzig und fünfzig.

KATJA: Meine Schule im Referendariat in Berlin Neukölln, das war eine Lernbehindertenschule. Ungefähr sechzehn Schüler in der Klasse. Aber die hatten es in sich. Viele schon schulmüde, viele schwänzen ewig. Eltern können nicht lesen und nicht schreiben. Oft haben die Jugendlichen schon eine kriminelle Akte. Also absoluter sozialer Brennpunkt, mit den härtesten Situationen, die man sich vorstellen kann, von Prostitution der Mädchen bis Schläge, ach, weiß der Kuckuck. Also das ist wirklich harter sozialer Brennpunkt.

MARTIN: Meine Schule jetzt in Hamburg, das ist eine so genannte integrierte Gesamtschule. Die ist relativ klein. Da sind 250 Schüler an unserem Standort, und wir sind plus minus 22 Kollegen. Das ist eine christliche Privatschule. Also die Schule sagt von sich selber, dass es eine so genannte christliche oder evangelische Bekenntnisschule ist. Die Schule ist aus einer Elterninitiative entstanden, wo Eltern gesagt haben: »Wir möchten gerne für unsere Kinder eine christlich orientierte Schule, wo christliche Werte vermittelt werden.« Unser Motto war immer: »Gute Schule zur Ehre Gottes.«

ANKE: Bei uns sind 550 Schüler. Erste bis sechste Klasse. Und wir arbeiten »JÜL«, also wir machen Jahrgangsmischung. Wir haben erste und zweite zusammen, dritte und vierte, fünfte und sechste Klasse. Das heißt, wir haben immer zwei Jahrgänge zusammengeschlossen. JÜL, jahrgangsübergreifendes Lernen.

KATJA: Meine jetzige Schule ist eine von Eltern gegründete Schule. Inzwischen ist sie sechszügig, mit jeweils 24 bis 25 Schülern. Das heißt, in der Grundschule, den ersten sechs Klassen, gibt es einmal die Klasse Eins bis Drei, und dann die Klassen Vier bis Sechs. Die sitzen dann jeweils zusammen in einer Klasse. Und das wiederum sechs Mal. Das klappt auch ganz hervorragend. Also die Drittklässler, die gehen dann ja weiter in die vierte Klasse und dann kommen wieder neue Erstklässler nach, um die man sich am Anfang besonders kümmert.

MARTIN: Von außen wird man jetzt bestimmt denken, wir sind irgendwie so ein missionarisches Kollegium. Das spielt sicherlich auch eine Rolle. Wenn man für den christlichen Glauben wirbt, ist man missionarisch. Das finde ich auch wichtig, dass man sagt: »Wir sind eine christliche Bekenntnisschule und wir stehen für die Inhalte, was Christ sein bedeutet.« Aber ich würde mich auf jeden Fall dagegen wehren, wenn man sagt, wir versuchen Leute irgendwie zu indoktrinieren oder zu konvertieren oder wie auch immer. Jemand, der sagt: »Ich bin hier zwar in der Schule, weil ich das gut finde, aber ich möchte mit dem ganzen Glaubenszeug nichts am Hut haben«, das ist völlig okay. Also wir haben auch mehrere muslimische Leute.

TANJA: Seit zwei Jahren bin ich an dieser Projektschule für Duales Lernen. Das ist eine Hauptschule in Kreuzberg. Wir haben Klasse Neun und Zehn, jahrgangsübergreifend. Ich habe da eine Pädagogengruppe, für die ich zuständig bin. Wir machen sehr individuelles Lernen. Da müsste ich dir jetzt ein bisschen mehr über dieses Schulkonzept erzählen.

STEFFEN: Sehr gerne!

TANJA: Wir sind bis jetzt noch eine sehr kleine Schule. Ungefähr 150 Schüler. Alles neunte und zehnte Klasse. Die Schule ist vor über zwanzig Jahren gegründet worden, zunächst als ein pädagogisches Projekt, mit der Idee »Praxislernen«. Das Konzept ist, dass die Schülerinnen und Schüler an zwei Tagen in der Woche in der Schule sind und an drei Tagen im Praktikum. Jeder Schüler sucht sich einen Praktikumsplatz, nach Fähigkeiten und Interessen, und arbeitet dann in der Kfz-Werkstatt, beim Friseur, als Arzthelferin, selten auch mal in einer Bibliothek. Oder wir hatten mal ein leuchtendes Beispiel von jemandem, der in einer Bronzegießerei war. Die Schüler sind in den zwei Jahren an wechselnden Praxisplätzen, immer so mindestens drei Monate. Die Schüler sind dann richtig in einen ganz normalen Arbeitsalltag eingebunden, in einem Malerbetrieb, in einer Klempnerei, in einer Kfz-Werkstatt, und müssen sich da bewähren. Die müssen also zeigen: »Kann ich mir das alles merken, was die mir hier erzählt haben?« Müssen aufpassen, dass ihnen nicht irgendwelche wichtigen Sachen runterfallen. Und wir begleiten das als Lehrer, indem wir sie am Praxisplatz besuchen, also dort Lerngespräche führen, Lernpläne entwickeln. Und das wird auch mit Noten bewertet. Also das Praxislernen ist der größte Teil von dem, was an Leistung bewertet wird. Demgegenüber gibt's dann noch das fachliche Lernen. Also die haben Mathe, Englisch, Deutsch und Wahlpflichtkurs, das kann Sport, Musik oder Kunst sein, oder Sprache. Und dann gibt's noch das fächerübergreifende Projekt. Das ist bei uns im Moment das Theaterprojekt.

VINCENT: Ich bin ja an einer Waldorfschule, mit Förderschwerpunkt »Geistige Entwicklung«. Vielleicht erst mal was zum Gebäude, da muss man sagen, dass das ein ganz besonderes Gelände ist, weil zwei Gebäude von Mies van der Rohe sind und unter Denkmalschutz stehen. Wir haben im Schnitt ungefähr 135 Schüler, von Klasse Eins bis Zwölf. Wir haben ungefähr sechzig Kollegen, bestehend aus verschiedensten Berufsgruppen, von ganz klassischen Sonderschullehrern bis zu Kunsttherapeuten, Musiktherapeuten, Heiltherapeuten, handwerkliche Ausbildung mit sonderpädagogischer Zusatzausbildung.

MAHMUD: Bei uns an die Schule, da gehen zum einen Schüler hin, die eine normale Berufsausbildung machen. Und da gehen auch Schüler hin, die ihr Fachabitur machen. Das heißt, die kriegen eine dreijährige Berufsausbildung und machen gleichzeitig das Fachabi. Und dann gibt es noch die Variante, dass die bei uns Berufliches Gymnasium machen, zum Beispiel mit Elektrotechnik als Leistungsfach. Da haben sie nach drei Jahren ihr Allgemeines Abi und haben Elektrotechnik als Leistungsfach gehabt und können das dann weiterstudieren.

THOMAS: Das Oberstufenzentrum, an dem ich hier bin, ist ja quasi ein organisatorisches Dach für sehr viele verschiedene Schulformen. Also der größte Teil ist natürlich klassische Berufsschule. Duale Ausbildung. Bei uns Gastgewerbe, also Kellner, Köche, Hotelfachleute, alle, die irgendwie in Hotels oder Restaurants arbeiten. Das macht auch so ungefähr neunzig Prozent des Unterrichts aus, der bei uns stattfindet. Dann gibt es aber den Bereich berufsvorbereitender Maßnahmen, wo es einen ganzen Strauß von verschiedenen Sachen gibt, wie Berufsqualifizierendes Jahr, Berufsfachschule, eine MDQM-II-Ausbildung, »Modulare-Duale-Qualifizierungsmaßnahme«. Das hat sich mal jemand ausgedacht. Das ist sozusagen ein Lehrsubstitut. Also wer keine Lehrstelle hat, kriegt einen einjährigen berufsqualifizierenden Lehrgang. BQL heißt der. Die können dann so ein bisschen in unser Berufsfeld reingucken. Also die haben allgemeinbildenden Unterricht, Deutsch, Mathe, Englisch, Geschichte. Und dann aber auch, dass sie schon mal ein bisschen was kochen, oder auch ein bisschen Ernährungslehre und so etwas. In der Hoffnung, dass ihnen das ein Jahr später hilft, eine Lehrstelle zu finden. Und dann haben wir noch die Fachoberschule und die Berufsoberschule. Das sind junge Erwachsene, die eine abgeschlossene Berufsausbildung haben. Die haben zum Beispiel drei Jahre Koch gelernt und sagen sich am Ende der Kochausbildung: »Mensch, ich möchte gerne studieren.« Und die können sich bei uns anmelden und dann in einem Jahr die Allgemeine Fachhochschulreife machen. Das ist die Fachoberschule. Und die Berufsoberschule, da läuft das zweijährig und endet mit Hochschulzugangsberechtigung, allerdings im Normalfall fachgebunden für Ernährungsfächer, also Biologie, Mikrobiologie, Ernährungswissenschaften und so weiter, weil das ja unser Schulprofil ist.

STEFFEN: Wie viele Schüler sind bei euch an der Schule?

THOMAS: Also insgesamt sind etwa 7000 Schüler bei uns. Davon sind jeden Tag, sagen wir mal, so zwei- bis zweieinhalbtausend im Haus. Die 7000 bezieht sich natürlich auf diese Berufsschüler. Das sind so 6300 Schüler, die dann in der Regel immer nur einen Tag pro Woche bei uns sind. Und der Rest, das sind diese ganzen Vollzeitbildungsgänge zur Berufsvorbereitung oder dann eben zum Abitur. Die sind halt jeden Tag da. Und die Lehrer, also mit Referendaren sind wir so um die 200 Lehrer. Wir sind schon ein ziemliches Großunternehmen. Ich glaube, wir sind so mit die größte Schule Deutschlands.

STEFFEN: Wie ist der Ruf eurer Schule? Hat eure Schule einen guten Ruf?

HOLGER: Meine Schule ist ja die älteste Berliner Waldorfschule. Die ist 1928 gegründet worden, also drei Jahre nach Steiners Tod, eine der ersten Waldorfschulen überhaupt. Und ist dann 1938 durch die Nazis verboten und 1948 wiederbegründet worden. Die war bis in die achtziger Jahre hinein die einzige Waldorfschule in Berlin, wo man auch

Abitur machen konnte. Und deshalb ist ihr Ruf natürlich ziemlich gut. Es gibt ja in Berlin heute sieben oder acht Waldorfschulen. Aber damals, als wir noch die einzige waren, da hatten wir zum Beispiel jährlich dreihundert bis vierhundert Anmeldungen für die erste Klasse. Dreißig oder vierzig konnten wir nur nehmen.

SVENJA: Wir sind eine normale Schule. In diesem Jahr haben wir zwar einen besseren Abi-Durchschnitt als das Gymnasium in Steglitz. Aber wir sind eine normale Schule. Ja, wir haben einen Ruf, aber jetzt nicht als die Ober-Super-Schule. Also wir sind eine normale Schule für Berlin. Alles normal.

GEORG: Unsere Schule gilt ja als strengste Schule Berlins. Ewig angefeindet, weil es wird ganz harsch auf die Einhaltung von Regeln geachtet, auch mit gewissen Strafmaßnahmen. Zuspätkommen zum Beispiel heißt eine Stunde Strafarbeit. Die dürfen nicht in den Unterricht, die müssen zum Beispiel im Haus putzen, so kleine Gefälligkeiten erledigen. Das war sehr, sehr umstritten. Führt aber dazu, dass die Schüler ein hohes Bestreben haben, pünktlich zu kommen. Es hat auch eine gewisse Gruppenidentitätsstiftung. Das Entscheidende ist, die Grundlagen müssen klar sein, für Lehrer, für Schüler als auch für Eltern. Wir sind in dem glücklichen Vorteil, dass sich die Eltern um diese Schule kloppen, weil sie sehen, dass wir hier nach gewissen Regeln erziehen. Wir sind in der glücklichen Lage, dass diese Schule mehr Anmeldungen hat als verfügbare Plätze. Wir können uns also die Schüler aussuchen.

OLIVER: Wir sind so eine Art Vorzeigeschule. Wir stehen sehr häufig in der Zeitung. Da legt meine Schulleiterin auch sehr viel Wert drauf. Wir haben uns einen sehr guten Ruf erarbeitet. Das fällt einem nicht zu, das ist klar. Das muss man sich erarbeiten.

BETTINA: Also ja, die Deutsche Schule in Kairo hat einen sehr guten Ruf. Das hängt damit zusammen, dass viele Ehemalige hier in Ägypten in ganz hohen Positionen sind, sowohl in der Wirtschaft als auch in der Politik, so dass es einfach für viele reiche Familien sehr erstrebenswert ist, dass ihr Kind an die Deutsche Schule geht.

MARTIN: Ich glaube, dass meine Schule im Moment einen mittelguten Ruf hat. Also wie wir da im Ranking wären, weiß ich nicht.

Aber es ist wohl eher so, dass manche den Eindruck haben, dass an unserer Schule nicht sehr viele gute Schüler sind. Aber in der Oberstufe haben wir relativ viele Quereinsteiger, die zu uns kommen. Unter anderem auch, weil wir noch dreizehn Jahre bis zum Abitur beibehalten haben.

THOMAS: Ich glaube, unsere Schule ist weder besonders gut oder schlecht, so vom Ruf her. Sie ist einfach die einzige für das Berliner Gastgewerbe. Da müssen alle hin. Und da haben wir halt alles. Wir haben welche, die vorbestraft sind und Gewalterfahrung und Knasterfahrung haben. Und wir haben die Leute vom Hilton und vom Adlon. Die sitzen da alle in der Schule zusammen. Also wir haben die ganze Spannbreite, von der ollen Eckkaschemme bis zum Nobelhotel.

MAHMUD: Unsere Schule ist keine Schule, wo nur Hoffnungslose hinkommen, die sonst keine Perspektiven haben. Es gibt ein Verfahren, um überhaupt angenommen zu werden. Und dann gibt es ein Probehalbjahr. Das müssen die Schüler erst mal schaffen. Man muss schon Voraussetzungen mitbringen, dass man überhaupt angenommen wird. Deswegen hat die Schule schon einen guten Ruf hier in Berlin. Es werden ja auch attraktive Berufe gelernt: Mediengestalter, Netzwerkadministratoren und so was. Das ist, würde ich sagen, schon eine sehr gute Schule.

THOMAS: Also sagen wir mal so, bei den Berliner Betrieben haben wir, glaube ich, einen eher nicht so guten Ruf, weil die die Berufsschule grundsätzlich für völlig überflüssig halten. Die finden das ausgesprochen lästig, einmal in der Woche ihre Auszubildenden in die Berufsschule zu schicken. Eigentlich würden die alle sagen: »Na, da brauchst du doch gar nicht hinzugehen. Was willst du denn da? Da lernst du doch sowieso nichts. Komm lieber zu uns hier arbeiten. Da lernst du was.«

Meine Fächer

STEFFEN: Sprechen wir über eure Arbeit an der Schule! Wie sieht euer Unterrichtsalltag aus? Welche Fächer unterrichtet ihr?

KATJA: Ich unterrichte Kunst, Deutsch, Mathe, Sachkunde, Musik, Sport. Ich bin, wie gesagt, für alles zuständig.

HOLGER: Ich habe unterrichtet Geschichte, Deutsch, Philosophie, und PW, so heißt das in Berlin, Politische Weltkunde.

GEORG: Ich unterrichte jetzt in der Schule vornehmlich Mathematik, ich unterrichte Informatik, ITG, Informationstechnischer Grundkurs, und auch noch ein bisschen Arbeitslehre.

SANDRA: Also im Referendariat hast du zwölf Stunden, die du machen musst. Du kannst natürlich mehr machen, ist klar. Aber zwölf Stunden vorzubereiten, wenn für dich alles noch neu ist, dann reicht das schon. Ich hab jetzt neun Stunden eigenverantwortlichen Unterricht, das heißt, da bin ich ganz alleine in der Klasse. Das sind drei Klassen in Kunst, eine sechste, eine neunte, eine zehnte Klasse, und eine elfte Klasse in Biologie. Und dann bin ich jetzt noch in einer elften Klasse in Kunst, die allerdings von einer anderen Lehrerin geführt wird und die mich da nur für eine kleine Weile unterrichten lässt. Das ist der so genannte Ausbildungsunterricht.

LENA: Ich hab jetzt eine erste Klasse unterrichtet. Ich war die Klassenlehrerin und habe die den ganzen Tag begleitet. Das ist ja eine Ganztagsschule. Das heißt, wir haben um neun Uhr angefangen und waren bis vier Uhr jeden Tag da. Ich hab die in Englisch, in Mathe, in Sachunterricht, in Musik und in Kunst unterrichtet. Also alles. Grundschule eben. Nur Sport und Deutsch hatten die bei anderen Lehrern. Ich habe aber auch meine Vorbereitungs- und Nachbereitungszeit in der Schule verbracht. Ich hatte da meinen Raum, meinen Computer und alles. Ich habe immer versucht, alles in der Schule fertig zu kriegen, weil sonst hätte ich mich komplett überarbeitet.

Vincent: Ich hatte jetzt bis zu den Ferien eine erste Klasse mit sieben Schülern. Ich bin, das nennt sich Nachmittagslehrer. Also der Klassenlehrer unterrichtet von acht Uhr bis halb eins. Und der Lehrer, der dann folgt, der Nachmittagslehrer, wie das bei uns heißt, der kommt von halb eins und arbeitet bis drei. Und ich habe die letzten Monate eine Kollegin in Förderunterricht vertreten. Da habe ich vormittags verschiedenste Schüler aus Klasse Vier bis Zwölf gehabt, mit denen ich Lesen, Rechnen, Schreiben geübt hab. Momentan habe ich nur eine Sechzig-Prozent-Stelle. Natürlich würde ich auch gerne mehr arbeiten, aber es sind im Moment nicht mehr Stellen frei gewesen.

Katja: Also ich bin da ganz normale Klassenlehrerin. Und gleichzeitig leite ich diesen Fachausschuss Integration und muss dann alle Beteiligten an den Tisch holen, Stunden verteilen, Gelder verteilen. Ich bin für die Beratung der Kollegen zuständig. Die holen mich öfter, wenn da ein Kind mit LRS ist, also Rechtschreibschwierigkeiten, oder Diskalkulie, Rechenschwäche, oder bei Verhaltensauffälligkeiten. Dann komme ich mit dazu, gucke es mir an, Diagnostik, Beratung der Lehrer, auch der Eltern, erstelle Förderpläne.

Tanja: Wir sind im Moment 25 Lehrer für etwa 150 Schüler. Also du kannst mit denen auch nur in ganz kleinen Gruppen arbeiten, weil da so schwer belastete junge Menschen sind, dass das Arbeiten mit Frontalunterricht gar nicht möglich ist. Also da würden die sich verweigern, sich prügeln, keine Ahnung, was. Die Klassen setzen sich anders zusammen als sonst an den Schulen. Du musst dir vorstellen, dass jeder Pädagoge zwischen sieben und zehn Schüler hat. Das sind deine Schüler, für die du verantwortlich bist, die du sozusagen eng betreust. Mit denen hältst du den Kontakt, du bist mit den Eltern im Gespräch, mit den Familienpflegern, du besuchst sie am Praxisplatz. Und dann gibt es Teams, die setzen sich aus zwei, drei oder vier Lehrern zusammen. Und jeder bringt seine Schüler mit. Das heißt, eine Unterrichtsklasse besteht zum Beispiel aus drei Pädagogengruppen. Aber dadurch, dass wir so viele schuldistante Leute haben, sind halt auch nie alle da, sondern vielleicht die Hälfte, oder an guten Tagen zwei Drittel.

HEIKO: Wir haben dann auch eine Sonderklasse gehabt. Da haben wir mit den Schülern praktische Sachen gemacht, wo Schüler, die nicht mehr beschulbar sind, die es im Unterricht nicht mehr hinkriegen Schule aufzunehmen, was Sinnvolles machen. Die haben da so eine Waldhütte. Die gehen da raus, weg vom Schulhof und machen da praktische Sachen, hacken Holz, bauen Bänke, Sitzgelegenheiten aus Bäumen und so weiter. Die machen eine Stunde Deutsch und eine Stunde Mathe am Tag, also dass sie schreiben und rechnen können, und dann machen die praktische Arbeit.

VINCENT: Ich fange an, mit den Kindern Mittag zu essen. Also es gibt ja eine schuleigene Küche. Wir fangen an zu essen und es geht zum Beispiel darum: »Wie esse ich richtig? Braucht ein Kind noch Unterstützung mit Messer und Gabel?« Und Regeln überhaupt, auch am Tisch, dass sich zum Beispiel immer nur zwei unterhalten und nicht alle durcheinander reden. Das ist die erste Stunde. Dann gibt es für die Unterstufen so eine Ruhephase, dass man sich mit den Kindern hinlegt, vielleicht erst mal ein Lied singt, so dass sie zur Ruhe kommen, weil es für die Schüler ja auch ein sehr anstrengender Tag ist von acht bis fünfzehn Uhr. Und dann gehen wir meistens noch raus, spielen irgendwelche Spiele, auf dem Spielplatz oder so, und dann begleiten wir sie zusammen zu den Bussen, den Taxen oder den Eltern, die dann ihre Kinder abholen.

ANKE: Ich bin Klassenlehrerin von der dritten/vierten Klasse. Das heißt, ich hatte jetzt in diesem Jahr dreizehn Kinder der vierten Klasse und sechzehn Kinder der dritten Klasse. Die haben gleichzeitig in einem Klassenraum gelernt. Wir verfolgen das Konzept des selbstständigen Lernens, also dass die Kinder sich im Grunde genommen die Inhalte selbst beibringen, zwar unter Leitung der Lehrer, aber wir stehen nicht mehr vor der Klasse und sagen: »Eins plus eins ist zwei.« Sondern durch entsprechende Übungen und Methoden wollen wir, dass die Kinder selbst drauf kommen.

KATJA: Wir haben ja so individuelle Wochenpläne. Jedes Kind hat seinen eigenen Wochenplan. Damit kann auch ein geistig behindertes Kind ganz normal neben einem Hochbegabten lernen, weil eben in dem Wochenplan für jedes Kind spezielle Aufgaben drinstehen. Ich habe ja auch eine Montessori-Ausbildung. Wir haben die ganzen Montessori-Materialien da im Schrank und die Kinder nehmen sich ihre Materialien und arbeiten selbstständig. Das heißt, ich kann dann neben einem Kind, das unruhiger ist, mit ADHS, also dieses Aufmerksamkeitssyndrom, oder verhaltensgestört, oder einfach Lernschwierigkeiten hat, sitzen und es mehr unterstützen. Und die anderen arbeiten in der Zeit selbstständig weiter. Ich stehe nicht mehr vor der Klasse. Ich bin mehr so eine Lernassistentin, Begleiterin.

MARTIN: Also was wir zum Beispiel machen und was ich ganz toll finde, dass wir einmal in der Woche eine Lehrerandacht haben. Das heißt, ein Lehrer liest einen Bibeltext vor und sagt ein paar Gedanken, was ihm daran als Christ wichtig ist, und dann beten wir zusammen. Und wir beten natürlich auch für unsere Schüler. Die Andacht ist jeden Donnerstag, nach der sechsten Stunde. Das finde ich cool, weil das eine tolle Sache ist. Und dann gibt es natürlich mit den Schülern einen Jahresanfangsgottesdienst, da werden auch die Neuen willkommen geheißen. Am Bußtag machen wir keinen Unterricht, sondern feiern einen großen Gottesdienst. Dann haben jetzt Schüler angefangen und gesagt, sie wollen gerne einen Schülergottesdienst machen. Und ansonsten ist es so, dass jeden Tag eine Andacht ist, immer vor der dritten Stunde für eine Viertelstunde. Das machen meistens die Klassenlehrer, manchmal auch die Schüler.

STEFFEN: Welche Fächer unterrichtet ihr am liebsten?

OLIVER: Im Moment, muss ich sagen, Mathe. Was ich bei Mathe so schön finde: Die Zeit geht unglaublich schnell rum. Also ich habe immer das Gefühl: »Mein Gott, das kann nicht wahr sein, ich habe gerade erst mit dem Unterricht angefangen, jetzt ist die Stunde schon wieder rum.« Also weil man immer so in Action ist. Und auch den Schülern macht das Spaß. Die kommen an die Tafel, rechnen was vor. Dann kriegen sie wieder eine Aufgabe in Stillarbeit, eine Stillarbeitsphase. Dann erkläre ich was. Dann rechnen sie schon mal zu zweit oder in kleinen Gruppen. Dann kommt wieder jemand und sagt: »Herr Siebers, ich bin fertig, darf ich einem anderen helfen?« Dann gehen die rum und helfen anderen Schülern. Also die Zeit geht unglaublich schnell rum.

THOMAS: Mir gefällt sehr gut, dass man mit Mathematik hinterher sehr viel machen kann. Also eigentlich wird die Mathematik ja erst im Abitur für ganz viele Anwendungen nützlich, so in diesem ganzen technischen Bereich, Ingenieurbereich, wissenschaftlichen Bereich. Mir macht's großen Spaß sozusagen diese Türen zu öffnen, dieses Sichtfenster für die Schüler. Für die ist Mathe irgendwie Rechnen und Bruchrechnen, was immer dröge und nutzlos war. Und denen zu zeigen: »Mensch, hier kannst du es gebrauchen, da kannst du es gebrauchen.« Ich gehe mit denen dann auch mal an die Uni, in irgendein Labor und lasse mir erzählen, wofür man Mathematik braucht. Das kommt gut an bei den Schülern, wenn die sehen, das ist nützlich, das braucht man.

GEORG: Mathematik, die einen fürchten es, die anderen lieben es. Ich bin immer bestrebt, Beispiele zu finden, die ihren Erfahrungen entsprechen. Da bietet sich ja viel an, die ganzen Geschäftemachereien, die Betrügereien. Was steckt in einer Versicherung? Welche Gedanken stecken hintern Steuern? Und so weiter. Ich versuche Beispiele zu finden, die sie fassen können. Alles, was man praktisch anwenden kann, muss beherrschbar sein, ansonsten werde ich nicht lebenstüchtig.

MARTIN: Am liebsten »Glauben und Denken«. Aber Geschichte kommt gleich hinterher. Das kommt auch immer so ein bisschen auf die Unterrichtsthemen und auf die Klasse an. Ich unterrichte Geschichte sehr, sehr gerne, und »Glauben und Denken« auch. Latein ist auch okay. Aber das ist vor allem deshalb okay, weil da die Gruppen nicht so groß sind. Das ist dann für mich ein etwas entspannterer Unterricht.

KIRSTEN: Zurzeit am liebsten Ethik, einfach weil ich da alles auffangen und aufgreifen kann. Das macht insofern sehr viel Spaß, als die Schüler es sehr gut annehmen. Also sie mögen es gerne. Ich mach's auch gerne. Aber eigentlich mache ich alle meine Fächer gerne.

Geschichte, da haben Sie halt das Problem, dass viele Schüler mit Geschichte nicht viel anfangen können. Ich finde, einen guten Geschichtsunterricht zu machen ist unheimlich schwer, den Schülern zu spiegeln, was das mit ihnen zu tun hat. Viel schwerer als einen guten Deutsch-, Ethik- oder Englischunterricht zu machen.

KLAUS: Geschichte ist ein Fach, das man, ehrlich gesagt, gar nicht unterrichten sollte in den ersten Jahren. Ich habe auch mal geglaubt, ich könnte denen etwas vermitteln. Aber geschichtliche Hintergründe können Schüler nicht durchschauen. Da ist einfach nichts zu machen. »Was soll Geschichte?«, sagen die, »Das ist doch Vergangenheit!« Haben sie auch Recht. Dass die Gegenwart aus der Geschichte hervorgegangen ist, wer begreift das? Wer begreift das? Wenn Schüler wissen, was Hieroglyphen sind, dann haben die schon viel erreicht.

HEIKO: Obwohl ich ja Geschichte studiert hatte, war es ganz, ganz schwierig, in dieser Schulform den Kindern ein historisches Bewusstsein oder irgendwas so in der Richtung zu vermitteln. Die haben andere Probleme.

GEORG: Am liebsten unterrichte ich das, wo ich eigene Erfahrungen einbringen kann. Ich spiele gern mit viel Wissen. Zum Beispiel dieser neue Informatikkurs, da haben wir uns mal über das Verhältnis von Fachsprache zu Umgangssprache unterhalten.

KATJA: Sport mache ich sehr gerne. Und Kunst. Das ist natürlich auch oft sehr materialaufwendig und manchmal weiß ich nicht, wo mir die Sinne stehen, wenn wir da mit Pappmaschee arbeiten, mit 24 Kindern und Kleister und weiß der Kuckuck was hantieren. Aber das mache ich trotzdem gerne. Ja, und Musik hat mir durchaus auch Spaß gemacht. Tänze, Kreistänze, Rhythmus, weiß der Kuckuck. Da gibt's schöne Sachen.

HELMUTH: Ich habe Erdkunde am liebsten gemacht. Sport auch. Das war sozusagen der Ausgleich dazu. Der Sportunterricht selber war relativ einfach, das Vorbereiten war nicht so schwierig. Aber der Lärmpegel in der Halle, der hat mich doch manchmal gestört. Und auch immer wieder diese Umzieherei. Ich hatte dann morgens die ersten beiden Stunden Schwimmen, musste zum Hallenbad fahren. Dann ist da ja so eine feucht-warme Atmosphäre. Und danach ging es schnell wieder aus den Schwimmsachen in die normalen Sachen rein und dann wieder rüber zur Schule. Dann hatte man Deutsch oder Erdkunde, dann wieder zur Turnhalle, wieder umziehen, Sportzeug anziehen. Da ging auch immer ein Teil der Pause für drauf. Das hat mich gestört. Das fand ich immer etwas misslich.

Arbeitspensum

STEFFEN: Wie sieht eure Arbeitswoche als Lehrer aus? Habt ihr eine hohe Arbeitsbelastung?

OLIVER: Ich mache jetzt fünfundzwanzigeinhalb Stunden die Woche, reine Unterrichtsstunden. Dann musst du rechnen, was noch an Vorbereitungs- und Nachbereitungszeit hinzukommt, auch für Konferenzen. Da kommst du locker noch mal auf zwanzig Stunden zusätzlich. Mit Sicherheit. Also mindestens. Da kommst du nicht mit hin. Oder wenn Elternabende sind, das kommt ja alles noch dazu. Oder auch die Klassenarbeiten und Klausuren nachschauen. Natürlich muss man dann auch am Wochenende was machen, weil man es in der Woche nicht schafft, beim Ganztagsbetrieb. Das geht überhaupt nicht anders. Also da kommen schon eine Menge Stunden zusammen.

HOLGER: Ich musste an der Waldorfschule immer um acht Uhr anfangen, obwohl ich ja eine Nachteule bin. Unterrichtet habe ich dann immer so an die 24, 25 Stunden die Woche. Aber dann kamen ja noch die sehr, sehr vielen Konferenzen dazu. Wir hatten allein donnerstags von vier bis um zehn Uhr Konferenzen. Jeden Donnerstag. Das war eine pädagogische Konferenz, eine interne Fortbildung sozusagen. Dann gab's eine Verwaltungskonferenz, und dann noch die Schulleitungskonferenz, wo das Direktoriat getagt hat. Und dann die Klassenkonferenzen. Und wenn man in vielen Klassen ist, hat man jede Woche mindestens eine Klassenkonferenz gehabt. Dann musste man als Klassenbetreuer natürlich seine eigenen Elternabende abhalten, drei, vier Elternabende im Schuljahr. Den freien Samstag hatten wir ja erst in den neunziger Jahren eingeführt. Das heißt, man kam schon auf einen relativ hohen Schnitt an Stunden.

MARION: Also ich unterrichte 31 Stunden. Man muss hier an einer Auslandsschule mehr unterrichten als in Deutschland. Mein Alltag sieht so aus: Wir fahren um halb sieben von zu Hause weg, viertel nach sieben fängt der Unterricht an, und ich komme in der Regel um drei nach Hause. Wenn ich zu Hause bin, habe ich noch die ganzen Korrekturen und die Vorbereitung. Das heißt, ich bin jeden Tag von morgens bis abends mit Schule beschäftigt. Und es ist so, dass man noch sehr viele Extratermine hat. Dadurch, dass so eine Auslandsschule eine bestimmte Repräsentationspflicht hat, und ich auch den Grundschulchor leite, kommen da noch diese Auftritte hinzu, zum Beispiel wenn irgendeine Delegation aus Deutschland kommt. Und dann haben wir immer Weihnachtskonzerte, und einmal im Jahr ein Konzert in der Kirche. Und letztes Jahr waren die deutschen Kulturtage. Da wurde dann auch was aufgeführt. Also im Vergleich zu Deutschland arbeite ich hier in Ägypten sehr, sehr viel mehr.

ANKE: Also wir sind mit 28 Unterrichtsstunden angestellt. Dazu kommt natürlich die ganze Kontrollarbeit, die Vorbereitung für sämtliche Projekte und die Elternarbeit. Und Elternarbeit ist ein sehr großer Posten, der oft nicht abrechenbar ist, der aber sehr zeitaufwendig ist. Also ich mache alles über E-Mail, weil es die effektivste Art der Kommunikation ist und ich entscheiden kann, wann ich mit den Eltern in Kontakt trete. Ich mag das nicht mit dem Telefonieren, wenn ich da anrufen muss. Also während des Schuljahres ist es so, dass ich von Montag bis Freitag ab sieben Uhr fünfzehn in der Schule bin. Manchmal kommt man um drei, manchmal erst um vier aus der Schule raus. Donnerstag ist bei uns Konferenztag, da komme ich teilweise erst um fünf oder sechs raus.

HELMUTH: Ich war nachher auch Oberstufenkoordinator, musste also die Wahlen zur Oberstufe durchführen, wo die Schüler ihre Kurse wählten. Und dann mit der Schulleitung besprechen, wie viele Kurse eingerichtet werden. Das war also Verwaltungs- und Organisationsarbeit, was mir auch sehr entgegen kam. Ich unterrichte gerne, aber ich organisiere auch gerne. Was ich am Ungernsten getan habe, das war die Korrektur der Arbeiten. Ich habe nicht gerne korrigiert. Aber das musste ja sein.

OLIVER: Also es gibt Phasen, wo wir extrem viel Arbeit haben. Aber es gibt natürlich auch Phasen, wo es Gott sei Dank ein bisschen ruhiger läuft. Das muss auch mal sein, sonst hält man das nämlich gar nicht durch. Jetzt im Moment haben wir wieder so eine Phase, wo viele Klassenarbeiten zu korrigieren sind, und da stapeln sich natürlich die Hefte. Klar, so zweihundert Hefte habe ich dann manchmal da liegen.

MARTIN: Das sind natürlich immer so Schübe. Das ist ganz klar saisonbedingt. Also das Jahresendprogramm, da sind ja immer massiv Prüfungen: Abitur abnehmen, dann Real- und Hauptschulprüfungen. Und da ist eben enorm Examensstress. Bei uns sind das zehn Fächer, vier schriftliche und sechs mündliche Prüfungen, die die Schüler absolvieren müssen. Das ist natürlich auch für uns nicht wenig Arbeit. Und dann gibt es auch immer Hospitationen von der Behörde. Die Behörde guckt vorbei, ob wir unseren Unterricht qualitativ gut durchführen.

SVENJA: Es ist ja so, dass wir aufgrund der ganzen Berliner Reformen die Schüler sehr viel mehr evaluieren müssen, was zusätzliche Arbeit bedeutet. Wir müssen quasi in jeder Klassenstufe ganz bestimmte Prüfungen durchführen, die zentral geregelt sind. Der mittlere Schulabschluss ist ja nur eine davon. Siebte Klasse musst du diese »Lernausgangslage« machen, achte Klasse dieses so genannte »VERA«. Das ist alles extra zu den Klassenarbeiten. Dann auch das Abitur, das läuft komplett neben dem normalen Unterricht. Und Abiturphasen, die sind richtig hart. Also da kann ich nicht segeln gehen. Da korrigiere ich wirklich bis zum Abwinken. An so einer Abiturklausur korrigiere ich halt vier, fünf Stunden. An einer! Das mache ich ja zusätzlich zu meinem normalen Alltag. Gut, der Vorteil ist jetzt, dass wir durch das Zentralabitur die Aufgaben nicht mehr selbst stellen. Aber du musst jetzt solche bekloppten Online-Gutachten dazu machen. Das ist alles ein Mega-Aufwand, der zusätzlich hinzukommt. Und dann ist natürlich die Phase vor dem Schuljahresende, also Noten, Zeugnisse schreiben, Klassenfahrten, die ist wahnsinnig anstrengend. Nach so einem Schuljahr, muss ich ehrlich sagen, bin ich dann auch erst mal kaputt.

MARION: Ich meine, wir haben hier in Ägypten relativ lange Ferien, das sind ja zehn Wochen Sommerferien und drei Wochen Winterferien. Das heißt, man hat eine Regenerationsphase. Aber die Zeit, wo wir in der Schule sind, ist es so, dass ich manchmal nicht weiß, wie ich fertig werden soll, und auch wirklich noch abends und nachts arbeiten muss. Also es ist enorm.

SVENJA: Also die wirklichen Ferien, das sind eigentlich nur die Sommerferien. Von diesen sechs Wochen hat man effektiv vier Wochen frei. Die anderen zwei Wochen bist du mit Nach- und Vorbereitungen beschäftigt. Und alle anderen Ferien brauchst du, um zu korrigieren. Also Oktoberferien, das weiß ich jetzt schon, da werde ich wieder zwei Klassenarbeiten haben. Weihnachtsferien, da habe ich dann die Klausuren aus meiner Oberstufe. Die Ferien nutzt du quasi, um zu korrigieren.

STEFFEN: Ja, wie ist das mit dem Korrigieren?

PIA: Es kulminiert manchmal halt so. Dann hast du ganz viele Klassenarbeiten, die will man ja auch richtig korrigieren. Da braucht man pro Arbeit, je nachdem, was es für eine Klassenstufe ist, eine halbe Stunde. Bei dreißig Kindern kannst du dir ausrechnen, wie lange du brauchst.

OLIVER: In Sozialwissenschaften oder Geschichte in der Oberstufe, wenn die da zig Seiten schreiben, dann sitze ich manchmal drei, vier Stunden, um eine Klausur durchzugucken. Und je nachdem, wie groß der Kurs ist, kann es passieren, dass man dann dreißig Arbeiten hat, á vier Stunden, sind 120 Stunden. Der eine schafft das ein bisschen schneller, der andere ein bisschen langsamer. Ich brauche da mehr Zeit, sagen wir es ganz ehrlich, um zu lesen und alles zu korrigieren, alles anzustreichen. Manche Klausuren muss ich zweimal lesen. Also das ist schon sehr zeitintensiv. Klar, 'ne Mathematikarbeit ist natürlich schneller nachzugucken.

SVENJA: Deutsch und Französisch sind natürlich auch sehr intensive Fächer. Und man hat in Berlin für diese Fächer keine Stundenminderung. Also ich unterrichte genauso viel wie ein Mathe- oder Physiklehrer, oder ein Sportlehrer. Das ist natürlich nicht gerecht. Da finde ich diesen Lehrerberuf einfach leistungsungerecht, dass diese sehr korrekturaufwendigen Fächer genauso viel unterrichten müssen wie alle anderen. Also ein Mathekollege von mir, der sagt halt, dass er an einer Klassenarbeit dreißig Minuten sitzt. Ja, an so einer Klassenarbeit, neunte Klasse, Deutschaufsatz, da sitze ich schon eine Stunde, eine Stunde dreißig dran. Das ist das Doppelte oder Dreifache. Und an einer Klausur in der Oberstufe, ja, die korrigiere ich nicht unter zwei Stunden. Das musst du dir nur mal hochrechnen. Du hast 26 Schüler, wie viel Stunden das sind! Und das hast du parallel zu deinem Unterricht. Also das ist schon eine Menge.

STEFFEN: Habt ihr also viel Stress? Fühlt ihr euch oft überlastet?

HELMUTH: Überlastung, nein. Man muss seine Grenzen kennen. Wenn man also jemand ist, der alles hundertprozentig perfekt machen will, dann droht man leicht zu scheitern. Da habe ich in meinem Lehrerleben mehrere Beispiele gesehen, bei Kollegen, die übergenau waren und dann gescheitert sind und ein Burnout-Syndrom hatten und aus dem Schuldienst ausgeschieden sind, lange vor ihrer Pensionierung.

HOLGER: Also als ich noch gesund war, hätte ich gesagt »Nein«, weil Stress entsteht im Grunde genommen ja nur durch entfremdete Arbeit. Und die Anteile entfremdeter Arbeit waren bei mir doch relativ gering. Also eine Unterrichtsstunde hat nie Stress gemacht, nie. Stress war manchmal, wenn sich die Korrekturen gehäuft haben und man kein Land mehr gesehen hat. Aber Unterrichten, das hat mir Freude gemacht, keinen Stress.

HEIKO: Die Schulphasen werden bei uns ja auch oft unterbrochen durch bestimmte Projekte: Fahrradtouren, Lagerfeuer, Budenbauen, also erlebnispädagogische Angebote. Also es gibt dann auch mal Phasen, wo du eine Woche paddeln gehst oder auf Radtour, wo man also mit den Kindern was unternimmt.

KIRSTEN: Die Belastung liegt für mich persönlich nicht in der Vor- oder Nachbereitung, sondern in der Präsenz im Unterricht, dieses Hin und Her mit den Schülern. Das ist schon richtig Stress. Eine Unterrichtsstunde lässt sich wirklich nicht mit normaler Arbeit vergleichen. Da spüre ich zunehmend, dass das sehr anstrengend ist, weil man eben so dicht am Menschen arbeitet. Und ich habe jetzt 27 Unterrichtsstunden. Das ist 'ne Menge. Und wir haben wenig Pausen, wir haben wenig Zeit zum Essen. Die Pausen sind häufig belegt durch Pausenaufsicht. Oder auch mal Besprechung. Das heißt, man kommt ganz selten zwischendurch zur Ruhe. Und es ist auch in der Bürokratie viel geworden. Wenn Sie heutzutage eine siebte oder eine zehnte Klasse haben, was alleine an Statistiken, an Zetteln anfällt.

PIA: Stress ist das schon. Wenn du 45 Minuten vor einer Klasse stehst, da darfst du nicht eine Minute die Aufmerksamkeit verlieren. Stell dir mal vor, ich würde da einfach fünf Minuten aus dem Fenster gucken! Geht einfach nicht. Es ist ein schöner Beruf, weil du mit Menschen arbeitest, aber du bist ständig gefordert. In den Zwanzigminutenpausen hast du meist Aufsicht, passt auf, dass die auch schön auf den Hof gehen oder sprichst mit Schülern, weil Probleme sind, oder mit Kollegen, oder kopierst noch schnell was. Und in den Fünfminutenpausen dazwischen rast du von einem Raum zum anderen. Räumst noch schnell den Raum auf, schließt ab, hast da einen Schüler stehen, der noch was wissen will und so. Du bist halt ständig auf Draht. Man sagt ja, Lehrer leiden wie Fluglotsen, weil die ja auch so eine große Verantwortung haben.

HEIKO: Die Belastung, während du mit den Kindern zusammen bist, ist sehr hoch. Da ist im Unterricht immer Hochspannung. Es könnte immer eskalieren. Du musst immer sehr schnell reagieren. Wenn irgendwo was am Köcheln ist, musst du schnell reagieren und viel pädagogisch arbeiten. Also der Unterricht ist sehr stressig. Während du bei uns natürlich von der fachlichen Vorbereitung her weniger hattest. Und du hattest natürlich auch weniger Korrekturen. Wenn du nur sieben oder acht Kinder in der Klasse hast, hast du da ein bisschen Entspannung. Du kannst dich also von dem stressigen Vormittag auch wieder regenerieren.

VINCENT: Das hört sich jetzt alles so ein bisschen pillepalle an: Man legt sich mit den Kindern hin und so. Aber man darf eine Sache nicht vergessen: dass es in der Unterstufe darum geht, die Kinder in bestimmter Art und Weise überhaupt in so eine Gruppe zu integrieren. Die Kinder kommen ja teilweise mit Strukturproblemen, die wissen nicht: »Wann ist es Mittag? Wann ist es abends? Wo bin ich hier eigentlich gerade?« Also es ging jetzt im ersten Schuljahr vornehmlich darum, Struktur anzulegen. Ganz bestimmte Abläufe als Sicherheit zu geben. Dass man also eher darauf ausgerichtet ist, eine gute Gruppenfähigkeit herzustellen. Das ist für den Lehrer schon eine Herausforderung. Man hat da zum Beispiel auch zu entscheiden: »Wann ist ein Kind jetzt einfach überfordert mit der Gruppe? Wann braucht es mal eine Auszeit?«

HEIKO: Die Hauptarbeit in der Klasse ist, einfach wieder Strukturen zu erstellen, dass die Kinder sauber, ordentlich sind, ihre Klamotten aufräumen, in die Schule kommen, ihr Material dabeihaben, sich dann auch stundenweise mit dem Zeug auseinandersetzen, also irgendwelche Inhalte, dann wieder nach Hause gehen, strukturiert essen, die Schularbeiten machen, dass ein Tagesablauf entsteht, wo die sich dran festklammern können. Die brauchen einen relativ engen Rahmen, dass die sich wieder finden. Das ist das Hauptproblem.

VINCENT: Ich habe vor den Ferien gemerkt, meine Kräfte, die verlassen mich jetzt gerade so ein Stück weit. Das muss man ja auch selbstkritisch sehen. Das kann man ja nicht irgendwie an den Kindern durch Rumbrüllen rauslassen, sondern dann muss man sich überlegen: »Was mache ich jetzt? Lasse ich das Malen jetzt sein?« Ich habe es dann nämlich sein lassen, weil es einfach zu chaotisch war. Und dann habe ich gesagt: »Wir gehen jetzt alle raus auf den Spielplatz!«

KATJA: Meine Ferien habe ich total genossen. Im Moment bin ich gut ausgeruht. Aber es gab Zeiten, wo ich dachte: »Es wird mir jetzt alles zu viel. Ich mag nicht mehr. Ich will nicht mehr.« Besonders kurz vor den Ferien. Da gibt's dann immer so Elternsprechtage. Da sind an zwei Tagen 24 Elterngespräche plus Unterricht. Und das ist einfach heftig. Dann muss man vorher die ganzen Lernberichte schreiben, anderthalb oder zwei getippte DIN-A4-Seiten für jedes Kind. Dann haben wir Projektwochen. Das muss auch alles vorbereitet werden. Es gibt manchmal so Stoßzeiten, wo ich einfach kaum mehr durchblicke, wo ich das Gefühl hab, ich will nicht mehr, ich will jetzt eigentlich nur noch zu Hause im Bett bleiben, ausschlafen und die sollen mich alle in Ruhe lassen.

ANKE: Es ist schon viel Arbeit, ohne Frage. Aber ich würde nie was anderes machen wollen. Also Lehrer ist genau das, was ich machen will und auch immer schon wollte. Es ist bloß ärgerlich, dass es einfach nicht so anerkannt wird. Dass es immer so runtergespielt wird: »Ach, na ja, jetzt habt ihr wieder sechs Wochen Ferien«, oder so. Also was meine Arbeitszeiten angeht, denke ich, dass wir als Lehrer teilweise mehr arbeiten die Woche als andere Leute, die ihre ganz geregelte Vierzig-Stunden-Woche haben. Definitiv.

PIA: Wenn man diesen Job ernst nimmt, arbeitet man mehr als man müsste, mehr als vierzig Stunden die Woche. Also ich habe jetzt den Chor geleitet. Das sind schon mal drei Musikabende in einer Woche und noch eine Aufführung. Und jetzt mit meiner Lateinklasse habe ich auch ein Projekt gemacht, ein Theaterstück, Englisch-Latein. Das haben wir nebenbei im Unterricht mit der Englischlehrerin erarbeitet. Ich bin freitags immer eine Stunde früher gekommen und dann haben wir uns zusammengesetzt und überlegt und gemacht und getan und Zeit investiert. Also da habe ich bestimmt noch mal zehn, zwölf Stunden mehr reingebuttert, als ich unterrichten muss. Und dann an meinem freien Tag morgens die Generalprobe und abends die Aufführung. Es macht ganz viel Spaß und fördert ja auch das Verhältnis zwischen Lehrer und Schülern. Also für die Schüler ist es wichtig. Und die Atmosphäre an der Schule lebt auch davon. Unsere Schule hat eine sehr gute Atmosphäre und auch einen sehr guten Ruf, weil fast alle Lehrer mehr machen, als sie müssen. Das ist bei uns ganz selbstverständlich. Eine Schule lebt davon, dass die Lehrer sich zusätzlich engagieren.

SANDRA: Es ist schon anstrengend. Also es ist nicht so, dass du mittags nach Hause gehst und nichts mehr zu tun hättest. Es gibt immer superviel zu tun. Aber ich denke mal, wenn du dir ein bestimmtes Repertoire erarbeitest hast und eine Basis hast, auf der du aufbauen kannst, dann wird es von der Vorbereitung her sicherlich ein bisschen leichter.

THOMAS: Es ist viel besser geworden in den letzten Jahren. Also zu Anfang war das schon die Hölle. Wenn man alles wirklich neu machen muss, bei null anfängt. Ich habe ein Jahr gebraucht, bis ich verstanden habe, was für Bildungsgänge es da überhaupt bei uns gibt, wer wofür zuständig ist. Einfach dieses Problem der Orientierung dort. Und dann der Schock mit diesen Köchen. Ich konnte mir gar nicht vorstellen, dass es so was wirklich gibt. Die psychische Anspannung war enorm groß. Und dann eben den gesamten Stoff vorbereiten, den ganzen Unterricht durchplanen und so weiter. Zu Anfang machst du das von einer Stunde zur nächsten. Und du bist unsicher und bist unter Stress: »Schaffst du das alles überhaupt?« Inzwischen, muss ich sagen, profitiere ich von der Arbeit der letzten Jahre.

OLIVER: Heute fallen mir natürlich viele Dinge einfacher, nach den vielen Jahren, weil ich natürlich viel Routine hab. Aber vom Arbeitspensum her ist es mehr geworden in den letzten Jahren. Sehr viel Verwaltungsaufwand. Der nimmt immer mehr zu, durch die Kopfnoten, die jetzt eingeführt worden sind, und wie gesagt, sehr viel Verwaltung, unglaublich viel Verwaltung. Das wird so vom Schulministerium vorgeschrieben. Hier muss noch was protokolliert werden, da müssen noch irgendwelche Listen geführt werden. Also das hat alles schon ziemlich zugenommen.

STEFFEN: Die Arbeitsbelastung hat also über die Jahre zugenommen?

PIA: Ja, das stimmt schon. Einerseits hat sich die Lehrerstundenzahl enorm erhöht. Früher waren es 21 Stunden, die man unterrichtet hat, heute sind es 26. Aber es sind auch die bürokratischen Dinge wesentlich mehr geworden. Und es wird mittlerweile von den Lehrern auch wesentlich mehr verlangt, was Fortbildung und alles angeht. Von daher ist wirklich eine höhere Arbeitsbelastung zu verzeichnen.

Dagmar: Die Belastung hat objektiv zugenommen. Das ist jetzt nicht nur eine Sache des Alters, dass man das so empfindet. Sondern es gibt in den letzten zwanzig Jahren ganz klar eine objektive Zunahme der Arbeitsbelastung im Gymnasium. Das hat einfach mit den ganzen Schulreformen zu tun. Als ich angefangen habe, gab's in der Oberstufe Biologieklausuren, die dauerten zwei Stunden. Jetzt schreiben die Schüler vier Zeitstunden mit 2 500 Wörtern. Da kannst du dir vorstellen, wie lange man braucht, um 24 mal zweieinhalbtausend Wörter zu korrigieren. Also da gibt es eine objektive Zunahme der Arbeitsbelastung. Auch durch die Stundenzahlerhöhung. Als ich angefangen hatte, hatte ich 22 Wochenstunden. Jetzt habe ich 26. Und auch die Klassen sind größer geworden.

Inge: Die Arbeitsbelastung war zu meiner Zeit nicht so extrem, wie sie heute ist. Das muss ich sagen. Auch dieser Zwang der Evaluation und des Nachweises war damals nicht so stark. Wir hatten da gerade in der Sonderschule einfach mehr Freiheit. Wir mussten uns nicht immer dem Lernstoff beugen. Es kam drauf an, den Menschen zu sehen, in seiner Bedürftigkeit und in seinen Bedürfnissen. Ja, wir hatten einfach mehr Freiheit. Heute geht halt nix mehr. Es muss ganz schlimm sein. Also meine früheren, jüngeren Kollegen, die schaffen es kaum mehr. Es muss schon ganz übel sein.

SZENE V

DIE SCHÜLER

Schülerschaft

STEFFEN: Sprechen wir über die Schülerschaft. Was für eine Klientel habt ihr bei euch an der Schule?

TANJA: Also ich arbeite an einer Stelle, wo ich sehr viel mit dem geballten menschlichen Elend zu tun habe. Das sind einfach sozialschwache Familien, bildungsferne Familien, wo die jungen Menschen durch die Familienstruktur so irritiert sind, dass sie da gar nicht richtig funktionieren können.

INGE: Sonderschule in Süddeutschland war damals für den typischen Schulversager. Wenn sich in der Grundschule rausstellte, dass das Kind eine Schwachbegabung hatte, so ein IQ von 75, dann war ganz klar, dass der in die Sonderschule kam. In Berlin war nachher eine ganz andere Zusammensetzung. Da waren es mehr die Verhaltensgestörten, die Verhaltensauffälligen, die von den Schulen abgesondert wurden. Die haben wir dann in den Sonderschulen bekommen. Zu einem ziemlichen Prozentsatz hatten wir Kinder aus zutiefst gestörten Verhältnissen. Das waren oftmals zwar relativ intelligente Kinder, die aber so in den Grundschulen aufgemischt haben und so extrem verhaltensauffällig waren, dass man sie wirklich nicht gebrauchen konnte.

MARION: Wir hatten an meiner früheren Schule halt relativ viele Schulverweigerer. Also es war ein Gebiet, wo viele Aussiedler waren. Die hatten Sprachschwierigkeiten, ganz massiv. Auch Kriminalität. Wobei man sagen muss, diese Ortschaft, wo ich da war, das ist auch eine ganz rechte Ecke. Da ist ein ganz großer Prozentsatz NPD-Wähler. Und dadurch hatten wir an der Schule auch Schwierigkeiten durch Rechtsradikalismus. Ausländerfeindlichkeit. Also einfach diese Gesinnung. Das war schwierig. Das war einfach so radikal und so aggressiv, wo die Eltern selber hoffnungslos überfordert waren mit ihren Kindern. Das hatte in den letzten Jahren alles sehr stark zugenommen.

KIRSTEN: Berlin Tempelhof ist ja überwiegend kleinbürgerlich. Also ich habe viel so Eltern im Angestelltenbereich, kleinere Handwerker, auch schon mal jemand, der in der Bank arbeitet oder irgendwie im Finanzbereich. Bei den türkischen Eltern sind es ja häufig so kleinere Imbissgeschichten. Aber wir haben jetzt natürlich wenig so Akademikerklientel, weil die schicken ihre Kinder alle aufs Gymnasium. Also ich würde mal sagen, wir haben zwei Drittel, die in Lohn und Brot stehen, und ein Drittel ist Hartz IV, deutsch wie ausländisch. Wobei man immer vorsichtig sein muss mit diesem »ausländisch«. Ein großer Teil hat ja schon längst einen deutschen Pass.

KATJA: Es ist jetzt das extreme Gegenteil von dem, was ich vorher hatte. Die Eltern, das sind überwiegend Akademiker, viele Künstler. Die Eltern fördern ihre Kinder. Eher manchmal zu viel. Die Kinder müssen eher lernen, auch mal was mit ihrer Freizeit am Nachmittag anzufangen und nicht vom Ballett- zum Gitarrenunterricht zu hetzen, sondern auch mal nichts zu tun. Also die Eltern, alle, wie gesagt, Akademiker, Künstler.

HOLGER: Die große Masse an der Waldorfschule ist schon Bildungsbürgertum. Ich meine, wenn der Gestellungsbefehl vom Schulamt kommt: »Ihr Kind ist jetzt sechs Jahre. Ihre zuständige Grundschule ist dort und dort. Dort haben Sie sich zu melden!«, ja, welche Eltern sagen dann: »Nein, mach ich nicht, ich such für mein Kind eine andere Schule«? Das ist Bildungsbürgertum. Das macht kein Hartz-IV-Empfänger, der einen Bildungsgrad von Hauptschule hat. Das macht der nicht. Obwohl, es ist ja eine Schande. Die Waldorfschule ist ja als Arbeiterschule entstanden. Es war eine Privatschule für die Kinder der Waldorf-Astoria-Zigarettenfabrik in Stuttgart. Der damalige Direktor, das war ein gewisser Molt, ein Kriegsgewinnler, hat sehr viel Geld gewonnen im Ersten Weltkrieg. Der hat dann für seine Kinder nach dem Krieg eine Schule bauen wollen, für seine Arbeiterkinder. Und da wurde Steiner gefragt: »Kannst du mir das machen?« Und Steiner hat begeistert »Ja« gesagt und hat die Waldorfschule gegründet. Da waren nur Kinder der Waldorf-Astoria-Zigarettenfabrik.

Pia: Also meine Schule, das ist ein Gymnasium in Dahlem. Dahlem gehört ja mit zu den besten und reichsten Bezirken in Berlin. Die Schüler sind aus sehr gutem Hause. Die bringen schon sehr gute Voraussetzungen mit. Das ist ein leichtes Arbeiten mit denen. Aber das Problem, das wir haben, ist so dieses »Biete-mir-mal-Was!« Also manchmal so eine arrogante Haltung. Wenn Zeugnisse ausgeteilt werden, sind am nächsten Tag vier Mails im Kasten, weil den Eltern irgendwas nicht gefällt. Die mischen sich halt in alles ein, die wollen viel mitreden, viel mitmachen. Ich finde es ja gut, wenn man mit den Eltern zusammenarbeitet. Aber manchmal könnten sie auch ein bisschen gelassener sein, ihre Kinder ein bisschen selbstständiger sein lassen.

Lena: Die Kinder bei uns haben halt privilegierte Eltern, die dafür eine Menge Schotter zahlen, dass ihre Kinder an dieser Schule sind. Und dadurch muss man natürlich diesen Eltern auch was bieten, damit die das Gefühl haben, das lohnt sich, hier mein Geld auszugeben. Die fordern einfach mehr: »Ich hab Geld dafür bezahlt, ich möchte jetzt auch, dass mein Kind das und das und dann und dann und hier und hier…«

Heiko: Das ist hier in Kairo vom sozialen Klientel her natürlich das krasse Gegenteil. Ich hatte in Deutschland, wenn man das so sagen will, mit der untersten sozialen Schicht gearbeitet. Und hier mit der Ober- und Mittelschicht, also was den finanziellen und bildungsmäßigen Hintergrund anbelangt. Es ist natürlich eine ganz andere Schulform, es ist eine Privatschule, eine Eliteschule. Die Kinder bringen was ganz anderes mit vom Elternhaus. Die pädagogische Arbeit findet auf einem ganz anderen Level statt.

Marion: Also die Kinder an der Deutschen Schule in Kairo, die sind alle unheimlich reich. In ihren Ferien, da sind sie in Europa oder in Amerika oder sonst wo in der Welt. Sie leben alle auf ganz hohem

Niveau. Das heißt, ihr Fahrer bringt sie morgens in die Schule. Sie kommen alle immer mit den neusten Schultaschen. Dann hat jeder ein I-Pod. Dann hat jeder ein PSP. Dann haben sie alle möglichen Spielsachen. Also sie kriegen alles. *Ein PSP?* Das ist so ein Gameboy, wo die Kinder mit spielen. Oder sie haben diese Playstation, Handys. Da hat jedes Kind ein Handy, in der Grundschule schon. Also das ist einfach unvorstellbar. Geld spielt da gar keine Rolle. Die haben alles.

STEFFEN: Wie ist das Leistungsniveau der Schüler bei euch an der Schule?

TANJA: Also wir haben ganz viele Leute, die sind, was man als »Förderbedarf Schwerpunkt Lernen« oder »Schwerpunkt Soziales Lernen« bezeichnet. Es gibt ja so komplizierte Formulierungen. Man könnte auch sagen, die sind lernbehindert. Also von klassisch anerkannten Autisten über Leute, die an diesen Aufmerksamkeitsdefizitgeschichten leiden und sich nicht konzentrieren können, bis hin zu Leuten, die depressiv sind oder einfach völlig überfordert mit ihrer persönlichen Situation. Also die meisten, die wir haben, sind eher die untere Kante dessen, was Schüler so können sollten.

VINCENT: Also ich habe vier Schüler mit Down-Syndrom. Eine Schülerin mit einer so genannten hirnfunktionalen Störung. Eine schwere Epileptikerin. Und ein Kind mit ADHS, also Aufmerksamkeitsdefizitsyndrom. Und auch eine Behinderungsform wie zum Beispiel das Down-Syndrom ist eben bei den Kindern ganz verschiedenartig ausgeprägt. Es gibt Kinder, die Lesen, Rechnen, Schreiben lernen, relativ locker und leicht. Und es gibt Kinder, bei denen das nicht so ist. Es geht aber insgesamt an der Schule über Kinder mit Autismus, Alkoholembryopathie, also wo die Mutter während der Schwangerschaft Alkohol getrunken hat, immer mehr auch in Richtung emotional-soziale Störung, also wenig Beziehung aufbauen zu können, weil eben in der frühkindlichen Entwicklung Verwahrlosung stattgefunden hat, oder auch Missbrauch. Also es ist sehr durchmischt bei uns an der Schule. Oder auch schwerstmehrfachbehinderte Schüler, die weder sprechen können noch sich irgendwie so in dem klassischen Sinne äußern können. Es ist also sehr breit gefächert.

HEIKO: Wenn man selbst vom Gymnasium kommt, dann kann man sich oft kaum vorstellen, dass es ein Niveau in der Schule gibt, das ganz weit, weit, weit darunter liegt. Für uns an der Schule war es ein Erfolg, wenn man die Kinder eine gewisse Zeit am Vormittag ins Arbeiten bekam. Egal wie hoch das Niveau war, sondern dass sie überhaupt was gemacht haben, dass sie sich hingesetzt haben und sich mit einem deutschen Text auseinandergesetzt haben, dass du in der Lage warst, Kinder, die aus einem zerrütteten Haushalt kommen, die sich um Schule überhaupt nicht gekümmert haben, wieder zurückzuführen, ein, zwei Stunden am Tag sich mit Prozentrechnung oder mit einer Lektüre oder mit einem englischen Text, oder mal eine Schallplatte auf Englisch, dass die sich damit beschäftigt haben. Wir haben fünf Schulstunden am Vormittag gehabt, und wenn du drei davon Unterricht gemacht hast, war das gut. Alles andere war Regulieren von Aggressivität, von Abschweifungen, von Ausbrechen, weil die das einfach nicht durchhalten. Da ist keine Ausdauer. Und du versuchst natürlich nicht nur Inhalte zu vermitteln, du versuchst im Grunde eine Arbeitshaltung zu erschaffen. Charakterstärke, Ausdauervermögen. Und wenn die nachher rauskommen und haben das wieder so ein bisschen entwickelt, dann hast du es ganz gut gemacht.

SVENJA: Was mich oftmals sehr, sehr erstaunt, gerade bei den Abiturienten, ist, wie wenig Allgemeinwissen die eigentlich haben. Man behauptet ja immer, die Kinder des Internet-Zeitalters, die können das alles super am Computer. Die können alle supertoll recherchieren und so was. Aber ich merke immer wieder, dass das eigentlich nicht stimmt. Das sind so diese Google-Wikipedia-Kinder, die dann glauben, damit kennen sie die Welt. Also es hat mich sehr erstaunt. Ich habe viele Schüler, die mit mir das erste Mal ins Theater gehen. Ich finde, jeder junge Mensch muss doch mindestens ein paar Mal im Theater gewesen sein. Oder wie wenig die lesen. Ich hab Bücher verschlungen. Und das tun sie nicht.

STEFFEN: Wie steht es um die Motivation, die Leistungsbereitschaft der Schüler?

KIRSTEN: Die Lernbereitschaft müsste meiner Meinung nach viel höher sein. Die Lernbereitschaft ist zu gering, auch bei Schülern, die wirklich ein Elternhaus haben, wo eine große Lernwilligkeit ist, und sie jetzt zufällig nur auf der Realschule gelandet sind. So dieser Wunsch sich anzustrengen ist sehr gering. Manchmal bin ich schockiert, jetzt auch in der zehnten Klasse, wo man ja diesen MSA-Abschluss mit ihnen vorbereitet. Da geht es ja um ihre Berufschancen. Viele sind aber wirklich durch reine Faulheit erheblich unter ihren Möglichkeiten geblieben. Das finde ich einfach schade.

KLAUS: Wir haben ja in Deutschland eine Mentalität: Leistung zählt nicht. Das heißt, wer bei uns in der Schule wirklich was leisten will, wird oftmals ausgebremst. Die werden als Streber dargestellt. Also es scheint »in« und »cool« zu sein, keine Leistungen zu bringen und große Fresse zu haben. In unserer Schulform zumindest. Ich kann nicht für die Realschule sprechen, auch nicht fürs Gymnasium, aber für die Hauptschule ist das so.

GUNNAR: Da muss ich jetzt zum Teil widersprechen. Ich habe in meiner Klasse Schüler und Schülerinnen gehabt, die waren gut und das war von allen anerkannt. Die wurden nicht als Streber gehänselt. Die waren eben gut und das war okay. Die hatten ihren Stand, das waren die Besten und die haben die besten Arbeiten geschrieben. Und die hatten keine Probleme mit den anderen.

SVENJA: Die sind bei uns alle unglaublich motiviert, weil sie eben Abitur machen wollen. Und dann sind die so notenfixiert, weil sie ja nur so Studienplätze kriegen. Als ich angefangen hatte zu studieren, da war das alles noch egal. Die erleben Leistungsdruck ganz anders als wir damals. Der wird auch durchs Elternhaus geschaffen. Also ich hab mit Motivation wenig Probleme. Auch wenn die am Anfang sagen: »Oh Gott, Emilia Galotti!«, am Ende fanden sie es ganz cool.

HOLGER: Wir haben ja an der Waldorfschule diesen Epochenunterricht. Wenn Sie drei Wochen am selben Thema sitzen, dann kommen Sie wirklich rein. Statt wenn Sie zwei Stunden Geschichte haben die

Woche, Dienstag die Sechste und Freitag die Zweite. Sie kommen wirklich in die Materie rein. Und dann macht's auch Spaß. Dann kommt die Motivation aus der Sache heraus. Sie müssen Kindern die Möglichkeit bieten, auch wirklich in ein Thema reinzukommen.

THOMAS: So eine Köche-Klasse, wo meiner Ansicht nach mindestens sieben oder acht Legastheniker waren, wo Alkoholismus und Drogen eine Rolle spielte, die extrem unmotiviert, lustlos und einfach völlig ungebildet waren und die das auch nicht interessierte... Also die konnten zum Teil ganz gut kochen, hatten im günstigsten Fall zwar eine raue Schale, waren aber ganz okay. Das waren die sieben, acht Leute, mit denen man Unterricht machen konnte. Zehn Leute kamen grundsätzlich nie. Die tauchten gar nicht auf. Also in dieser Koch-Klasse, da war das oft so, dass ich da morgens um acht hinkam. Die sitzen dann dickbepackt vor einem, voll tätowiert, nach dem Motto: »Was willst du denn da vorne, du Hänfling?« Und mit denen dann über rechtliche Grundbegriffe zu reden, ist ausgesprochen schwierig und macht keinen Spaß. Na ja, und dann schlafen immer sieben oder acht, die irgendwie die Nacht über bis um eins oder um zwei arbeiten mussten. Also innerlich hat man sich dann davon verabschiedet, da irgendwie große Erfolge zu erzielen in solchen Klassen.

MAHMUD: Es hängt auch sehr stark von meinem Unterricht ab, wie ich meinen Unterricht vorbereite. Ist der auch attraktiv genug? Habe ich auch praxisbezogene Beispiele mitgebracht? Oder ist alles zu trocken? Ich glaube, viele Sachen hängen auch von uns Lehrern ab. Wenn wir wirklich was Tolles, Attraktives anbieten und die Voraussetzungen, die die Schüler mitbringen, auch mit berücksichtigen und da angemessen was anbieten, dann kann man seine Schüler motivieren. Dann ist die Motivation doch, merke ich, ja, nicht hoch, aber ziemlich okay.

THOMAS: Mit den Schülern in der Fachoberschule und der Berufsoberschule, da ist das total anders. Die kommen aus eigener Motivation. Mit denen macht das richtig Spaß. Das sind junge Erwachsene, die eine eigene Lebensentscheidung getroffen haben, dass sie das jetzt machen wollen. Und die wollen auch danach noch mehr. Also die machen das, um dann studieren zu können oder in ein höheres Management einsteigen zu können. Also das macht mir Spaß mit denen. In diesen Klassen habe ich wieder das Gefühl, anderen was beibringen zu können.

HEIKO: Man darf jetzt nicht denken, dass es das Wichtigste im Leben ist, dass mein Schüler, der da sitzt, bruchrechnen kann. Es ist wichtig, dass das ein anständiger Kerl wird. Wir müssen gucken, dass der nicht mit achtzehn im Knast sitzt und der Gesellschaft Kosten macht. Die sollen nachher anständig im Beruf morgens dastehen, verlässlich sein, pünktlich sein. Sie sollen kameradschaftlich mit ihren Mitarbeitern sein. Die müssen nett zu ihren Kindern und ihrer Frau sein und sollen versuchen anständig zu leben. Entscheidend ist, dass das anständige Mitbürger werden. Und wenn er dann noch ein bisschen bruchrechnen kann, ist das in Ordnung.

STEFFEN: Und wie steht es in Ägypten?

MARION: Hier an der Deuschen Schule ist es so, dass die Kinder eigentlich sehr interessiert sind und dass man als Lehrer auch eine gewisse Unterstützung von den Eltern hat, weil die einfach an der Bildung ihrer Kinder interessiert sind.

HEIKO: Also ich würde sagen, die Kinder sind hier viel temperamentvoller. Sie sind extrovertierter. Vor allem die arabischen Kinder sind mehr nach außen gerichtet. Wenn ich mal vom Kommunikationsmodell ausgehe: Sie senden viel und empfangen wenig. Sie teilen sich sehr stark mit. Aber mit dem Zuhören haben sie Probleme. Sie hauen immer ziemlich viel raus, erzählen, machen, reden, fallen einem ins Wort. Aber das mit dem Zuhören ist schwieriger.

MARION: Für mich ist das ein bisschen so eine Mentalitätssache. Also es fällt ihnen zum Beispiel nicht schwer, Aufführungen zu machen. Sie präsentieren sich ständig. Die Eltern, die kommen mit dem Handy oder der Videokamera und wollen immer nur sehen, dass ihre Kinder was sagen, dass sie was zeigen. Es wird darauf einfach viel mehr Wert gelegt als auf dieses Zuhören, dieses Ruhigsein, dieses Überlegen. Das ist hier einfach nicht so gefragt.

HEIKO: Aber es sind wirklich nette Kinder und Jugendliche, die engagiert sind und auch was lernen wollen, mit allen ihren Mucken und Macken, die ein Jugendlicher hat, wenn er pubertiert. Aber im Grunde sind wirklich alle lieb und keiner ist richtig bös oder so, sondern wild, temperamentvoll. Es sind alles wirklich sympathische Erscheinungen.

Disziplin

STEFFEN: Wie ist es bei euch an der Schule mit der Disziplin der Schüler? Habt ihr da Probleme?

LENA: Ich denke, das kommt auch auf die Gegend an, wo man unterrichtet. Ich hatte jetzt in Berlin Zehlendorf ein sehr schönes Klientel an Eltern und an Kindern. Ich hatte relativ wenig Probleme mit meinen Kindern. Die sind zwar in der ersten Klasse noch nicht besonders diszipliniert. Sie müssen sich erst an den Schulalltag gewöhnen und haben damit durchaus auch Schwierigkeiten gehabt. Aber so richtig krasse Disziplinprobleme hatte ich nie.

MAHMUD: Also mit der Disziplin gibt es bei uns wenig Probleme. Unterrichtsstörungen, kann ich sagen, sind bei mir in den Klassen sehr selten. Es sind eh erwachsene Schüler. Und meistens, wenn eine Unterrichtsstörung vorkommt, sage ich gar nichts, dann höre ich einfach auf zu unterrichten: »Leute, klärt das! So kann ich nicht arbeiten.« Und dann merkst du schon, dass die Schüler das unter sich versuchen zu klären. Und was Zuspätkommen betrifft, das kommt schon manchmal vor, aber selten. Wenn die zu spät kommen, dann müssen sie halt zum Abteilungsleiter gehen und einen Entschuldigungszettel holen.

SVENJA: Disziplinprobleme, also ich kann immer nur sagen, ich hab das nicht. Dass die Schüler Verantwortung übernehmen, das musst du halt mit ihnen etablieren. Bei uns an der Schule ist es zum Beispiel so:

Die Schüler wischen immer die Tafel, es gibt immer zwei Schüler pro Woche, die den Raum sauber machen. Wenn die Schüler den Raum verlassen, stellen sie die Stühle hoch. Dazu musst du sie natürlich erziehen. Aber das läuft auch. Das klappt auch. Das ist eine Schule, wo keine Handys sein dürfen. Funktioniert auch. Du siehst keine Handys. Oder MP3-Player oder so was. Das ist per Hausordnung verboten. Kommt immer mal vor. Aber dann wird dieses Handy von den Kollegen einkassiert und kommt zur Sekretärin und die Eltern können das wieder abholen. Also da ziehen alle an einem Strang. Und deshalb funktioniert das auch.

PIA: Handys, da gibt's bei uns eine ganz klare Regelung. Die dürfen sie nicht haben. Einkassieren, wird unten abgegeben, können sie sich nach einer Woche wieder abholen.

DAGMAR: Handy ist generell bei uns verboten. Man kann's dabeihaben, aber es wird ausgeschaltet. Wenn es im Unterricht klingeln sollte oder sie benutzen es, kassiere ich es sowieso ein. Das muss Mutter den nächsten Tag abholen. Passiert aber ganz selten, dass ein Handy klingelt.

MARTIN: Also bei uns heißt das Thema: »Gegenseitiger Respekt«. Wir versuchen klarzumachen, dass es immer darum geht: Respekt dem Stoff gegenüber, Respekt den Mitschülern gegenüber, und natürlich, last not least, Respekt dem Lehrer gegenüber. Also wenn Schüler zu uns kommen, die kriegen ja erst mal so eine Art Schulordnung ausgehändigt. Da versuchen wir möglichst alles zu erklären, was uns wichtig ist, welche Regeln. Also zum Beispiel: kein Handy, keine MP3-Player, keine Kopfbedeckung. Da sind wir sehr streng. Und ansonsten muss jeder Lehrer selber sehen, dass er in seinem Unterricht eine ordentliche Atmosphäre kreiert, in der Schüler lernen können und im optimalen Falle auch gerne lernen.

DAGMAR: Man muss Regeln mit den Schülern vereinbaren. Und du musst auch dafür sorgen, dass sie die einhalten. Binnen 24 Stunden fühlen die sich da sehr zu Hause und probieren alles aus, was erlaubt ist. Also du musst als Lehrer die Grenzen setzen. Es muss klar sein, dass du derjenige bist, der sagt: »So, hier ist die Grenze. Das geht und das geht nicht.«

Oliver: Dass Schüler natürlich erst mal versuchen zu schauen: »Wie weit kann ich denn gehen?«, ist normal. Das machen die ja im Elternhaus auch. Wie gesagt, da muss man auch ein bisschen Fingerspitzengefühl für haben, dass man sagt: »Okay, das kann ich jetzt mal durchgehen lassen, und das aber nicht.«

Martin: Also die Hauptschullehrer, die richtig ausgebildet sind mit Schwerpunkt Hauptschule, versuchen das den Gymnasiallehrern auch immer klarzumachen: Man muss klare Ansagen machen und darf nicht so viel kreativen Freiraum geben, sondern es muss Konsequenz angesagt sein, dass die wissen, dass bestimmte Sachen eben nicht laufen. Also ich lerne da gerade sehr viel von den Hauptschulkollegen, wie man da strikter sein muss.

Heiko: Es gab Phasen, wo man die Ordnung an der Schule fast nicht mehr aufrechterhalten konnte. Da haben dann vier, fünf Schüler sich auf den Schulhof gesetzt und sich 'ne Zigarette angemacht. Die Lehrer sind gekommen: »Ja, dann schlag mich doch!« oder: »Musst mich schon mit Gewalt hier wegtragen, ich mach die Zigarette nicht aus.« Dann mussten wir die teilweise mit der Polizei rausbringen. Dann sind sie doch wieder aufs Gelände rauf. Und die anderen sehen das natürlich. Das war ganz furchtbar. Das ging dann über eins, zwei, drei Monate. Du versuchst ja den Kindern dann auch noch zu helfen. »Vielleicht kriegen wir die noch mal.« Also da muss man hingehen, nach vier Wochen, wenn's dann nicht geklappt hat: »Wollt ihr oder wollt ihr nicht? Wenn ihr nicht wollt, geht bitte hoch, packt eure Koffer, ihr seid raus!« Aber du kannst dir nicht monatelang auf dem Kopp rumtanzen lassen.

Dagmar: Wir haben auch Schüler schon rausgeschmissen, weil sie gedealt haben. Wir haben auch mal eine heftige Keilerei gehabt, wo einer irgendwie ein Messer in der Hand hatte. Der ist auch von der Schule verwiesen worden. Aber das sind Einzelfälle. In dreißig Jahren kann ich dir vielleicht fünf, sechs Fälle nennen, wo so was bei uns passiert ist. Also wir haben hier in Berlin Mariendorf eigentlich eine sehr angenehme Schülerschaft. Es gibt sicher noch bravere. Also wenn ich mir Zehlendorf, Steglitz vorstelle mit den ganzen Prinzen und Prinzessinnen. Das ist vielleicht braver. Aber in der Regel sind die bei uns relativ gut erzogen. Wenn du Nord-Neukölln hast, sieht die Sache ganz anders aus.

STEFFEN: Was sind so die Störungen, die Sachen, die einen als Lehrer ärgern?

KIRSTEN: Also penetrant reden. Reden und immer wieder reden. Also eine penetrante Unruhe. Geschnatter. Auch andere nicht ausreden lassen, andere stören. Essen im Unterricht. Wir haben ganz große Probleme mit Kaugummi-Kauen. Das ist für meine Begriffe sowieso eine absolute Unsitte.

LENA: Die hampeln auf dem Tisch. Die klettern auf den Stuhl. Die stehen alle fünf Minuten auf und müssen aufs Klo oder müssen ihren Bleistift anspitzen. Müssen in ihrer Federtasche irgendwas rumkramen. Fangen an zu singen oder zu summen oder irgendwelche Geräusche zu machen. Spielen mit den Fingern tap tap tap auf dem Tisch oder treten auf dem Boden rum, schlurfen oder ruckeln auf ihrem Stuhl hin und her. Das sind so die Hauptphänomene, die einen ganz schön wild machen können und zur Weißglut bringen, weil man einen ständigen Geräuschpegel im Hintergrund hat. Ja, man wird selber so ein bisschen ADS-geschädigt.

TANJA: Also meistens quatschen sie untereinander. Sie setzen ihre Mützen nicht ab. Sie sitzen mit ihren Jacken da. Ihre Handys klingeln. Sie haben Musik im Ohr. Die, die mehr aggressives Potential haben, zerstören irgendwelche Dinge. Oder Einzelne, die sich provokativ benehmen, indem sie laut sind oder Sachen fragen, die nicht zum Thema passen. Indem sie ihre Arbeitsmaterialien nicht mithaben. Also das ist ein ganz großes Problem, dass sie zum Beispiel nie einen Stift oder Papier dabeihaben. Da können wir uns Fusseln an den Mund reden. Es gibt Anwesenheitsblätter, auf denen sie unterzeichnen lassen sollen, dass sie am Praxisplatz waren. Aber die wenigsten schaffen es. Wir trainieren wirklich Basisfähigkeiten. Wir trainieren: Wenn ich zu spät komme, komme ich leise rein und setze mich ohne großes Trara hin.

THOMAS: Also grad bei diesen Berufsschülern ärgert mich dieses vollständige Desinteresse an allem, was da stattfindet. Was einfach schon in der Körperhaltung und Kleidern ausgedrückt wird. Also Basecap bis in die Stirn, Jacke im Unterricht angelassen. Keine Materialien mitgebracht, nicht mal einen Stift dabei. MP3-Player oder Handy da unten. Das ist deren Lernhaltung. Das regt mich richtig auf.

GUNNAR: Es gibt ja Schüler, die einfach nur rumschreien oder mit anderen Unstimmigkeiten haben, die sie zu regeln versuchen, bis hin zu Schlägereien im Unterricht. Das kann man dann relativ schnell auch irgendwie hinkriegen. Aber dann gibt es andere Schüler, die so unterschwellig stören und provozieren. Das sind die, die uns das Leben schwer machen. Die anderen, das kriegt man irgendwie hin. Da haben wir nun ja auch etliche Erfahrung.

KLAUS: Ich hab da einen Schüler, der pfeift. Aber bis ich das herausgefunden hatte, war ein viertel Jahr vergangen, weil er dann ja auch von seinen Mitschülern gedeckt wird.

KATJA: Einmal hatte ich eine Kunststunde, da haben wir nicht mal gehört, dass es geklingelt hatte. Da waren die so konzentriert, hatten so einen Spaß und es war so eine gute Stimmung. Das gab's auch. Aber es gab eben auch diese andere Seite, weil die Kinder zu Hause geschlagen wurden. Die haben kein richtiges Bett, sondern schlafen noch mit vielen anderen in einem Zimmer, und der Fernseher läuft dabei. Wenn die in die Schule kamen, hat sie noch ganz anderes beschäftigt. Und dann ging es ganz schnell, eine kleine Sache und die sind hochgegangen und haben sich gegenseitig verkeilt. Da musste man wirklich absolut konzentriert gucken, dass man da dranbleibt und sieht, was sie brauchen.

INGE: Ich hatte Kinder, die rannten mit dem Kopf gegen die Wand, ständig: »Zack!« Es gibt Kinder, die ritzen sich. Es gibt Kinder, die reißen sich die Haare aus. Wissen Sie das alles gar nicht?

STEFFEN: Wie sind denn die Schüler untereinander? Mobbing, ist das bei euch ein Problem?

KIRSTEN: Es gibt schon auch mal ein Mobbing und solche Sachen, klar. Das gibt's an jeder Schule. Da muss man eben versuchen es zu merken. Das ist der Knackpunkt. Man kann nur was tun, wenn man Bescheid weiß. Und Lehrer kriegen nicht alles mit. Aber in meiner Klasse hatte ich weitgehend nicht dieses krasse Sich-Anreden: »Halt die Fresse! Alte Fotze!«, und weiß der Kuckuck was, was man ja generell viel in Schulen hört. Und ich glaube, das hat gar nichts mit dem Schultyp zu tun. Oder: »Du Opfer!« Ich kann mich noch genau erinnern, als ich das erste Mal in meinem Leben von einem Schüler diesen Ausdruck gehört habe.

OLIVER: Gut, dass mal Schüler gemobbt werden, das hat man überall. Das gibt's bei uns auch schon mal. Aber im Grunde genommen gehen die nett miteinander um. Also klar, die Mädels fangen immer an rumzuzicken. Zickenalarm, dass die sich streiten und dann eine Schülerin auf dem Kieker haben. Dann wird über die abgelästert oder wie auch immer. Das ist aber normal. Dann wird geheult und zwei Stunden später laufen sie wieder Händchen haltend über den Schulhof.

LENA: Die können sich auch schon in der ersten Klasse untereinander mobben.

ANKE: Auch in jeder guten Klientel wird man das finden, dass da gemobbt wird. Teilweise in den besten Klientelbereichen noch eher als in den nicht ganz so elitären. Aber in der Grundschule ist es noch sehr übersichtlich.

SVENJA: Es gab jetzt zum Beispiel vor zwei Jahren einen Schüler, der im Abitur unsere Schule verlassen hat, weil er so gemobbt wurde, weil er schwul ist. Ich war hoch betroffen, als das rauskam. Ich finde, da hat die Schule versagt, wenn so was passiert. So was darf nicht passieren.

HEIKO: Ich hab von totaler Freundschaft und guter Kameradschaft bis Mobbing, Schlagen und Unterdrücken alles miterlebt. Gibt's alles. Auf dem Schulhof, in den Pausen, auch im Unterricht. Dann muss man natürlich eingreifen. Ich meine, jeder hat ja ein Recht auf Schutz. Da muss man die Klasse formen, dass es eine Gemeinschaft wird. Ich habe jetzt vier Klassen zum Abschluss gebracht, es war immer so, dass ich in der neunten Klasse eine kameradschaftliche Stimmung hatte. Auf dem Weg dahin nicht immer. Aber zum Schluss waren sie so weit.

Steffen: Wie ist es mit physischer Gewalt?

Oliver: Also prügeln, das gibt's bei uns an der Schule nicht. Wir sind ja »Gewaltfreie Schule« und haben sogar mal einen Preis gekriegt. Wir legen sehr viel Wert darauf, dass wir Gewalt und Rassismus ablehnen. Wir sind ja auch so eine Multikulti-Schule.

Gunnar: Also unsere Schule hat einen schlechten Ruf hinsichtlich Gewalt. Aber das ist nicht gerechtfertigt. Das stimmt einfach nicht, was da immer erzählt wird. Ich bin noch nicht mit Drogen in Kontakt gekommen und auch mit Waffen nicht, solange ich an der Schule bin. Es wird zwar erzählt, dass der eine vielleicht mal ein Messer mithatte oder so, aber das mag möglicherweise ein Taschenmesser gewesen sein. Aber nicht, dass irgendjemand einen mit der Waffe bedroht hat. Das habe ich noch nicht gesehen.

Tanja: An unserer Schule gibt es relativ wenig Gewalt, toi toi toi, dadurch, dass wir sehr viel Beziehungsarbeit mit den Schülern machen. Sobald da irgendwelche Sachen auftreten, wird das thematisiert, angesprochen. Es gibt klare Sanktionen. Und es gibt Sozialarbeiter, die wie eine Feuerwehr funktionieren. Also wenn jemand da auskreist, kann sofort Hilfe herbeigeholt werden. Der Schüler kann dann erst mal rausgenommen werden aus der Konfliktsituation, dann finden Gespräche statt, versucht man Vereinbarungen zu treffen.

Kirsten: Dann auch dieses »Aufnehmen«, also »Happy Slapping«, wie dieser bescheuerte Ausdruck lautet. Dass eben mit Handy aufgenommen wird, wie andere sich prügeln. Da haben wir mehrfach Fälle verfolgt. Und dann ins Internet stellen. Viele haben gar kein Gespür dafür, was das für eine grauenhafte Vorgehensweise ist. Da flippe ich total aus, wenn ich solche Sachen mitkriege. Das finde ich unglaublich.

Svenja: Ich sag mal so, wir haben jetzt an der Schule keine Probleme mit Gewalt. Es gibt zwar immer mal einen auf die Fresse. Doch das passierte zu unserer Schulzeit genauso. Aber wir haben jetzt keine Schlägerprobleme. Also da ist dann auch mal die Polizei, weil einer mal wieder nicht ganz richtig tickte. Aber das gab's zu meiner Zeit. Das gab's auch sicher zu deiner Zeit. Das gibt es halt. Aber wir sind jetzt keine Schule, wo es Taschenkontrollen gibt oder wo die Polizei Dauergast wäre.

GEORG: Also ich finde, dass diese Prozesse heutzutage sehr in den Mittelpunkt gerückt sind. Ich kann mich selbst noch an meine Kindheit erinnern. Ich bin auf einem Dorf groß geworden. Ich habe zu bestimmten Zeiten tunlichst bestimmte Straßen gemieden, weil da die Konkurrenztruppe war. Da konnte man verprügelt werden. Das gab's auch damals schon. Nur damals hat man es unter sich geregelt. Es gab Leute, die wurden von Anfang an schikaniert, aber darüber hat kein Mensch geredet. »Sieh zu, wie du klarkommst!« Das war so die gewisse Härte, die aus der gesamten deutschen Entwicklung herkam. Und ja, heutzutage wird es nun thematisiert. Warum? Kann ich nicht sagen. Haben Sie eine konfliktfreie Kindheit gehabt? Da sind doch die Fetzen geflogen. Kinder sind doch unglaublich brutal. Aber das hat die Lehrer doch gar nicht interessiert.

GUNNAR: Also mir ist bisher, toi toi toi, noch nichts passiert, obwohl ich ja gar nicht weit weg wohne von unserer Schule.

Früher & Heute

STEFFEN: Sind die Schüler heute eigentlich anders als früher? Wie ist da eure Erfahrung?

GUNNAR: Die meisten der Schüler haben ja heute überhaupt keine Ziele, die sie erreichen wollen. Die Noten spielen gar keine Rolle. Zeugnisse, das ist denen so was von egal. Wirklich, das glaubst du gar nicht. Das interessiert die gar nicht. »Wir kriegen sowieso keinen Job.«

Es interessiert sie auch nicht, einen Beruf zu suchen im zehnten Schuljahr.

OLIVER: Die haben es heute teilweise schwieriger, weil die Perspektiven für viele so schlecht geworden sind. Und was halt problematisch ist, sind so diese sozialen Geschichten, die verstärkt auftreten, wo zum Beispiel Eltern sich trennen. Man merkt das den Schülern sofort an: Irgendwas stimmt nicht, die sind anders. Manche sind aggressiv, manche ziehen sich total zurück, sagen gar nichts mehr. Lächeln auch nicht mehr, sitzen da nur noch ganz ernst. Und wenn man dann nachhakt, merkt man, aha, da gibt es Probleme in der Familie, Eltern trennen sich. Ich glaube, das hat zugenommen in den letzten zwanzig Jahren. Da gibt's ja Statistiken drüber. Für die Schüler ist das verheerend. Und wie gesagt, diese Perspektivlosigkeit, was den Arbeitsmarkt anbelangt. Teilweise höre ich schon welche aus der Siebten, die mir erzählen: »Ich hab sowieso keine Chance später auf einen Ausbildungsplatz.«

KIRSTEN: Die Trennungsquote ist ja eine viel, viel höhere als früher, und Eltern ist nicht klar, was das für Schüler bedeutet. Und dann die andere Sorte, wo beide Elternteile da sind, beide aber so viel arbeiten, um diese ganzen Standards, die man heutzutage erfüllen muss, einzuhalten, so dass die Kinder sich selbst überlassen sind und zu wenig Anregung von Haus aus haben. Das wird dann ausgeglichen durch Geld. Aber das kann ja irgendwie auch keine Lösung sein.

INGE: Die Kinder heute haben sich erheblich verändert, diese 35 Jahre, die ich im Schuldienst war. Die gesellschaftlichen Strukturen sind aufgeweicht. Diese ganze Berufstätigkeit der Mütter. Die Kinder sind immer sprachärmer geworden. Sprachloser. Einsamer. Grundtechniken fehlen. Verstehen Sie, früher konnte jedes Kind eine Schleife machen, konnte mit der Schere umgehen. Das ist alles nicht mehr so. Auch das Zuhören, das Anweisungen-Verstehen, soziales Bewusstsein. Das ist einfach nicht mehr so vorhanden. Die Mütter gehen arbeiten, die Väter sind bei der Arbeit. Fernsehen, die ganzen Medien, ja. Eine freiere Lebensgestaltung, die Patchwork-Familien, das Zerbrechen der einzelnen Familien. Das sind alles so Dinge, die starke Veränderungen in der Gesellschaft gebracht haben.

Helmuth: Man könnte sagen, dass die Schüler etwas unruhiger geworden sind. Die Kinder sind heute durch das Fernsehen, durch Computer und Computerspiele und durch die ganzen Ablenkungsmöglichkeiten ein bisschen anders geworden. Aber so ganz gravierende Unterschiede habe ich an sich nicht festgestellt gehabt. Es ist zwar nicht alles beim Alten geblieben, aber es hat sich auch nicht so dramatisch verschlechtert und das Unterrichten ist auch nicht schwieriger geworden.

Georg: Ich sag mal Folgendes, die Arbeit am Schüler ist heute nicht anstrengender als früher. Also ich würde mich strikt dagegen verwahren zu sagen: »Das ist alles schlimmer geworden. Die Schüler sind schwieriger geworden.« Die Schüler sind anders geworden.

Oliver: Diese LS, diese Rechtschreibschwäche, das hat sehr stark zugenommen. Woran das liegen mag, weiß ich nicht. Stressphänomene, auch dieses ADS, diese Unruhe, dieses Zappelige. Aber das sind auch oft Kinder, wo dann irgendwo familiäre Probleme aufgetreten sind.

Sandra: Also ich glaube, dass die Anforderungen, die die Schüler heute aushalten müssen, die Masse an Hausaufgaben, an Stoff, einfach mehr ist als bei uns früher. Ich glaube, dass die Schüler heute sehr wenig Freizeit haben und das auch das Problem ist, das viele Unterrichtsstörungen verursacht.

Kirsten: Also ich teile nicht die These, dass die Schüler dümmer sind als früher, was viele Menschen ja denken. Sondern ich glaube, ein großes Problem ist die Reizüberflutung. Sie sind einfach so stark von Reizen umgeben, wie wir das halt in unserer Jugend nicht hatten. Also angefangen bei dem eigenen Fernseher, der ja spätestens mit sechseinhalb im Zimmer ist, Handy, Computer. Und alles wird ja relativ hemmungslos genutzt. Also diese Berieselung spielt eine wahnsinnig extreme Rolle und führt meiner Meinung nach zu so einem Stau, dass man gar nicht mehr in der Lage ist, Dinge richtig zu begreifen. Also wirklich so eine totale Reizüberflutung.

Dagmar: Die Kinder kommen montags früh in die Schule und haben den ganzen Sonntag am Computer gesessen. Die sind voller

Bewegungsdrang. Die platzen aus allen Nähten. Und dann müssen sie da sechs Stunden sitzen und lernen. Wenn ich mir die Freizeitbeschäftigung meiner Schüler erzählen lasse, es gibt nur ganz wenige Kinder, die wirklich Freizeit im Wortsinn haben. Die sind entweder total ausgebucht, haben x Veranstaltungen, und wenn sie Freizeit haben, sitzen sie zu Hause vorm Computer, vor der Playstation. Da hast du dann einfach sehr viel unruhigere Schüler.

Oliver: Der Konsum, was Computerspiele anbelangt, das hat's früher ja nicht gegeben. Ich habe jetzt eine Schülerin, wo die Eltern verzweifelt sind. Die sitzt Tag und Nacht nur am PC und kann morgens nicht zur Schule gehen, weil sie so übermüdet ist. Also wo dann eine regelrechte Sucht auftritt, dass die schon gar nicht mehr anders können. Die sitzen also wirklich und spielen, spielen, spielen, jede freie Minute.

Kirsten: Die Schüler sind heute viel unkonzentrierter. Das Hauptproblem ist die Unkonzentriertheit. Sie sind nicht gut in der Lage, strukturiert zu lernen. Und sie sind auch ganz schwer in der Lage, mal Langeweile auszuhalten. Also ganz schnell kommt: »Mir ist langweilig.« Sie würden am liebsten zappen, wie mit der Fernbedienung mit Lehrern umgehen. Und das funktioniert natürlich nicht. Ich meine, wir übernehmen schon sehr viele Animateurfunktionen. Ich kann keinen Unterricht machen wie vor dreißig Jahren. Man muss die Schüler ganz gewiss auch mehr bei Laune halten.

Georg: Damals gab es ja noch keine Privatsender, die kamen erst ab 85 dazu. Es gab ja immer noch ein endliches Fernsehprogramm. Und Computer gab's nicht, Handys gab's nicht, die ganzen modernen Kommunikationsmöglichkeiten gab's nicht. Das heißt, es wurde mehr gelesen als heutzutage und ich würde mal sagen, es wurde auch mehr miteinander zusammengehangen, kommuniziert. Heute ist ja alles sehr individuell geworden. Man könnte auch sagen, relativ gleichgültig. Also ich stelle zum Beispiel fest, achte Klasse in Mathematik, da wissen die Schüler teilweise nicht mal den Nachnamen ihres Mitschülers, der neben ihnen auf der Bank sitzt. Die gehen aus der Schule raus und dann trennen sich die Wege.

KIRSTEN: Und dann diese Sucht, bei *Deutschland sucht den Superstar* groß rauszukommen. Das ist eine ganz große Sucht. Das ist ganz extrem. Dieses »Ich-will-berühmt-Werden«.

MARTIN: Worüber ich mir Sorgen mache, ist diese zunehmende Respektlosigkeit von Schülern. Das ist gar nicht immer böse gemeint, sondern manche, die verstehen nicht, dass es einfach was Sinnvolles ist, »Guten Morgen« zu sagen, oder dass es Sinn macht, wenn ein mit Büchern beladener Kollege durch den Flur geht, dass man dem Platz macht und nicht noch schnell vorher an ihm vorbei will. Also alles so Fragen des Benehmens. Ich würde mich auch niemals von Schülern anfahren lassen. Ich würde immer sagen: »Du kannst sagen, was dir wichtig ist, aber nicht in diesem Ton!« Das versuche ich Schülern klarzumachen, dass man respektvoll miteinander umgeht. Ich meine, bestimmte Dinge müssen laufen, um meine Nerven zu schonen.

STEFFEN: Der Respekt gegenüber den Lehrern hat abgenommen?

TANJA: Das hört man ganz viel auch von Kollegen, dass sich in den letzten zehn, fünfzehn Jahren die Situation sehr verschärft hat, dass der Respekt der Schüler gegenüber den Lehrern stark nachgelassen hat. Also es wird immer schwieriger, Disziplin da reinzubringen. Ja, insgesamt haben sich einfach die Bedingungen verschärft.

PIA: Die Kinder heute sind, glaube ich, im Laufe der Jahre frecher geworden, was auch gut ist. Die trauen sich mehr. Die Kinder lassen sich nicht mehr so viel gefallen. Ich finde das gut, weil ich denke, so wie es früher war, dass man immer alles geschluckt hat, das kann auch nicht sein. Die sollen ja auch keine Angst haben vor Lehrern. Es gibt ja durchaus Lehrer, die wirklich unfair sind. Und da muss man sich auch wehren können.

HOLGER: Wissen Sie, ich glaube nicht, dass es um die eigentlich tiefe Achtung geht. Die ist immer gleich geblieben, wenn der Lehrer in Ordnung war. Schüler können ja sezieren. Das habe ich auch meinen

Referendaren immer gesagt: »Sie müssen davon ausgehen, wenn Sie vor einer Klasse stehen, sind Sie seelisch nackt. Die sehen alles an Ihnen. Alles.« Und wer diese Prüfung bestanden hat, vor dem hatte man als Schüler immer Achtung. Und wer die nicht bestanden hat, der wurde fertiggemacht. Auch in einer sehr grausamen Art und Weise.

Ausländer

STEFFEN: Habt ihr viele Schüler ausländischer Herkunft bei euch an der Schule?

SANDRA: An unserem Gymnasium haben wir wenig Ausländer. Na gut, ich denke mal, dass da einige Aussiedler bei sind. Aber das hält sich eigentlich in Grenzen.

OLIVER: Also der Ausländeranteil ist bei uns relativ gering. Ich kann dir nicht sagen, wie hoch der prozentual ist. Aber ich meine, wir hätten Schüler aus über dreißig Nationen bei uns an der Schule. Also ich hab bei mir in der Klasse zum Beispiel eine Schülerin, frag mich jetzt nicht, wo die herkommt, irgendwo aus Algerien, Albanien so was. Und in den anderen Kursen, gut, da habe ich schon mal so zwei, drei Türkinnen drinsitzen. Und Aussiedler. Aussiedler haben wir natürlich auch einige. Also bei uns ist das ganz normal, dass die Mädchen da mit dem Kopftuch herumlaufen. Da sagt keiner was oder guckt blöd hinterher. Gar nichts. Das ist einfach normal.

KLAUS: Frag mal, ob wir Deutsche haben! Unglaublich viele Ausländer, siebzig, achtzig Prozent, also Schüler mit Migrationshintergrund.

GUNNAR: Guck mal die Namensliste in den Siebten an, da hast du wenig deutsch klingende Namen. Das war früher nicht. Ich hatte so die ersten türkischen Schüler vor dreißig Jahren. Und dann kamen die Russlanddeutschen. Das ist ein Kaliber für sich.

Helmuth: Also damals hatten wir kaum welche. Nachher kamen natürlich die Migranten. Die Russlanddeutschen, die ja auch auf die Schule kamen, die will ich nicht zu den Ausländern rechnen. Sehr pflichtbewusst, sehr eifrig. Das waren ja keine Ausländer, obwohl sie zunächst vielleicht so empfunden worden sind. Die waren aber sehr fleißig.

Klaus: Wenn ich meine Migranten sehe, die nehmen nichts ernst, gar nichts. Weder den Inhalt, wenn sie den überhaupt wahrnehmen, noch die Schule als solches. Die kommen regelmäßig zu spät in den Unterricht oder sind so häufig, in Anführungsstrichen, »krank«, dass man sagen muss, da ist gar kein Wille sich weiterzubilden, um vielleicht mal einen guten Schulabschluss zu schaffen, die Fördermaßnahmen anzunehmen oder auch einen Ausbildungsplatz zu erhalten. Das ist meine Erfahrung bei diesen Schülern. Der Wille ist nicht da. Bei den Russlanddeutschen, da ist der Wille schon eher gegeben, auch wenn sie in sich so eine Clique bilden und wenn sie Wodka trinken und auch gefährlich sind. Aber ansonsten sind die williger, nicht viel williger, aber williger und interessierter an Bildung als die Türken. Wirklich, das sind meine Erfahrungen.

Heiko: Viele Russen. Da hatten wir in letzter Zeit viele. Gerade die Russlanddeutschen waren nicht ganz ohne. Die waren schon problematisch. Das war so eine eigene Welt. Aber es wäre völlig verkehrt, da ein Pauschalurteil zu fällen. Es gibt natürlich Russlanddeutsche, die mafiös organisiert sind und da ganze kriminelle Bereiche beherrschen. Es gibt aber auch wirklich ganz, ganz nette, die ich kennengelernt habe, die das hier wirklich als Chance gesehen haben und dann auch die Chance an den Haaren gepackt haben. Gibt's beides, glaube ich.

Kirsten: Ich möchte mal sagen, zwei Drittel der ausländischen Kinder sind bemüht, bildungswillig. Und ein Drittel macht das ein oder andere Problem, einzelne auch schwere Probleme. Bei uns geht's noch einigermaßen. Andere Kollegen würden das sicher noch mal anders sehen. Aber ich habe wirklich mit ausländischen Schülern keine Probleme, weil ich sie ernst nehme und vielleicht auch durch mein multikulturelles Großwerden.

DAGMAR: Wir haben, glaube ich, einen Anteil von dreißig Prozent. Also ich kann's nicht genau sagen. Aber so in dem Dreh. Das ist noch relativ wenig. Wenn du nach Kreuzberg gehst oder Nord-Neukölln mit 99 Prozent Ausländeranteil, das haben wir nicht. Aber die sind natürlich einfach verstärkt da. Das ist so. Das hast du heute. Ist auch in Ordnung. Das ist nun mal so. Die leben hier. Ich hab damit erst mal überhaupt kein Problem. Meistens fügen sie sich letztlich doch noch irgendwie bei uns ganz gut ein.

KIRSTEN: Wir haben jetzt ungefähr, ich würde mal sagen, 55 Prozent rein Deutsch. Und 45 mit Migrationshintergrund. Mit zunehmender Tendenz. Ich meine, wir brauchen nur noch zehn Jahre zu warten, dann… Insofern müssen wir auch die Probleme, die daran hängen, in den Griff kriegen. Sonst können wir einpacken. Also man sieht schon, wie es steigt. In den fünfzehn Jahren, die ich jetzt im Schuldienst bin, ist es von vielleicht zwanzig Prozent auf bestimmt 45 Prozent angestiegen.

TANJA: Also wir haben bisher eine relativ gute Durchmischung zwischen weißen Deutschen und Migrationshintergrundskindern. Wir haben, ich glaube, vierzehn verschiedene Nationen an der Schule vertreten. Hauptsächlich natürlich arabische und türkische Jugendliche. Das ist dann auch schon mal ein Problem, weil die einfach aufgrund der kulturellen Hintergründe, wie die Familien ticken und funktionieren, mit unserem Disziplinverständnis und unserem »Wie-Schule-laufen-Sollte« nicht so richtig vereinbar sind. Das hätte ich früher nicht gedacht, dass das so extrem ist. Da gibt's in den Familien offensichtlich sehr viel strengere Regeln, was die Jugendlichen dürfen und was nicht. Der Vater ist das Familienoberhaupt und die Brüder sind der verlängerte Arm des Vaters. Und die jungen Mädchen, die wir haben, die dürfen dann eben abends in eine Theateraufführung nicht mitkommen. Das ist einfach ganz anders, wie diese Familien funktionieren.

DAGMAR: Wenn ich mit türkischen und arabischen Jungs zu tun habe, die nehmen Schule anders wahr. Die haben einfach ein anderes Auftreten, also sehr machohaft. Die sind übrigens mit ihrem Machogehabe bei den Mädchen auch gar nicht immer so gut angesehen.

Kurzzeitig hat es was, aber dann finden sie die irgendwann nur noch blöd. Aber mit denen hast du natürlich schon andere Probleme, wenn die da so machohaft auftreten: »Interessiert mich doch nicht, was Sie da sagen.« Aber meistens wird man mit denen noch fertig. Auch als Frau. Das ist einfach eine Frage, was du dir gefallen lässt.

Kirsten: Gewisse Migrantenprobleme sind natürlich auch entstanden, weil unsere Politik versagt hat, und wir natürlich auch mit unseren übertoleranten Vorstellungen. Da möchte ich mich nicht ausschließen. Ich sehe heute mit 52 manches anders als mit dreißig. Das heißt jetzt nicht, dass ich mich hardcore-mäßig entwickelt habe. Aber es ist schon so, dass im Hauptschulbereich die Probleme mit den türkischen und arabischen Jungen groß sind. Da geht eine ganze Generation verloren. Das hängt natürlich auch damit zusammen, dass man sich von deutscher Seite viel zu wenig gekümmert hat und immer gedacht hat, die Dinge lösen sich von alleine.

Georg: Als ich am Anfang in Friedrichshain war, da waren Ausländer eher rar. Damals. Inzwischen ist das ja ganz anders. Aber die Fronten verlaufen nicht zwischen Deutschen und Türken, die verlaufen zwischen sozialer Herkunft und dem Anspruch, den sie haben. Also ich möchte auf eine Menge Ausländer nicht verzichten, weil sie einfach tolle Menschen sind. Dafür könnte ich mir manche Deutsche klemmen.

SZENE VI

LEHRERSEIN 1

Ruhe & Ordnung

STEFFEN: Kommt ihr gut mit euren Schülern zurecht? Wie ist euer Verhältnis?

SANDRA: Im Prinzip komme ich prima mit den Schülern aus. Ich merke, wenn ich den Schülern etwas Interessantes biete, dann sind gerade die Störenfriede richtig gut dabei. Meistens kommt so ein Störpotential daher, dass die sich langweilen und richtig beschäftigt werden wollen. Und wenn ich den Schülern Themen anbiete, die sie begeistern, dann läuft der Unterricht fast wie von selber. Insgesamt, muss ich sagen, komme ich mit den Schülern prima klar. Die wissen auch, dass ich das nicht mag, wenn da ständig jemand schwatzt.

SVENJA: Ich hab schon ein sehr enges Schülerverhältnis. Also ich weiß auch vieles über meine Schüler. Ich rede auch in den Pausen mit denen. Mit meinen Fächern ist man ja auch sehr präsent. In der einen Klasse hatte ich jetzt fünf Stunden Deutsch und dann noch zwei Stunden Ethik gehabt. Das waren sieben Stunden Unterricht. Da bist du schon ein wichtiger Lehrer für die. Ich bin auch viel mit Schülern unterwegs. Also ich gehe mit denen ins Theater oder bin auch schon mit Klassen weggefahren. Das führt zu einem engeren Kontakt zwischen dir und den Schülern.

HEIKO: Ich glaube, ich hab das gut gekonnt, so mit den Schülern umzugehen. Das müssen vielleicht andere beurteilen. Aber ich hab immer den Eindruck gehabt, das hat ganz gut funktioniert. Wenn die dann erfolgreich abgeschlossen haben und gesagt haben: »Herr Tanner, das war 'ne super Zeit. Sie haben mir oft den Kopf zurechtgerückt, aber letztendlich habe ich es geschafft und das war total klasse«, dann habe ich gedacht, so schlecht kann es nicht gewesen sein.

INGE: Also ich weiß, dass ich im ersten Jahr in Berlin so verzweifelt war, weil ich diese Klientel, und ich nenne Schüler sonst nicht Klientel, ich hab die nicht erkannt. Ich schwäbisches Mädel, ich war da unten relativ brave Kinder gewohnt und war völlig gutgläubig. Die konnten mich am Anfang richtig reinlegen. Da habe ich gedacht, die machen doch mit mir, was sie wollen. Bis ich das mal so gecheckt hatte, dass da ein ganz anderes Potential war. Großstadtkinder, mit allen Wassern gewaschen, die sich ja im Alltag ganz anders bewähren mussten. Ich meine, so ein Kind in Stuttgart oder Ludwigsburg, die gehen halt über die Straße zur Schule. Und diese Kinder hier, die kamen aus Brennpunkten und mussten sich durchschlagen. Da kamen zum Beispiel Trebegänger in die Klassen. Also da hatte ich einiges zu lernen, muss ich sagen.

KATJA: Im Referendariat in Neukölln habe ich manchmal einfach Angst gehabt, so eine Stunde zu überleben. Also ich meine, die haben einfach nicht lange durchgehalten. Man musste ständig sehen, dass man die bei der Stange hält, dass man genau den richtigen Lernstoff genau zur richtigen Zeit bietet, und genau das richtige Maß von Konzentration und wieder Entspannung, weil einfach ein hohes Frustpotential da war. Es war auch nicht immer ganz ungefährlich. Die eine Klasse hat sich da immer so hochgepusht. Das war am Anfang des Referendariats so: Die kamen reingerannt und haben die Klasse absolut auseinandergenommen, alles runtergerissen und kaputt gemacht. Da war einfach so ein Frustpotential. Ja, das war nicht immer leicht.

HEIKO: Also wichtig ist, dass die Kinder merken, dass man sie eigentlich gut leiden kann. Das ist schwer, weil die ja oft so biestig und aggressiv sind und sich schlecht benehmen. Trotzdem müssen die das Gefühl haben, dass man sie gut leiden kann. Selbst wenn man den Grobian richtig zusammenpfeift, der muss das Gefühl haben: »Er tut das deshalb, weil er es gut mit mir meint, und nicht weil er Macht demonstrieren will.« Dann hat man verloren, wenn man auf diese Machtschiene geht.

STEFFEN: Wie sorgt ihr im Unterricht für Ruhe und Ordnung? Was sind eure Tipps und Tricks?

OLIVER: Für mich ist immer wichtig, dass wir eine nette und entspannte Atmosphäre haben. Aber nicht in dem Sinne, dass sie tun und lassen können, was sie wollen, dass sie mit Papier schmeißen oder sich unterhalten oder mit dem Handy telefonieren oder Musik hören oder was weiß ich. Das gibt's ja auch alles. Da muss man konsequent sein. Also die Schüler wollen eben gewisse Regeln und Grenzen. Das sagen die auch. Die sagen ganz offen und ehrlich: »Wir wollen unsere Grenzen haben.« Und dann funktioniert die ganze Chose auch.

HELMUTH: Unser Schulleiter damals hat mal einen guten Spruch gesagt: »Kinder, oder junge Menschen, sind Grenzen suchende Wesen und suchen Grenzen setzende Erzieher.« Das sehe ich doch jetzt an unseren Enkelkindern, und bei unseren Kindern war das auch so. Die tasten sich ja vor, wie weit sie jetzt gehen können. Und da muss man dann klare Grenzen setzen.

SVENJA: Also ich glaube, man kann in den ersten zwei Wochen eine Klasse gewinnen oder verlieren. Und wenn du sie gewonnen hast, dann kannst du auch mit denen arbeiten. Ich komme rein und begrüße sie erst mal. Und dann haben die eine Kappe auf. Oder die haben Kaugummi im Mund. So fange ich den Unterricht nicht an. Dann gehen die erst mal alle zum Müll. Dann kommen erst mal alle Kappen ab. Und so vergehen in den ersten Stunden immer am Anfang fünf Minuten. Aber wenn du das einmal etabliert hast, dann kommst du rein und die sind vorbereitet. Und wenn das nicht so ist, dann kriegen sie erst mal einen Einlauf. Da bin ich auch immer ein bisschen unfreundlich. Aber ich finde, so muss es auch sein. Ich will sie respektieren, aber dann müssen sie mich auch respektieren. Also wenn's schon geklingelt hat und die Tasche steht noch auf dem Tisch oder das Schulbrot ist noch im Mund, so kann ich nicht anfangen zu unterrichten. Da bin ich ganz stringent. Wenn du es einmal klar hast, dann musst du gar nicht mehr kämpfen. Aber wenn du das einreißen lässt, dann bist du nach vier Wochen nicht mehr Herr der Lage. Wir werden ja auch von den Schülern evaluiert. Und bei mir heißt es immer: »Frau Brehme-Heimann hat uns im Griff.«

Tanja: Ich glaube, was unheimlich hilft, ist, wenn man klare Sanktionen hat und die auch konsequent verfolgt. Aber dann ist man ja auch immer wieder weichherzig und denkt: »Meine Güte, okay, jetzt hast du den Zettel heute nicht mit, dann bringst du ihn eben morgen.« Da zeigt einfach die Erfahrung, wenn du Sachen androhst und sie dann nur halbherzig einforderst, dann lachen die sich ins Fäustchen, logisch. Das ist eine menschliche Falle. Du bist voller Verständnis und Mitgefühl und lässt deswegen was durchgehen, und das fällt dir dann sofort auf die Füße. Das kriegst du sofort zurück.

Thomas: Also gleich zu Anfang sehr strikte Regeln, einhalten, durchsetzen. Bei Verstößen sofort aufgreifen. Dann aus dem Unterricht verweisen. Dann mit den Betrieben kommunizieren, denen alles mitteilen, was hier im Unterricht läuft. Und dann Schritt für Schritt, wenn es sein muss, Klassenkonferenzen machen und Schüler umsetzen in andere Klassen. Damit die Schüler merken, das passiert hier nicht alles ungestraft. Aber das ist ausgesprochen anstrengend. Innerlich denke ich oft: »Ah, könnt ihr mich nicht einfach in Ruhe lassen? Bleibt doch zu Hause, wenn ihr nicht wollt!« Es gibt auch Lehrer, die da sehr viel besser mit umgehen können als ich. Also mir fällt das sehr schwer.

Martin: Ich bewundere Leute, die mit ihrer natürlichen Autorität einen Raum betreten und sofort herrscht eine aufmerksame Stille. Das kriege ich nicht hin. Ich bin eher jemand, der am Anfang streng ist und klare Ansagen macht und auch zeigt, dass ich nicht alles durchgehen lasse. Und wenn diese Dinge erst mal klar sind, zeige ich, dass man auch ein bisschen locker sein darf. Es hat sich gezeigt, dass der umgekehrte Weg fatal ist, weil viele Schüler verwechseln dann Freundlichkeit oder einen etwas lockereren Ton mit Laschheit, nach dem Motto: »Ach, der ist irgendwie easy. Da können wir uns benehmen, wie wir wollen.« So ist jedenfalls meine Erfahrung. Lieber am Anfang ein bisschen strikter und strenger, damit man dann die Zügel ein bisschen nachlassen kann.

Holger: Wenn Sie so eine Schule wie die Waldorfschule haben, ohne diese entsprechenden Druckmechanismen, dann brauchen Sie eines: eine persönliche Autorität. Dann muss da einer stehen, der die

Dinge in Ordnung bringt. Da sprechen wir von der »personalen Autorität«. Und die ist in Waldorfkreisen durchaus nicht verpönt. Der Lehrer unterrichtet nicht, was er kann, was er gelernt hat, sondern, das sagt schon Pestalozzi, der Lehrer unterrichtet, was er ist. Es können zwei Leute den Satz des Pythagoras unterrichten, bei dem einen sind die Leute begeistert, bei dem anderen schlafen sie ein.

INGE: Das ist etwas sehr Subtiles, diese Souveränität ausstrahlen zu können, mit Blicken, mit Mimik, mit der Haltung: »Pass auf Junge, das ist nicht okay, was du machst!« Das muss man schaffen. Genauso, wie man im Sitzen Autorität haben muss. Sie müssen auch als Lehrer im Sitzen einfach diese innere Souveränität ausstrahlen. Das sind sehr subtile Sachen. Sie dürfen sich nicht zum Kumpanen machen, in keinster Weise. Sie müssen immer etwas sein, an dem man sich aufrichten kann. »Mensch, das ist toll, wie der Meier das macht. Der ist einfach gut. Wir können mit allen Sorgen zu ihm kommen. Aber er wahrt auch seine Distanz. Denn er ist kein Schüler, sondern er ist Lehrer, in einem anderen Alter und mit einer anderen Weltsicht.«

KATJA: Gerade bei diesen verhaltensauffälligen Kindern, die brauchen ganz viel Struktur, ganz klare Regeln, Rituale. Das gibt Sicherheit. Dann muss man nicht immer wieder neu diskutieren. Zu Unterrichtsbeginn sagen wir uns »Guten Morgen« und am Ende des Unterrichts räumen wir auf. Und man darf nicht zu oft laut werden. Das wirklich nur ab und zu, nur wenn ich denke: »So, jetzt ist aber echt Schluss!« Wenn ich das zu viel mache, das bringt gar nichts, überhaupt nichts, nichts. Gerade solche schwierigeren Kinder, die kennen das. Zu Hause wird da ja vielleicht nur rumgebrüllt. Und was auch ganz wichtig ist, dass ich eine Beziehung zu diesen Kindern oder Jugendlichen aufbauen kann. Das ist das A und O. Dann spüren die auch, wenn's bei mir mal zu viel ist. Dann macht denen das auch was aus.

SVENJA: Ich glaube, ein großer Vorteil ist, dass ich innerhalb von kürzester Zeit alle meine Schüler mit Namen kenne. Wenn ich in eine neue Klasse komme und die Schüler nicht kenne, ist es mein Ziel, nach zwei Stunden zu wissen, wer wer ist. Dann kannst du sie ansprechen. Sie haben dann plötzlich Namen. Und ich glaube, das bringt Respekt.

Es ist was anderes, wenn ich sagen kann: »Steffen, jetzt Stift raus! Heft raus! Was soll das Brot da? Pack das mal weg! Es hat geklingelt.«

HOLGER: Wir haben an der Waldorfschule ja durchaus meditative Techniken. Wer sich als Lehrer darauf einlässt, wird sich ohne Kraft durchsetzen. Ich habe zum Beispiel keine Stunde ohne eine kleine Meditation begonnen. Ich habe immer angefangen: »So, jetzt absolute Stille!« Es durfte auch nichts auf der Bank sein, weg. Absolute Stille. Ein völliger Neuanfang. Und diese Stille muss ein paar Sekunden währen, höchste Konzentration, dass Sie eine Stecknadel fallen hören. Und dann ausatmen. Ich komme in die Klasse, begrüße die Schüler und sage: »Jetzt gehen wir mal in die Ruhe rein!« Dann wuselt hier noch was rum. »Soo, jetzt Peterchen auch!« Und dann ist Ruhe. Das muss man jedes Mal, in jeder Stunde machen. Dann geht das auch ganz schnell. Dann geht das »Zack«.

PIA: Mit meiner Fünften habe ich so eine Abmachung getroffen. Wenn ich reinkomme, das klingt jetzt sehr autoritär, aber es klappt ganz gut, wenn ich reinkomme, sie stehen sofort auf, sind sofort ruhig, die Lateinmaterialien liegen auf dem Tisch. Ich sage: »Salvete discipuli discipulaeque!« Sie sagen: »Salve magistra!« Und ich: »Sedete!« Sie setzen sich hin und der Unterricht kann losgehen. Ich denke, das ist ein schöner Anfang. Dieses Aufstehen, dieses Sich-Konzentrieren, Sich-Sammeln. Wir begrüßen uns freundlich und setzen uns hin. Es hat auch etwas von Höflichkeit und Achtung einander gegenüber.

MARION: Also seitdem ich hier an der Schule in Kairo bin, wenn ich in die Klasse reinkomme, lasse ich die Kinder alle aufstehen, so dass sie auch körperlich spüren, dass ich da bin. Und dann lasse ich sie ein Lied singen, damit die Schüler gesammelt sind. Und dann fangen wir mit dem Unterricht an. Und ich habe so ein Symbol, einen Geduldsfaden, den male ich mit der Kreide an die Tafel. Und immer wenn es mir zu laut wird, dann wische ich ein Stückchen weg, so dass die Kinder optisch sehen, wann meine Geduld zu Ende geht. Und was ich auch noch mache, damit es nach einer Arbeitsphase wieder ruhig wird, ich mache so Klatschrhythmen, dann müssen alle mitklatschen. Wenn ich aufhöre, dann ist wieder Stille. Ja, und letztendlich gibt es indirekt ja auch diesen Notendruck. Also irgendwann müssen die ja Klassenarbeiten schreiben. Und wer nicht aufpasst, der spürt's natürlich irgendwann in den Noten. Das ist auch ein Druckmittel.

STEFFEN: Was macht ihr, wenn Schüler im Unterricht stören?

HELMUTH: Wenn jemand stört, dann schaue ich den natürlich an. Oder man stoppt mal kurz mit dem Unterrichten. Dann sind die meisten auch wieder sofort dabei und machen wieder mit. Aber es ging auch so weit, dass ich mal einen vor die Tür gesetzt habe. Das ist zwar pädagogisch keine so gute Methode, aber eh der Schüler das ganze Unterrichtsgeschehen kaputt macht, habe ich es dann doch mal gemacht.

HOLGER: Es ist ja so, wenn Sie jemanden direkt disziplinieren, dann müssen Sie den Unterrichtsgang unterbrechen. Da habe ich etwas von Charles de Gaulle gelernt, der damalige Präsident in Frankreich. Der hatte ja immer seine berühmten Pressekonferenzen gemacht und geredet und geredet, stundenlang. Die Leute sind eingeschlafen. Es durften ja keine Zwischenfragen gestellt werden. Und de Gaulle, wunderbar, der hat gesehen, da schläft einer, hat weitergeredet und hat auf den gezeigt, mit dem Finger. Und irgendwann ist derjenige hochgeschreckt und war wieder wach. Also irgendwann merkt der, dass er total im Fokus steht. Dann erschrickt er. Sie können auch hingehen und jemandem die Hand auf die Schulter legen und einfach weiterreden, als wäre überhaupt nichts. Das geht auch. Es gibt sehr, sehr viele Tricks, die man anwenden kann, ohne dass man den Fluss für die anderen dreißig unterbricht. Warum soll ich jetzt, wenn irgendein Fritzchen glaubt, er hat noch was Wichtiges zu sagen, warum soll ich jetzt für alle dreißig anderen den Unterricht unterbrechen? Warum sollte ich das?

PIA: Es ist so, dass ich einfach ganz deutlich sage: »Jetzt ist Ruhe bitte!« Und das dann auch scharf: »Also wirklich, jetzt ist RUHE bitte!« Und einzelne rausnehme: »Rafael, ich will nichts mehr von dir hören!« Wenn es dann trotzdem nicht klappt, gucke ich auf die Uhr und sage:

»Ich hänge die Minuten hinten dran.« Dann muss die Klasse im Zweifel schon mal zehn Minuten länger machen.

OLIVER: Also ich versuche das Ganze erst mal mit Humor zu lösen. Das meiste kann man wirklich mit viel Humor lösen, mit irgendwelchen lustigen Sprüchen. Und dann ist das eigentlich immer schnell geklärt. Also wenn da jetzt welche nur am Quasseln sind, dann ist natürlich klar, dass ich die auch ermahne und sage: »So geht das nicht!« Da wird auch schon mal gedroht: »Wenn du jetzt nicht aufhörst, dann schmeiße ich dich raus.« Oder wir haben so ein Trainingsraumkonzept. Das ist für die, die ganz extrem stören. Die bekommen ein kleines Zettelchen und dann dürfen sie zum Trainingsraum marschieren und müssen einen Bericht schreiben, warum und weshalb sie sich so verhalten haben, und wie sie sich bessern wollen. Aber das kommt bei uns relativ selten vor.

LENA: Die testen. Das ist eine ganz normale Entwicklung bei Kindern. Die müssen halt immer testen. Da kommt ein neuer Lehrer, ein neuer Mensch in ihr Leben, dann testen sie den aus und gucken, wie weit sie bei dem gehen können. »Wo sind bei dem die Grenzen? Wo reicht es dem? Wie weit kann ich gehen?« Und wenn man da am Anfang konsequent sagt: »Nee, das ist mir zu laut«, dann lernen die das auch.

ANKE: Es ist ja nicht mutwillig. Es ist ja nicht so, dass die Kinder sich hinsetzen und sagen: »Heute ärgern wir mal die Lehrerin.« Das machen die ja nicht mit Absicht, also zumindest die Kleinen nicht. Die wissen es einfach in dem Moment nicht besser. Sie testen sich halt aus, aber ohne den Hintergedanken: »Oh, jetzt ärgere ich die blöde Lehrerin.«

LENA: Gerade in der Grundschule wollen die Kinder ja noch der Lehrerin gefallen. Sie wollen ja lieb sein. Die wollen ja auch, dass ich glücklich bin. Manchmal guckt man sie dann auch einfach nur ganz traurig an. – »Oh nein, jetzt ist sie ganz traurig. Wir müssen wieder leiser sein, damit sie wieder glücklich ist.« Gerade in den ersten Jahren, da machen sie ja noch alles für die Lehrerin. Die lernen ja nicht für sich, sondern für die Lehrerin.

Pia: Was ich jetzt gerade bei Schülern so ausprobiert habe, wenn die sehr aufgeregt sind und einfach durcheinander reden – den Tipp hat mir eine ältere Kollegin gegeben –, dann werde ich einfach ein bisschen leiser. Und dann merken die, die sagt irgendwas, und werden automatisch leiser, weil sie ja doch so ein bisschen was hören wollen. Je lauter du wirst, desto lauter werden die nämlich auch.

Lena: Ich habe eigentlich keine Probleme mich durchzusetzen. Ich spreche dann einfach leiser, so dass die Kinder sich konzentrieren müssen: »Was redet die da eigentlich gerade?« Wenn man einfach anfängt zu flüstern, hat man sie auch schon wieder gefangen. Und im größten Problemfall muss man halt doch mal laut werden. Oder ich habe eine Klingel, die ich läute und sage: »Also so nicht!« Oder ich mache auch viel mit Handzeichen, dass ich mit den Fingern zeige: »Mund zu! Ohren auf! Augen zu mir!«

Anke: Was man auch machen kann, ist, dass man den Satz ganz laut anfängt und dann wieder zur normalen Stimme zurückkommt. Oder dass man zum Beispiel ganz abgehackt wie ein Computer spricht. Man muss einfach gucken, worauf die Kinder am besten reagieren. Es gibt unheimlich viele Möglichkeiten. Es gibt ja auch Geräuschampeln. Rot-Gelb-Grün. Die messen die Dezibel im Klassenraum und dann leuchtet die entsprechende Lampe auf. Das gibt es richtig zu kaufen. Das hat bei meinen auch super funktioniert. Die Kinder haben dann immer wieder selbst kontrolliert: »Sind wir zu laut oder nicht?«

Katja: Es gibt halt keine Eins-plus-eins-Technik oder Regel, die man immer anwenden kann. Aber ich denke, dass ich schon eine ganz gute Intuition hab, dass ich auch einen Zugang finden kann zu solchen Schülern. Es ist jeder Schüler anders, man muss immer wieder neu gucken, was er braucht. Also eine Sache, die ich gelernt habe, die ganz wichtig ist, dass ich nicht mit dieser Stimmung mitgehe, sondern dass ich ruhig bleibe, konzentriert, es vielleicht auch mal schaffe, einen Scherz zu machen. Das schafft man halt nicht immer.

Heiko: Auch meine Kollegen, jeder war ja irgendwie anders und hat das auf eine andere Art gemacht. Eine Frau kann sich nicht hinstellen und sagen: »Hör mal Freundchen, wenn du jetzt nicht kommst, dann muss ich dich holen.« Die muss einen anderen Satz finden, als wenn du jetzt eins-neunzig groß bist und du hast Arme wie Oberschenkel. Die muss andere Wege finden. Aber die haben das auch gut gemacht. Jeder hat so seinen eigenen Weg gehabt. Wir waren im Kollegium vierzehn Leute, die haben alle ihren Job echt gut gemacht.

INGE: Natürlich waren das bei uns Rabauken. Soll ich Ihnen mal ein Beispiel geben? Da kam ich während des Schuljahrs in eine neue Klasse. Das waren Fünfzehnjährige. Ich werd's nie vergessen. Als ich auf dem Weg ins Klassenzimmer den Gang runterkam, standen sie da – alle waren größer als ich –, hatten ihre Kassettenrecorder an und haben mich dann von oben bis unten gemustert: »Na, was machen wir jetzt mit der? Wie lassen wir die jetzt hopsgehen?« War klar. Die haben gleich gesehen, das ist so ein bürgerliches Etepetete-Frauchen, so wie die aussieht, Stöckelschuhe, ganz nett angezogen, frisch, jugendlich, knackig: »Der zeigen wir es jetzt mal!« Und da kam schon der Erste, hat seinen Hintern gelupft und einen riesigen Brecher rausgelassen. Dann hat der Nächste das gemacht. Was hätten Sie gemacht? Also es heißt ja: nicht provozieren lassen! Dann in der Klasse hat einer so den Rotz hochgeholt und hat über drei Tischreihen hinweg oben an die Tafel gespuckt. Das rann dann so langsam da runter, diese Rotze. Und da stand die kleine Frau Peermann und hat nur gewusst: nicht provozieren lassen! In dem Moment, wo ich was gesagt hätte, hätte das einfach nur Gegenaggression hervorgerufen. Ich hab mir das halt so angeguckt und hab versucht zu unterrichten. Einfach zu unterrichten, mit einer unglaublichen Gelassenheit. Ich weiß nicht, woher ich diese Gelassenheit genommen habe.

STEFFEN: Wie haltet ihr es übrigens mit Du und Sie? Lasst ihr euch duzen?

OLIVER: Also ich mache es nicht. Das macht keinen Sinn. Das weiß ich noch aus meiner eigenen Schulzeit, wenn da einer ankam: »Ihr dürft mich duzen«, die hatten schon von Anfang an verloren. Die hatten sämtliche Autorität verloren. Also das würde ich nie machen.

Natürlich kommen auch schon mal welche an und sagen: »Herr Siebers, wie heißen Sie mit Vornamen? Dürfen wir Sie duzen?« Ich sage dann immer: »Ihr wisst doch, mein Nachname ist Siebers, mein Vorname ist Herr. Und bei dem ›Sie‹ bleiben wir mal.«

DAGMAR: Ich habe noch nie was davon gehalten, dass man Lehrer duzt. Das haut nicht hin. Das ist ein hierarchisches System. Das hat nichts damit zu tun, dass ich über die Schüler Macht ausüben will, sondern dass das kein gleiches Verhältnis ist. Die wollen was von mir und ich benote sie. Als ich studiert habe, in den siebziger Jahren, gab es so eine Welle, nach dem Motto: »Wir sind doch alle eure Freunde. Und nun duzt mich mal!« Das ist aber heute kein Thema mehr. Ich bin nicht auf gleicher Höhe mit den Schülern, weil ich letztlich die Note gebe und dazu beitrage, ob der Schüler weiterkommt.

STEFFEN: Und die Schüler, werden die gesiezt?

OLIVER: In der Oberstufe siezt man die Schüler dann eigentlich. Da frage ich aber vorher immer: »Wie sieht das aus, möchtet ihr gesiezt werden?« Ich habe aber bis jetzt noch nie den Fall gehabt, dass die Schüler sagten: »Wir wollen unbedingt gesiezt werden!« Die sagen immer: »Wir bleiben beim Du.« Also ich sage Du, die Schüler sagen Sie.

DAGMAR: Bis zehnte Klasse duzen wir die Schüler noch. Ab Oberstufe siezen wir sie aber. Finde ich auch in Ordnung. Sie sind auch erwachsen. Und das ist auch überhaupt kein Problem. Also selbst wenn du Schüler aus der zehnten Klasse kennst und die dann in der Oberstufe im Kurs sitzen und du siezt sie, das ändert überhaupt nicht das Verhältnis, was du zu denen hast. Aber ich finde es einfach als Schritt ins Erwachsenwerden völlig korrekt.

Strafen

STEFFEN: Welche Strafen habt ihr auf Lager?

KIRSTEN: Ich bin eher keine Bestraferin. Ich habe keine große Achtung vor Strafen. Ich glaube, es ist häufig eine Hilflosenreaktion. Also es gibt Ausnahmen. Wenn einer jetzt einen anderen schlägt oder wirklich eine halbe Stunde am Stück stört, das ist eine Ausnahme. Aber im Allgemeinen sind Tadel ein Zeichen von Hilflosigkeit der Lehrer. Das hat dann auch schnell etwas Inflationäres, dass es gar nichts mehr bringt. Also wenn es jetzt um soziale Dinge geht, versuche ich das über Mediation zu regeln. Wenn Dinge extrem sind, rufe ich auch schon mal Eltern an. Das ist eher meine Richtung. Ich verteile auch mal einen Tadel. Nach soundso viel Tadeln gibt's dann auch mal eine Klassenkonferenz. Aber das mache ich eher selten.

LENA: Strafen macht man eigentlich nicht mehr viel. Wir probieren mehr über das Loben. Positive Verstärkung. Es ist schon Strafe genug, wenn sie nicht lobend erwähnt werden, wenn sie ständig die Letzten sind. Also wir haben dann ein System mit so Stickern gehabt. Da hat jedes Kind sein Chart an der Wand hängen und da hat man dann einen Sticker gekriegt, wenn man irgendwas Tolles gemacht hat. Das ist dann für die schon so viel Ansporn, da so einen blöden Sticker zu haben, dass die dafür alles machen.

DAGMAR: Ich habe keine Strafen. Womit soll ich denn auch bestrafen? Eintrag ins Klassenbuch? Kannst du vergessen. Ich meine, was ich habe, ist, dass ich einem sage: »Pass mal auf, du fällst hier sehr auf. Mach dir klar, dass du in der allgemeinen Beurteilung bei mir nicht als sehr zuverlässig auffällst!« Oder wenn der immer die Hausaufgaben vergisst, dann notiere ich mir das. Klar, nicht gemachte Hausaufgaben werden notiert. Und wenn sich das wirklich häuft, sage ich: »So, jetzt führen wir mal zusammen ein Gespräch mit deinen Eltern!«

GEORG: Ich finde, auf ein konkretes Fehlverhalten muss eine konkrete Strafe folgen. Und es muss schnell passieren. Ich verteile relativ selten diese üblichen Geschichten wie Verwarnungen, Tadel, Verweise. Aufgrund der Verwaltungsstrukturen dauert das ja oft wochenlang. Auf eine konkrete Fehlleistung muss eine konkrete Strafe folgen. Die Schüler müssen bei mir solche Sachen machen wie: nach dem Unterricht die Tische abwischen oder eine gute Tat für die Klasse tun. Das reicht mir aus.

INGE: Da gibt es ja einen ganzen Katalog, den Sie als Lehrer in Anspruch nehmen können. Da gibt es ja diese Schulordnung. Sie können zum Beispiel bei Beleidigungen vor die Gremien gehen. Sie können die Eltern benachrichtigen, um ein Gespräch bitten. Oder jemanden zum Rektor zitieren. Alle diese Sachen können Sie ausschöpfen. Habe ich alles gemacht. Es geht ja bis zum Schulverbot. Man kann auch die Polizei holen.

LENA: Ich mache es auch so, dass ich die Kinder sich selber eine Strafe suchen lasse: »Was wäre für dich jetzt eine Strafe? Was soll ich jetzt mit dir machen, damit du merkst, dass das so nicht geht?« Die Kinder sind da unglaublich kreativ im Sich-Strafen-Ausdenken. Und die sind auch richtig hart zu sich selber und zueinander. Sie denken sich auch für andere harte Strafen aus. Dann sage ich oft: »Das ist jetzt eigentlich zu hart.« Die würden sich dann den ganzen Tag die Pausen streichen und solche Sachen. Oder: »Nicht-mit-auf-den-Ausflug-kommen-Dürfen«. Die sind da schon wirklich hart.

STEFFEN: Was ist mit Schülern, die zu spät kommen?

HOLGER: Ich habe immer angekündigt: »Wer zu spät kommt, der kommt erst rein, wenn ich eine Zäsur mache.« Also während der Wiederholungsphase ist kein Reinkommen, erst, wenn wir mit dem neuen Stoff beginnen, da ist eine kleine Zäsur, dann mache ich auf.

INGE: Zu spät kommen, das darf nicht sein. Die müssen ja Ordnung lernen. Aber das habe ich immer mit Nachholen ganz schnell hingekriegt. Ich hab an der Tafel notiert, wenn einer zehn Minuten später kommt, und dann blieb er halt nachher zehn Minuten länger da. Das wurde auch ohne großen Krach respektiert. Das habe ich immer ganz eisern durchgeführt. Und dann lief das.

PIA: Zu spät kommen wird geahndet, steht auch auf dem Zeugnis. Das Sozialzeugnis ist ja enorm wichtig, wenn die sich später bewerben. Von daher ist das schon eine Maßnahme, die trifft. Und wenn die mehr als viermal vergessen haben, die Hausgaben zu machen, habe ich eine E-Mail an die Eltern geschrieben: »Hiermit informiere ich Sie, dass Ihr Sohn bereits…« Und da das so eine Klientel Eltern ist, die das auch interessiert, kam dann immer: »Wir werden darauf stärker achten«, oder: »Bitte informieren Sie mich, wenn es weiter so geht!«

STEFFEN: Einträge ins Klassenbuch?

OLIVER: Einträge ins Klassenbuch, ja was soll ich da eintragen? »Der Schüler hat mit Papier geworfen«? Toll! Und dann?

SANDRA: Ich konnte mich am Anfang nicht überwinden, Klassenbucheinträge zu machen, weil ich das irgendwie doof finde. Aber mit bestimmten Klassen geht es einfach nicht anders. Wenn du nicht konsequent bist, tanzen sie dir auf dem Kopf rum. Wenn die stören, dann warne ich die einmal und dann gibt's einen Eintrag. Die kriegen ganz schnell raus, was sie dürfen und was nicht. Und wenn du da inkonsequent bist oder immer nur leere Drohungen machst, dann tanzen sie dir auf dem Kopf rum.

MARION: Also ich versuche das immer zu vermeiden. Aber es gibt hier an der Deutschen Schule in Kairo so offizielle Disziplinierungsmaßnahmen: Wenn du drei Klassenbucheinträge hast, bekommt man einen Tadel. Und das heißt, die Eltern müssen mit dem Klassenlehrer, Fachlehrer und dem Grundschul- oder Mittelstufenkoordinator ein Gespräch führen. Und das möchte hier keiner. Also wenn die Eltern in die Schule kommen und mit dem Rektor reden müssen, das ist eine Situation, vor der hat jeder Angst.

Steffen: Gebt ihr auch Strafarbeiten auf?

Sandra: Nein, das darfst du heute auch gar nicht so nennen. Dann wirst du drangekriegt. Strafarbeiten darf man nicht. Das muss man als Lehrer irgendwie umformulieren.

Oliver: Also Strafarbeiten gibt es ja offiziell gar nicht. Das ist gar nicht erlaubt. Eine Sonderaufgabe kann man mal jemandem geben, dass mal einer eine Sonderaufgabe bekommt und ein Referat oder irgendwas vorbereitet. Aber Strafarbeiten, so ein stures Abschreiben, was es früher gegeben hat, das ist doch sinnlos. Da lernt man nix draus, ist doch Quatsch.

Helmuth: Protokolle habe ich das genannt. Also wer wiederholt gestört hatte, dem wurde auferlegt, dass er neben seinen Hausaufgaben ein Protokoll der Stunde anfertigen musste, damit, das war meine Begründung, ich sicher war, dass er alles mitbekommen hat. Aber so Abschreibarbeiten, nein, das nicht. Das kenne ich noch aus meiner Schülerzeit. Wir hatten damals einen Lateinlehrer, der durch die Reihen ging und Vokabeln abfragte. Und wenn man eine Vokabel nicht wusste, hieß es gleich: »Dreißig!« Dreißig Mal abschreiben. Ich musste einmal vier Vokabeln dreißig Mal abschreiben. Also so was habe ich nicht gemacht. Wir haben keine Abschreibarbeiten gemacht.

Kirsten: Wenn ich Strafarbeiten gebe, das kommt schon mal vor, dann versuche ich die einigermaßen sinnvoll zu gestalten. Also auf keinen Fall dieses bekloppte Abschreiben von Sachen. Ich lasse sie zum Beispiel aufschreiben, warum ein störungsfreier Unterricht vielleicht sinnvoll ist. Dass man das aufschreibt. Das mache ich schon eher mal.

Martin: Strafarbeiten, ja. Natürlich. Und da bin ich pädagogisch-politisch auch nicht immer korrekt, weil ich Schülern dann sage, sie müssen eine Seite aus einem Buch abschreiben. Aber ich sage denen keine Sachen, wo sie dann noch irgendwas Kreatives machen dürfen, nur weil sie jetzt den Unterricht boykottiert oder gestört haben oder schon wieder ihre Hausaufgaben nicht haben. Und das wird dann auch gefürchtet, denn niemand schreibt gerne ab. Insofern ist das das schnellstwirkende Mittel.

HEIKO: Wenn du heute in der Hauptschule zu einem Schüler sagst: »Du musst eine Seite Strafarbeit machen!«, der kann sich vor Lachen nicht halten. Der sagt dem Lehrer wortwörtlich: »Sie können mich am Arsch lecken!« Und dann: »Ich schmeiß dich raus.« – »Ja, schmeißen Sie mich doch raus! Das können Sie doch gar nicht. Ich bin doch verpflichtet, in die Schule zu gehen. Wohin wollen Sie mich denn rausschmeißen?«

STEFFEN: Wie ist das mit Nachsitzen, gibt es das noch?

MARTIN: Nachsitzen? Mache ich selten, oder so selten wie möglich. Nur bei Sachen, wo klar ist, die müssen das nacharbeiten, weil die sonst in extreme Schwierigkeiten kommen, dann ja. Aber Nachsitzen ist immer Mehrarbeit für mich. Und das muss ich mir nicht antun. Also da bin ich ganz egoistisch. Aber ich habe es auch schon gemacht, natürlich.

HELMUTH: Das hieß dann später »Nacharbeiten«. Ja, das gab es auch, aber selten. Ich kann jetzt gar nicht mehr genau sagen, wann ich das mal verhängt habe. Aber das war für mich nicht schwierig, weil ich ja nachmittags Sportunterricht hatte. Und dann mussten die nachmittags kommen und saßen dort in der Turnhalle, im Lehrerraum, und mussten eine Sache nacharbeiten. Das war also für mich kein großer Zeitaufwand. Für die Schüler schon.

OLIVER: Also Nacharbeiten. Gibt es schon noch, zum Beispiel Schüler, die konsequent ihre Hausaufgaben nicht machen, dass man die mal zum Nacharbeiten bestellt, klar. Das gibt es schon. Wobei das an einer Ganztagsschule aber auch schwierig ist. Wenn die bis spätnachmittags Unterricht haben, dann kann ich die ja nicht noch länger dabehalten. Und die müssen dann ja auch beaufsichtigt werden.

STEFFEN: Werden Schüler auch mal vor die Tür geschickt?

DAGMAR: Kannst du eigentlich nicht. Also ich hatte jetzt so einen auffälligen Schüler, mit dem habe ich ausgemacht, wenn er grad völlig am Rad dreht, dann sollte er mal für drei Minuten raus, damit er sich beruhigt. Aber eigentlich darf ich das als Lehrer nicht. Dann sind sie ja meiner Aufsicht entzogen. Was weiß denn ich, was der da draußen macht? Bis zur zehnten Klasse kann ich die eigentlich nicht unbeaufsichtigt lassen.

KIRSTEN: Also eigentlich dürfen wir das gar nicht, und sollen das auch nicht. Aber das kommt bei mir schon mal vor. Also ganz selten kommt es vor, dass ich wirklich brülle und einen rausschmeiße. Vielleicht zweimal pro Schuljahr bei allen Klassen, dass ich einem sage: »Es ist besser, wenn du jetzt mal fünf Minuten rausgehst und einfach versuchst dich zu sammeln!«

SANDRA: Also diese beiden ganz schlimmen Schüler, die letzten Endes auch von mir eine Fünf gekriegt haben, da war ich so wütend, dass ich gedacht habe, ich lasse mich nicht mehr von denen ärgern, weil ich mit den anderen 25 in der Klasse nicht arbeiten kann, wenn diese kleinen Störenfriede dich ständig auf Trab halten. Da habe ich gedacht: Die setze ich einfach vor die Tür – das darf man ja eigentlich nicht –, aber die setze ich vor die Tür, mit einem Stift und ein paar Blättern Papier, und dann sollen die einen Aufsatz schreiben, wie ich mich im Kunstunterricht zu verhalten habe.

MARTIN: Nein, das versuche ich zu vermeiden, weil das ein Mittel ist, das sich sehr schnell abnutzt. Wir haben bei uns so eine Regelung, das sind die so genannten Laufzettel. Das heißt, wenn ein Schüler sich überhaupt nicht ruhig verhält, dann kann der rausgeschickt werden. Dann muss er zum Sozialarbeiter, muss da so einen Zettel ausfüllen mit Fragen: »Was war das für eine Situation? Was möchtest du da gerne anders machen?« Ein bisschen Selbstreflexion oder ein Gespräch mit dem Sozialarbeiter. Das ist eigentlich eine gute Reglung. Aber ich hab mir gleich von Anfang an vorgenommen, dass ich das nur im äußersten Notfall benutze. Ich rühme mich, dass ich das in drei Jahren nur dreimal gemacht habe, während andere das dreimal im Monat machen.

HEIKO: Wir haben einen so genannten »Time-out-Raum« gehabt. Da saß dann jemand, eine Aufsicht, ein Lehrer, ein Pädagoge oder auch mal ein Zivi. Da hatten wir Spiele, Schachspiele und Kartenspiele, und auch Schreibsachen, Malzeug und so weiter. Da habe ich dann gesagt:

»Du gehst jetzt in den Time-out-Raum und bleibst mal eine halbe Stunde da! Und wenn du dich beruhigt hast, dann kommst du wieder!«

GUNNAR: Wir haben ja dieses Trainingsraummodell. Da wird eine Mitteilung geschrieben, was der Schüler gemacht hat. Er wird dann in den Trainingsraum geschickt. Dort hat er darüber nachzudenken, was er gemacht hat. Und dann schreibt er auf, was er in Zukunft zu tun gedenkt, wie er sich verhalten will. Und mit dem so genannten Rückkehrplan kann er dann wieder in den Unterricht kommen. Das praktizieren wir jetzt seit zwei Jahren. Die anderen sollen also vor den Störenfrieden und Querulanten geschützt werden.

KLAUS: Also ich finde dieses Trainingsraumkonzept ja auch nicht schlecht. Nur, es sind dann auch immer dieselben Schüler, die da reinkommen, wochenlang, und es passiert nichts weiter. Eigentlich müsste doch dann was gemacht werden. Entweder Konferenzen, Rausschmiss aus der Schule, Schulverweis, eine andere Schule, oder ein Gutachten für schwererziehbare Kinder. Aber da passiert nichts, weil das auch mit viel Arbeit verbunden ist. Und auch mit viel Frust, weil die Eltern sich verweigern können. Wir werden die Schüler nicht los.

GUNNAR: Ich hab das auch erlebt. Die Eltern müssen ja ihr Einverständnis zu dem Schulformwechsel geben, zu dieser Schule für Erziehungshilfe. Und das Ganze ist sehr zeitaufwendig. Dann kommen ja noch Gutachter von außen, die den Jungen beobachten und die wiederum ihre Eindrücke festhalten. Das ist eine aufwendige Sache, einen Schüler, der einmal bei uns an der Schule gelandet ist, wieder loszuwerden. Das ist sehr schwierig. Und deswegen ist das eine Restschule, die wir hier haben.

HOLGER: Na ja, als Waldorfschule haben wir natürlich die größte Sanktionsmöglichkeit. Das ist die Trennung, der Rausschmiss. Das hat ja die staatliche Schule fast gar nicht. Das hat jede Privatschule, dass man jemandem sagen kann: »Überlege, du bist freiwillig hier, du musst hier nicht sein!« Denn wie sagte schon der Rudolf Steiner so richtig: »Die Waldorfschule ist nicht für alle Kinder da.« Ein Kind muss diese Schule auch wollen, ein Kind muss gerne hingehen. Die müssen mit Freude kommen, nur dann lernt man gut.

HEIKO: Man muss natürlich eins sehen, wenn jemand nicht zum Unterricht kommt und macht nichts und bricht immer wieder aus, was soll ich dann noch machen? Ich kann den ja nicht festbinden. Ich kann nur alles Menschenmögliche tun, dass er bleibt. Aber irgendwann, wenn er jetzt von Oktober bis Juni nicht gekommen ist, dann macht's keinen Sinn mehr. Dann muss er eben gehen. Was soll das dann? Das Jugendamt schmeißt Geld raus für einen Heimplatz oder für den Schulplatz und es funktioniert einfach nicht. Natürlich kann die Polizei ihn dann bringen. Aber dann sitzt er im Unterricht und macht Krach. Also man ist schon auf die Mitarbeit von den Kindern angewiesen. Die müssen auch schon selbst ein bisschen wollen.

Streng? Konsequent? Beliebt?

STEFFEN: Seid ihr eher ein strenger oder ein milder Lehrer? Was würdet ihr sagen?

SANDRA: Also ich bin sicherlich die mildere Lehrerin. Die Schüler wissen, dass wir im Unterricht auch Spaß haben können, dass ich da einen gewissen Humor habe. Also ich denke, dass die Schüler schon wissen, dass sie sich bei mir auch ein paar Kleinigkeiten, kleine Frechheiten oder kleine Scherze erlauben dürfen. Aber die wissen auch, dass sie sich bestimmte Dinge nicht erlauben können. Wenn ich lange genug geärgert werde, dann bin ich auch knallhart.

MARTIN: Mein Motto ist: Eine Unterrichtsstunde, in der nicht gelacht wurde, ist verloren. Aber eine Unterrichtsstunde, in der nur gelacht wurde, die ist auch verloren. Also ich finde, Humor ist ganz wichtig, und dass man auch eine bestimmte Lockerheit fahren kann, aber der Rahmen muss stimmen. Das Minimale ist: Wenn ich rede, hören die anderen zu. Und ich höre zu, wenn die anderen reden. Und ich schätze, dass ich das ganz gut im Griff habe. Also es ist nicht so, dass ich denke, die Schüler tanzen mir auf dem Kopf rum. Ich kämpfe eher damit, dass ich denke: »Bist du in bestimmten Situationen nicht zu streng?« Da versuche ich möglichst selbstkritisch zu sein und mir zu sagen: »Mensch, da musst du doch nicht gleich so reagieren. Das kannst du auch ein bisschen entspannter handhaben.«

GEORG: Also der Unterrichtston soll locker sein. Aber die Rahmenbedingungen müssen stimmen. Solange ich im lockeren Bereich alles erreiche, bleibe ich locker. Wenn aber die Rahmenbedingungen nicht stimmen, also Hausaufgaben, Disziplin, dann wird auch mal erzogen. Ich sage mal so, wenn ich irgendeine Regel definiere, dann muss ich dafür sorgen, dass sie eingehalten wird. Also eine gewisse Konsequenz muss sein. Es gibt Tage, wo ich sehr streng sein muss, und es gibt Tage, wo ich das laufen lassen kann.

PIA: Ganz schwer zu sagen. Da musst du meine Schüler fragen. Ich glaube, dass es ein bisschen auch von meiner persönlichen Tagesform abhängt. Also ich mag Disziplin im Unterricht. Ein bisschen darf's auch mal lauter sein. Grad bei Gruppenarbeit muss es ja auch mal lauter sein. Da habe ich auch eine relativ hohe Toleranzgrenze. Aber wenn ich zum Beispiel wenig geschlafen hab, bin ich weniger tolerant. Da ist man dann manchmal einfach genervter und strenger.

OLIVER: Wenn's gut läuft, dann lasse ich die Leine natürlich auch länger, ist ja klar. Wenn's nicht gut läuft, dann muss man natürlich mal ein bisschen strenger sein. Aber die Schüler wollen ja auch einfach gewisse Grenzen gesetzt bekommen. Wenn man das nicht macht, dann hat man als Lehrer verloren.

MARION: Hier in Ägypten bin ich schon relativ streng. Ich glaube, dass die Kinder auch eine gewisse Konsequenz und Gradlinigkeit wollen, dass sie nicht damit umgehen können, wenn ich was androhe und ich tu's dann nicht. Ich glaube, sie brauchen eine gewisse Strenge, damit sie einfach wissen, auf was sie sich einstellen müssen. Sie verlassen sich auch auf diese Regeln.

KLAUS: Also ich bin ein strenger Lehrer. Ich halte mich an Regeln und das verlange ich von Schülern auch. Na ja, man drückt auch mal ein Auge zu. Aber ansonsten eher streng. Weil mild kann man immer noch werden. Also du musst erst Regeln setzen und dann kannst du mit den Regeln ein bisschen spielen. Und Schüler schreien nach Grenzen. Also das habe ich festgestellt. Die schreien förmlich nach Grenzen. Die verlangen das.

HELMUTH: Zunächst war ich vielleicht eher ein strengerer Lehrer, aber das hat sich dann im Alter etwas gemildert. Die Altersmilde kam nachher. Wenn man selber Kinder hat, die dann in das Alter der Schüler hineinwachsen, dann verändert man doch so ein bisschen sein Verhalten gegenüber den Schülern. Darum finde ich es auch gut, wenn Lehrer selber Kinder haben und das zu Hause mitbekommen, wie das so ist.

STEFFEN: Ihr habt gesagt, Konsequenz ist wichtig?

ANKE: Wenn man so guckt, wie Kinder Lehrer bewerten: Je konsequenter eine Lehrerin ist, desto besser schneidet sie ab. Die wollen halt diese Konsequenz. Wenn ich sage: »Wir schreiben einen Test«, dann wollen sie auch, dass wir einen Test schreiben.

KATJA: Also ich versuche schon überwiegend konsequent zu sein, damit es für die Kinder auch klar erkennbar ist, wie ich handle. Aber ich glaube, ich bin schon eher augenzudrückend. Also Konsequenz finde ich schon wichtig, dass die auch wissen, woran sie bei mir sind. Aber nicht auf Teufel komm raus.

OLIVER: Also antiautoritär bringt nix, da tanzen sie dir nur auf dem Kopf herum. Da machen sie nur Blödsinn im Unterricht. Man muss immer so ein Mittelmaß finden. Ich merke dann ja auch, wie die Klasse drauf ist. Wenn Vollmond ist zum Beispiel, merkt man das ganz stark bei den Schülern. *Vollmond?* Vollmond! Wenn Vollmond ist, können die Schüler ganz schlecht schlafen und dann sind die natürlich total aufgedreht und teilweise auch aggressiv. Und dann muss man den Schülern schon mal klarmachen, wo's lang geht.

TANJA: Also antiautoritär hat für mich keine großen Erfolgsaussichten. Ich meine, was heißt »antiautoritär«? Ich möchte nicht auftreten als eine Autorität, die man nicht in Frage stellen darf. Sondern ich lasse mich hinterfragen, ich lasse mich kritisieren, ich gehe auf Kritik ein. Das, finde ich, ist nicht autoritär. Aber ich möchte, dass bestimmte Sachen eingehalten werden. Also ich finde, klare Regeln sind wichtig. Ich möchte die aber nicht alleine machen, sondern mit den Schülern absprechen. Das ist mein Ziel.

DAGMAR: Mein Führungsstil ist das, was man autoritativ nennt. Ich bin nicht autoritär, sondern autoritativ. Das heißt, ich habe Regeln und die setze ich auch durch. Was natürlich nicht heißt, dass diese Regeln starr sind. Die sind natürlich verhandelbar. Das ist ja keine Frage. Und je nachdem, wie die Klasse ist, kannst du das dann auch lockerer handlen und verändern. Aber zunächst mal muss klar sein: »Ich bin hier der Boss und nun gucken wir mal, wie's läuft.«

INGE: Sie werden das jetzt nicht glauben, ich war streng. Ja, ich war streng. Also: Pause zu Ende, oben standen zwei Schüler: »Peermann kommt!« Und rasten hinein ins Klassenzimmer. Aber da habe ich dran gearbeitet. Die haben gespurt. Aber klar haben die gespurt. Das war diese Arbeit, die man am Anfang leisten musste. Wenn ich die neuen, verwahrlosten Klassen bekommen habe, da war ich ein absolut sturer, strenger, aber beziehungsvoller Lehrer. Ich war beziehungsfähig mit dem Einzelnen, aber zur Gruppe war ich total konsequent. Ich war immer pünktlich da, habe die Hausaufgaben kontrolliert, habe die Hefte mitgenommen, habe korrigiert, unterstrichen, Lobe eingetragen. Ich habe die absolut ernst genommen und vor allem ihre Arbeit respektiert. Und ich wollte auch, dass meine Arbeit respektiert wird. Es gab ganz klare Regeln. Wehe, die sind zu spät von der Pause gekommen! Das habe ich sofort an der Tafel notiert: »Hans, fünf Minuten!« Da schreibe ich auf, wie viele Minuten er versäumt hat, und das wird dann nachgeholt. Da mussten sie halt dableiben. Das sind einfach Spielregeln. Das macht man so ein viertel Jahr, dann ist das vorbei. Verstehen Sie? Dann haben die das kapiert.

HEIKO: Ich glaube, dass ich bis zu einer gewissen Grenze sehr großzügig war. Aber über diese Grenzen habe ich mich nie treiben lassen. Also ich habe meine Strukturen gehabt, von denen ich auch nicht abgewichen bin. Und diese Konsequenz ist schon ganz wichtig. Entscheidend ist, dass die Schüler wissen, da ist eine Linie, an der ich mich festhalten kann. Die haben nämlich sonst keine Linien. Wenn du da inkonsequent bist, das geht gar nicht. Da tanzen sie dir auf dem Kopf rum. Und es muss dieses Gefühl da sein, gemocht zu werden. Also nur mit Druck funktioniert das nicht. Das heißt nicht, dass ich nicht mal einen angeschissen hab. Aber man muss immer sagen: »Fritz, auch wenn ich dich jetzt angeschissen habe, du bist ein netter Kerl. Aber du musst auch was machen.« Das muss der wissen, dass dieses »Ihn-flott-Machen« dazu dient, ihn auch mal wachzurütteln. Natürlich darf man das nicht nur machen. Positive Bestärkung ist viel sinnvoller. Wenn die ein Lob kriegen, schwillt die Brust nur so an. Das tut denen natürlich sehr gut. Aber das Problem ist immer, du findest bei so Kindern und Jugendlichen oft keinen Ansatz, um zu loben. Weil ja nix da ist.

Inge: Was habe ich noch gemacht? Dann habe ich mir die Schultaschen zeigen lassen. Wenn da das Turnzeug und die alten Socken drinlagen und die fettigen Brote und die zerdrückten Mars-Stücke, dann haben wir das zusammen aufgeräumt. Man muss wissen, dass diese Kinder ja nicht viel von zu Hause mitkriegen, dass so Ordnungsprinzipien erst mal gelernt werden müssen. Die haben eigentlich eine Sehnsucht nach Struktur. Und dann wussten die halt, dass morgens die Federtasche und die Hefte auf dem Tisch liegen mussten. Wenn man das ein viertel Jahr lang trainiert, dann geht das auch. Dann hat man seine Ruhe. Also Konsequenz ist was ganz Wesentliches. Also ich war streng. Meine Klassen waren immer in bester Ordnung. Absolute Ordnung. Ich war dann auch immer völlig geschafft. Da war ich dann mal zehn Tage nervenkrank und bin zu Hause geblieben, weil ich total erschöpft war.

Steffen: Seid ihr bei den Schülern beliebt?

Helmuth: Kann man schlecht einschätzen. Ja, weiß ich nicht. Was soll man dazu sagen? Das ist schwierig. Ich würde mich in der Mitte einordnen. Also so Durchschnitt, würde ich sagen.

Klaus: Das kann ich nicht beurteilen. Da müssten wir die Schüler befragen. Also ich sag mal, die Schüler grüßen mich noch. Fast alle. Die fragen mich auch mal: »Wie geht's Ihnen?« Und das reicht mir eigentlich auch. Ich bin bescheiden geworden.

Oliver: Ich glaube, ich bin ganz beliebt. Ich merke das, wenn ich morgens komme, dann stehen schon die Ersten auf dem Lehrerparkplatz und begrüßen mich freudig. Wenn ich dann ins Hauptgebäude komme, haben mich schon so viele nett begrüßt, mit Lächeln und so weiter, dass ich dann schon immer gute Laune habe.

Kirsten: Ja, ich bin beliebt. Ganz definitiv, ja. Das sagen die Schüler auch. Also ich will mich ja wirklich nicht selbst beweihräuchern, aber es ist einfach so. Im Übrigen, so wie man in den Wald ruft, so schallt es heraus. Wenn ich mit jemandem freundlich und geduldig umgehe, dann tut er das bis zu einem gewissen Grade auch.

Tanja: Ich glaube, bei den Schülern, die wir im Moment in der Gruppe haben, bin ich überwiegend beliebt. Auch der Schüler, der mich gestern bedroht hat, der mag mich mit Sicherheit auf eine Art, sonst würde er sich nicht so an mir reiben. Also meinen Beliebtheitsgrad, den kann ich eher abmessen, wenn Leute mir vertrauen, wenn sie mir ihre persönlichen Geschichten erzählen, wenn sie mir ehrlich sagen, womit sie Schwierigkeiten haben. Daran messe ich meine Beliebtheit.

Holger: Ich glaube, ich hatte auch den Ruf, dass man mit besonderen Problemen immer zu mir kommen konnte. Ich hatte immer meine besonderen Fälle, wo es zu Hause gerauscht hat oder wenn Leute abgehauen sind oder so. Da wurde ich dann immer eingeschaltet, egal ob das jetzt meine Klassen waren oder irgendeine andere. Ich hatte auch zeitweise eine kleine Wohnung im Studentenhaus angemietet, falls es Probleme zu Hause gibt. Da habe ich die Leute dann für ein paar Tage reingesetzt.

Pia: Gute Frage. Also mein Profilkurs Musik – das sind acht Jungs übrigens, ganz wichtig –, der mag mich total gerne. Die duze ich jetzt auch und die duzen mich. Da weiß ich, die haben sehr an mir gehangen. Ich hatte aber auch schon Klassen, die mich nicht mochten, wo ich dann dankbar war, dass ich sie abgeben konnte. Da muss man eine sehr starke Neutralität bewahren und nicht versuchen sich irgendwie die Liebe der Schüler zu holen. Wenn der Lehrer sich anbiedert, dann läuft es schief. Also ich bin bestimmt nicht der Lieblingslehrer von allen. Aber ich glaube, dass mich ein Gros der Schüler mag und schätzt. Die kommen und erzählen mir private Geschichten, auch private Sorgen. Aber es gibt ja so Lehrer, die mögen alle, alle, alle. Das bin ich nicht.

SVENJA: Ich bin beliebt, ja. Ich gelte als sehr streng, aber ich bin wohl beliebt. Du darfst halt bei mir nicht so aus der Reihe tanzen, indem du zum Beispiel keine Hausaufgaben machst. Bei mir wirst du gestraft, wenn du nicht arbeitest. Das wissen die Schüler auch. Allerdings, Schüler, die so Clowns sind oder immer auch gerne ein Widerwort haben, die haben mit mir keine Probleme, weil ich das eher gut finde und eigentlich auch fördere. Ich mag so Exoten. Die sind bei mir gut aufgehoben.

DAGMAR: Also es ist schon klar, dass die Schüler mich für recht streng halten. Aber andererseits hat das auch noch nie eine Klasse daran gehindert, mich zu mögen. Ich bin gerade wieder beim Abschied von meiner Klasse reich beschenkt worden. Sie haben alle sehr bedauert, dass ich gehe. Sie wissen bei mir, woran sie sind. Also ich spiele auch nicht falsch. Ich bin auch nicht link. Wenn ich sage: »Das ist so«, dann ist es so. Und das ist etwas, was die Schüler hinterher, wenn ich eine Klasse abgebe, immer wieder sagen: »Wir hätten Sie gerne behalten. Bei Ihnen weiß man, woran wir sind.« Sicher gibt es da auch den einen oder anderen, der die Schule verlassen hat und sagt: »Gott sei Dank sehe ich die Alte nie wieder.« Das liegt ja in der Natur der Sache. Ich mag ja auch nicht alle Schüler. Nur, ich bin Profi. Das heißt, der wird es nie erfahren, ob ich ihn leiden kann oder nicht.

INGE: Ja, ich war sehr beliebt. Ich war sehr beliebt. Also ich kann nur sagen, ich bekomme heute noch Anrufe. Ich war wirklich sehr beliebt. Da können Sie überall fragen. Meine Strenge und Konsequenz hat nichts zu tun mit meiner Beziehung zum Einzelnen. Verstehen Sie? Diese Gruppe, die muss schon irgendwo gebändigt sein. Und das wird sie durch Prinzipien.

MARTIN: Also mit den Oberstufenkursen, da geht's mir relativ gut. Da bin ich auch schon bei zwei Abi-Feiern persönlich lobend erwähnt worden. Das zeigt mir, dass das Verhältnis gar nicht so schlecht sein kann. Aber es gibt eben auch Klassen, wo es gar nicht so gut funktioniert, wo das eher konfrontativ ist.

HEIKO: Ich hab sicherlich auch welche dort an der Schule gehabt, die mich gehasst haben. Bestimmt, zwei, drei, bestimmt. Aber ich kann sagen, dass mich meine Klassen gemocht haben. Da bin ich ganz sicher. Das merkt man ja am Feedback. Da kommen viele wieder und setzen sich bei mir in die Klasse oder telefonieren mal. So alte Abgänger rufen dann schon mal an. Oder bei der Zeugnisübergabe, fallen mir heulend in die Arme. Das ist alles passiert, ja.

Wenn der Kragen platzt

STEFFEN: Ist euch schon mal der Kragen geplatzt? Seid ihr mal richtig laut geworden?

SANDRA: Na klar ist mir schon mal der Kragen geplatzt. Ich bin sehr laut geworden. Die haben sich sehr gewundert, wie laut ich werden kann. Na ja, in dieser neunten Klasse habe ich nachher gemerkt, die freuen sich nur, wenn ich ausraste.

OLIVER: Das ist selten. Ja, ich muss sagen, das ist selten. Ein Schüler hatte mir vor kurzem mal erzählt: »Herr Siebers, können Sie sich noch an die Situation erinnern, wo Sie so fürchterlich sauer geworden sind? Da haben Sie so rumgebrüllt.« Ich sag: »Was, ich?« Na gut, das war vor drei Jahren. Da ist mir wohl irgendwann mal die Huschel geplatzt, dass ich da rumgebrüllt, rumgemotzt habe wie ein Geisteskranker. Aber das ist ganz selten. Das bringt auch nichts.

GUNNAR: Also ich schreie nicht rum. Das ist nicht meine Art. Das wird alles in Ruhe geregelt. Und die Schüler wissen das auch, wie man aufeinander zugehen muss, wie man miteinander umgeht. Sonst hätte ich mich auch wahrscheinlich mit Ende fünfzig krank gemeldet.

KLAUS: Meistens habe ich ja starke Nerven. Aber man kann darauf rumtreten und irgendwann reißt so ein Bändchen. Wie so ein Muskelfaserriss ist das dann. Ich explodiere dann manchmal. Also ich schreie da nicht rum und verliere die Kontrolle. Aber da werde ich laut.

KIRSTEN: Ja, das kommt schon mal vor, dass ich brülle, doch. Doch, doch. Aber nicht so oft. Das sollte auch nicht so oft sein. Das erschöpft sich. Das ist wie bei Tadeln. Wenn das selten vorkommt, hat das eine große Wirkung. Was ich ganz selten mal mache, dass ich den Unterricht verlasse. Dass ich sage: »Mir reicht das, ich gehe jetzt.« Das hat eine sehr hohe Wirkung. Dann rennen schon die Ersten hinter mir her und entschuldigen sich.

MARION: Mit Schreien habe ich es nicht so. Kann ich nicht. Ich hab einmal, in einer Situation, wo es einfach so gefährlich wurde, dass ich dachte, jetzt muss ich mir Gehör verschaffen, ja, geschrieen. Ansonsten, nein. Aber das ist eine Typsache. Ich denke, der eine wird dann ein bisschen lauter, der andere wird leiser. Bei mir ist es oft so, dass ich mich dann einfach irgendwo hinsetze und warte.

PIA: Also es passiert schon manchmal, aber mein Vorhaben ist eigentlich, dass ich nicht schreie. Schon strenge, deutliche Stimme. Eben dieses: »So funktioniert das nicht! Ich möchte das von dir nicht mehr hören. Das finde ich echt eine Unverschämtheit.« Habe ich auch schon mal gesagt, als zwei in der ersten Reihe vor mir Käsekästchen spielten. Die waren dann knallrot und haben es auch nie wieder gemacht. Also ich versuche nicht zu schreien, aber es passiert schon manchmal, dass ich ein bisschen lauter werde. Ich find's aber ganz furchtbar, wenn Lehrerinnen hysterisch rumschreien und die Stimme sich überschlägt. Deswegen versuche ich es möglichst nicht zu machen.

INGE: Dass es bloß kein falsches Bild gibt. Selbstverständlich habe ich Schüler auch mal angeschrien. Aber wie! Ja, ja, natürlich. Was denken Sie, was man da schreit. Auch wenn man weiß, dass es umsonst ist. Aber natürlich muss man sich auch manchmal echauffieren, selbstverständlich. Unbedingt, unbedingt. Mit der Faust auf den Tisch geschlagen, alles, die ganze Palette, ja selbstverständlich. Und wie man manchmal dasitzt und einfach nicht mehr kann.

Heiko: Ich hab auch schon mal ein flurfüllendes Brüllen gehabt. Das Rektorat ist ja ungefähr 75 Meter weiter weg. Die hören mich dann auch schon mal, wenn ich in der Klasse agiere. Das kann schon passieren. Es kann aber auch sein, dass es fünf Wochen gar nicht passiert. Ich denke, die Schüler können damit umgehen, wenn man auch mal, in Anführungsstrichen, »ausflippt« und seinen Unmut zeigt. Sie wissen ja auch, was sie angestellt haben. Wenn einer seine Hausaufgaben nicht hat, würde ich ihn nicht anbrüllen. Aber wenn einer grob seinen Mitschüler mobbt oder grob unkameradschaftlich ist, ihn vielleicht schlägt oder irgendwas, dann kann ich schon mal wütend werden. Und dann weiß er auch, warum.

Tanja: Das passiert mir manchmal natürlich auch, dass ich zornig reagiere. Ich bin auch nur ein Mensch, und manchmal muss ich das einfach rauslassen. Aber hallo! Ja! Ich werde manchmal auch richtig ausfallend, dass ich einfach dem Zorn freien Lauf lasse und mich eher hinterher entschuldigen muss, dass so ein Ausbruch stattgefunden hat. Ja, was sage ich denen dann? Dass es mich ankotzt. Dass ich keinen Bock habe, mir diesen gequirlten Mist anzugucken, den sie da abliefern. Also manchmal habe ich sehr aggressive Gedanken und auch böse Worte im Kopf.

Dagmar: Ja, das kann ich. Ich kann sehr laut werden. Das ist sehr eindrucksvoll. Ich kann tief Luft holen und einmal richtig laut werden. Also das ist nicht ein Rumschreien. Das ist ein kurzer Satz oder so. Alles andere ist Käse. Ansonsten werde ich eigentlich eher leiser. Wenn die Schüler laut sind und der Lehrer wird auch laut, dann steigert sich das ja. Das heißt, ich mach's eher umgekehrt. Wenn die unruhig werden, steig ich aus und halt den Mund. Die wissen: »Wenn die Grunwald da vorne den Mund hält, dann sind wir zu laut.«

Holger: Ja, ich konnte auch donnern, natürlich. Aber das war dann nicht schlimm. Ein Schüler hat mal gesagt: »Wenn Sie laut werden, das ist nicht schlimm. Wenn Sie leise werden, dann wird's schlimm.«

Vincent: Also ich kann auch laut werden. Aber ich finde, das ist auch ganz normal. Das ist völlig in Ordnung, wenn man auch mal kurz auf den Tisch haut. Aber das mache ich eher weniger. Also ich brülle da nicht irgendwie ständig durch die Klasse rum oder so. Und häufig funktioniert es besser, wenn man einfach umlenkt. Also dass man nicht losdonnert und schimpft: »Jetzt ist mal Ruhe hier!«, sondern dass man einfach anfängt zu singen oder irgendein Fingerspiel zu machen.

Steffen: Ist es euch schon mal passiert, dass ihr einen Schüler geschlagen habt?

Pia: Neiiin! Um Gottes willen. Noch nicht mal meine eigenen Kinder. Nein, nein. Das würde ich nicht machen. Ich glaube, dann kann ich den Job auch vergessen. Definitiv. Ist auch verboten. Natürlich. Selbst bei deinen eigenen Kindern zu Hause ist es verboten. Da kann dich einer anzeigen. Kannst du vors Gericht kommen. Finde ich auch richtig.

Lena: Nein, um Gottes willen. Darf man nicht. Will man auch nicht. Das ist auch inzwischen gegen das Gesetz, man darf überhaupt nicht mehr schlagen. Also insofern würden wir, glaube ich, Disziplinarverfahren am Hals haben. Aber so weit kommt es auch eigentlich nicht. Man muss sich auch selbst beherrschen können.

Holger: Nein, nie. Um Gottes willen. Das hat der Steiner schon 1919 verboten.

Dagmar: Nein, um Gottes willen, nein. Nein, um Gottes willen, ich fasse nie Schüler an, so was mache ich nicht. Also nichts Körperliches, nichts Tätiges. Ich rede mit denen. Das ist mein Mittel. Einzelgespräche, Gruppengespräche, Klassengespräche, Elterngespräche.

Oliver: Nein. Das darf man auch nicht. Das geht gar nicht, nein. Also das kostet dann den Job. Da hast du ein Disziplinarverfahren am Hals und Anzeige wegen Körperverletzung und was weiß ich alles. Ich meine, solche Fälle gibt's immer noch mal, ab und an, relativ selten. Nee, nee. Das kannst du nicht machen. Das bringt auch nichts. Das passt ja auch gar nicht zu unserem Motto »Gewaltfreie Schule«.

Marion: Also was ich mache, wenn ich so rumlaufe und jemand nicht aufpasst, dass ich mal so die Hand auf die Schulter lege, einfach um zu zeigen: »Du, ich seh dich jetzt!« Aber geschlagen habe ich nie jemanden.

HOLGER: 1919, als die Waldorfschule gegründet wurde, hat Rudolf Steiner verboten, dass die Lehrer schlagen. Das war damals ja üblich. Es wurde in Bayern erst 1980 verboten. Das war das letzte Bundesland. Bei Steiner war es 1919, sechzig Jahre vorher, was für damalige Verhältnisse Kopfschütteln hervorrief.

KIRSTEN: Nein, gehauen nicht. Geschüttelt. Aber das ist im Grunde genommen auch wie hauen. Ja, geschüttelt schon mal. Aber auch sehr selten. Sehr selten.

MARTIN: Nein, hab ich nicht. Ich hätte gerne. Also ich habe natürlich noch niemanden gehauen. Es gibt aber Situationen, wo ich versucht bin, zu denken, dass eine Handgreiflichkeit meinerseits die Situation schneller, nachhaltiger und für uns beide auch entspannter klären würde als viele pädagogische Gespräche. Ich sage so was nicht sehr oft, weil dann kriege ich immer so komische Blicke, als ob ich mindestens einmal am Tag irgendwelche Schüler vermöbeln würde. Aber ich denke, dass vielleicht eine Ohrfeige das Verhältnis hinterher noch viel herzlicher macht als vorher. Aber das ist politisch nicht korrekt. Das darf man keinem sagen.

HEIKO: Also ich hab schon mal einen am Schlafittchen gehabt. Wenn man dazwischengeht, dann muss man schon mal handgreiflich werden. Wenn sich zwei prügeln und man dazwischengeht, kann es schon mal sein, dass es da zum Handgemenge kommt. Aber so, dass du ausgeholt hast und ihm richtig eine reingehauen hast, das nicht.

INGE: Ich denke schon, klar. So gepufft auf jeden Fall. Oder wenn ich zwei Raufbolde getrennt habe. Das war schon der Alltag. Ich erinnere mich jetzt an einen Schüler, wir hatten uns einmal richtig ineinander verkrallt. Ich weiß nicht, was der Anlass war, aber ich dachte, du darfst hier jetzt nicht nachgeben. Und da wussten wir beide nicht mehr weiter und haben beide geflennt. Da haben wir beide geheult. Dann habe ich seine Psychologin angerufen. Ich war völlig aus dem Häuschen. Die hat mich dann beruhigt und gesagt: »Das war sehr gut, was Sie gemacht haben.« Da möchte ich wirklich drum bitten, dass Sie wissen, dass ich keine Madonna der Pädagogik bin.

HOLGER: Einer Kollegin, der ist mal die Hand ausgerutscht. Die wurde sofort suspendiert. Das gibt's bei uns nicht. Da ist ihr die Hand ausgerutscht und dann war's aus.

KLAUS: Also ich kann ein ganz konkretes Beispiel nennen. Das war im Mai vor drei Jahren. Da hat's mich erwischt. Ich hatte eine siebte Klasse mit Schülern, die sehr schwierig waren, und einer ganz besonders. Dieser Schüler hat mich zur Weißglut gebracht. Ständig hat er sich quergestellt, ist nicht während der Pause aus dem Klassenraum rausgegangen. Ich habe ihn mehrfach aufgefordert. Dann habe ich gedacht: »Komm, jetzt schließe ich ab«, weil wir in der Pause gezwungen sind, die Klassenräume abzuschließen. Da habe ich ihn eingeschlossen. Er war ungefähr zehn Minuten drin. Der Schüler hatte ein Handy bei sich und hat die Polizei gerufen. Und dann ging's los. Dann wurde die Schulleitung informiert. Ich durfte ihn in der Pause nicht einschließen. Deswegen hat man mich von der Regierung abgemahnt. Das Ganze lief immer über die Kriminalpolizei, Richtung Staatsanwaltschaft. Die haben zwar das Verfahren nicht eingeleitet. Aber es kam ein Disziplinarverfahren seitens der Bezirksregierung: Ich darf keinen Schüler einschließen. Aus der Sache habe ich gelernt. Da fühlte ich mich wirklich allein gelassen.

GUNNAR: Da sind wir auf der Verliererseite. Wer gibt uns Rückendeckung? Da sehen wir alt aus. Das ist ja jedem schon passiert, dass er einem Schüler mal eine runtergehauen hat, in Extremsituationen, wo man einfach bis zur Weißglut gereizt ist und wo man hinterher denkt: »Oh je, oh je, hoffentlich kommt nichts nach.« Man bekommt eben keine Rückendeckung. Hinter vorgehaltener Hand wird dann gesagt: »Ich kann Sie ja verstehen, aber Sie wissen ja, Sie dürfen es nicht und Sie kriegen eine Abmahnung.«

GEORG: Das waren noch DDR-Zeiten. Ein Schüler, der hat mich zwei Stunden lang angestänkert. Und irgendwann ist mir die Hand geplatzt. Und dann ging ein Trara los. Ich musste zum Schulrat, ich wurde zusammengestaucht. Ich sollte mich entschuldigen. Ich hatte instinktiv gehandelt. Ich muss auch sagen, ich hatte damals körperlich hohe Kräfte. Ich hätte niemals richtig zugeschlagen. Wenn ich wütend bin und zuschlage, das ist schwierig. Ich habe es damals trotzdem sehr bereut. Ich hatte mich aus der Reserve locken lassen. Aber das war einmal, nie wieder. Nie wieder. Ich versuche den Schülern auch immer beizubringen: »Körperliche Gewalt anzuwenden, ist ein Zeichen von Schwäche.«

Inge: Ich hatte auch mal Prügel bezogen, so ist es nicht. Also mich hat mal ein libanesisches Mädchen an den Haaren gerissen. Wenn ich ehrlich bin, war ich selber schuld, denn ich hatte mich darauf eingelassen. Ich wollte ihr zeigen, wer hier die Harke hat. Das war falsch. Dieses Mädchen hatte ja keine anderen Muster. Die wurde von ihrem Vater an Tischbeine gefesselt und geschlagen, also musste sie so handeln. Verstehen Sie mich?

Heiko: Man geht viel mit Aggression um. Man bewegt sich auch oft am Rande der Legalität. Einfach, dass man bei Schlägereien dazwischen gehen muss. Was ist denn, wenn du in dem Gewühl einmal einen abkriegst, und dann nimmst du ihn, bist wütend und schmierst ihm auch eine? Da ist niemand vor gefeit. Das kann dir jederzeit passieren, jederzeit. Von null auf hundert. Und dann kann es sein, dass du vor den Richter musst. Da kannst du auch Pech haben.

Inge: Es gibt einen so genannten »Übergesetzlichen Notstand«. Wenn Sie in Gefahr sind, oder andere in Gefahr sind, können Sie auch einem eine knallen oder irgendwas machen. Da haben Sie auch immer die Unterstützung gehabt, wenn das nachweisbar war. Also das ist nicht so, dass man jetzt da völlig ausgeliefert ist.

Klaus: Die Schüler werden heute schlechter erzogen. Eindeutig. Und was ganz schlimm ist, dass diese Art Schüler und Elternklientel immer mehr Rechte bekommen. Wenn der Lehrer einen Schüler zu erziehen versucht und auch nur ein bisschen eine bestimmte Grenze übertritt, hat der sofort Probleme.

SZENE VII

LEHRERSEIN 2

Temperamente

STEFFEN: Wie ist euer Temperament im Unterricht? Seid ihr eher der ruhige oder der lebendige Typ?

VINCENT: Ich bin eher lebendig. Ich bin auch eher temperamentvoll, im Ganzen so.

LENA: Ich denke schon, dass ich relativ lebendig bin, auch vom Typ her. Ich habe ja meine Schüler den ganzen Tag auf Englisch. Und die meisten Kinder kannten vorher kein einziges Wort auf Englisch. Das waren ja alles deutsche Kinder. Und dadurch war das für mich schon der volle Körpereinsatz. Ich habe mit dem ganzen Körper unterrichtet, weil man sehr viel mit Gestik und Mimik zeigen muss, um irgendwie zu erreichen, dass die Kinder das verstehen.

KIRSTEN: Ich erzähle viel. Ich lache viel. Ich bin selten übellaunig. Ich laufe viel rum. Ich sitze nicht an meinem Platz. Ich hätte gerne ein Stehpult, das wäre perfekt.

PIA: Ich bin schon relativ präsent im Unterricht. Ich versuche deswegen auch ganz viel mit schülerzentrierten Methoden zu machen, weil ich halt auch, wie du merkst, schnell und viel rede. Und damit ich nicht so eine Lehrerin bin, die alle zutextet, mache ich das gerne mit diesen alternativen Methoden. Das ist so ein Schwerpunkt von mir. Aber ich bin vom Typ her bestimmt keine ruhige, zurückgezogene Lehrerin. Gar nicht. Ich bin eher lebendig. Ich glaube, die Schüler hören mir auch gerne zu, wenn ich rede. Ich darf nur nicht zuviel reden.

Dagmar: Also ich kann im Unterricht ruhig sein, wenn es nötig ist. Aber wenn ich in Aktion bin, bin ich in Aktion. Ich rede mit Händen und Füßen und diskutiere mit denen lebhaft. Und dann laufe ich auch hin und her.

Georg: Der lebhafte Typ, hundertprozentig. Ich bin Widder und ich kann nicht stillsitzen. Ich bin definitiv ein blanker Widder. Ich streite mich gern, aber immer nur dann, wenn ich hundertprozentig weiß, ich gewinne. Ich gewinne meistens.

Thomas: Also auf jeden Fall ruhig. Das dauert wirklich ziemlich lange, bis mich jemand auf die Palme kriegt. Aber dann richtig. Das ist auch oft für Schüler unberechenbar. Also irgendwann reicht's mir, dann flippe ich auch schon mal aus. Dann werde ich laut und schmeiße den Schüler einfach raus: »Sie verlassen jetzt sofort den Unterricht und gehen in den Betrieb!«

Katja: Also die meisten, die mich kennen, die sagen, dass sie es beeindruckend finden, dass ich so ruhig bleibe, auch in Situationen, wo sie schon längst lospoltern würden. Das ist einfach so meine Erfahrung, dass es nicht viel bringt, wenn man sich da gegenseitig hochpusht.

Georg: Als Widder platzt mir schon mal der Kragen. Aber ich sage den Schülern, wenn ich wirklich wütend bin, dann werde ich ganz ruhig. Ganz ruhig. Dann werde ich eiskalt. Dann setzt mein Verstand ein, der sagt: »Gefühle runter!« Ich habe in meinem Leben gelernt, als grundsätzliche Erfahrung, man muss bis zehn zählen können. Und man muss auch mal ein Problem einen Tag aussetzen.

Martin: Ich bin mittelleicht aus der Fassung zu bringen. Ich bin auf jeden Fall kein ruhiger Typ. Geduld ist nicht meine starke Seite. Ich bewundere Kollegen, die da so die Ruhe selber sind. Ich könnte das gar nicht. Mein früherer Chef, der war wie ein Fels in der Brandung, den konnte relativ wenig erschüttern. Das fand ich immer gut. Oder ich habe einen Kollegen, der ist in Konflikten immer sehr sachlich. Er hat eine viel professionellere Distanz, als ich sie in manchen Situationen habe. Ich wäre manchmal gerne ausgeglichener. Da muss ich dran arbeiten, Personen und Sache zu trennen.

TANJA: Also ich bin in erster Linie Mensch. Manchmal bin ich gut gelaunt, manchmal aber auch gereizt. Das sage ich dann auch: »Heute ist es schlimm mit mir!« Ich meine, die Schüler sind ja auch so. Die kommen auch mit guter oder mit gereizter Laune in die Klasse. Und genauso bin ich auch. Also ich glaub, das Zauberwort ist »Authentisch-Sein«. Sich groß verstellen geht nicht.

HOLGER: Ich bin ein Sanguiniker. Also ich muss immer aufpassen, dass ich nicht zu viel durch die Reihen laufe. Da muss man sein Temperament kennen und sich selber genau beobachten können. Das ist für einen Lehrer sehr wichtig, dass er seine Temperamente harmonisiert. Das menschliche Ziel ist, Temperamente ins Gleichgewicht zu bringen, also selbst über den Temperamenten zu stehen. Also der Choleriker darf sich nicht von der Cholerik übermannen lassen. Und der Sanguiniker auch nicht von seiner Freude. Ein sanguinisches Temperament ist aber für das Lehrerdasein ganz gut. Denn es gibt nichts Schlimmeres als einen todernsten Lehrer. Ein Lehrer muss Humor haben. Ich habe in jeder neunten Klasse eine Humorepoche gemacht, drei Wochen lang behandelt, was Humor ist. Gerade mitten in der Pubertät. Sich von oben selber betrachten und herzlich drüber lachen. Das ist das Allheilmittel in der Pubertät. Aber nie vor neun Uhr einen Witz erzählen. Vor neun Uhr dürfen Sie keinen Witz erzählen. Da lacht kein Schwein.

Pädagogika

STEFFEN: Noch ein paar weitere Fragen zu eurer Pädagogik: Gebt ihr eher strenge oder milde Noten?

HELMUTH: Ich würde mal so sagen: Ich gebe gerechte Noten. Man versucht das gerecht zu machen. Wenn ich sehe, dass sich der Schüler bemüht hat. Ich habe, glaube ich, in Sport nie ein Mangelhaft gegeben, keine Fünf. Ich kann mich nicht erinnern.

Sandra: Ich hab im letzten halben Jahr insgesamt vier Fünfen vergeben. Also wenn es nötig ist, gebe ich auch eine Fünf. Aber ich hab in der letzten zehnten Klasse auch sehr viele Einsen vergeben. Wir haben Projektarbeit gemacht und die meisten haben so toll mitgemacht, dass ich gedacht hab, die haben auch eine Eins verdient. Ihre Kunstwerke waren vielleicht nicht die tollsten, aber dieser Enthusiasmus, die Mitarbeit, da habe ich mir halt die Freiheit genommen, eine pädagogische Note zu geben. Du hast ja als Lehrer sehr viele Freiheiten in der Notengebung. Also du musst dich selbstverständlich an bestimmte Standards halten, aber es bleibt dir überlassen, wenn du zur Motivation die Noten ein bisschen nach oben rückst.

Katja: Also ich hasse es, Noten zu geben. Ich gebe zu gute Noten. Also ich habe in Englisch fünfte und sechste Klasse unterrichtet und da muss ich halt Noten geben. Erste bis Vierte kriegen ja bei uns an der Schule keine Noten. Und da merke ich schon, dass ich wesentlich bessere Noten gebe als ältere, gestandene Lehrer. Ich gebe dann schneller mal eine Eins. Aber ich merke auch, dass die Kinder mit der Art und Weise, wie ich unterrichte und wie ich auf die Kinder eingehe, sehr zufrieden sind.

Pia: Also ich selber habe immer die Erfahrung gemacht, dass mich gute Noten motiviert haben, weil ich dann dachte: »Oh Gott, die hat mir eine Eins gegeben. Da muss ich mich aber auch wie eine Eins beteiligen.« Aber wenn ich mich über jemanden ärgere, weil ich das Gefühl hab, der bleibt stark unter seinen Fähigkeiten und nimmt das hier alles zu locker, dann wähle ich auch mal die schlechtere Note. Es kommt immer auf den Schüler an. Wenn ich mitkriege, jemand gibt sich unendlich viel Mühe, aber es hat irgendwie in den Klassenarbeiten nicht geklappt, dann »in dubio pro discipulo«, also im Zweifel für den Schüler.

Marion: Ich glaube, ich gebe eher strenge Noten. Und ich mache auch relativ anspruchsvolle Klassenarbeiten. Das heißt, die müssen aufpassen, die müssen sich vorbereiten, um dann auch eine Eins zu bekommen. Ich denke nicht, dass ich den Kindern wohlgesonnen bin, wenn ich ihnen nur gute Noten gebe. Also ein Kind muss auch einschätzen lernen: »Was kann ich, was kann ich nicht? Wo muss ich etwas machen und wo muss ich es nicht?« Also ich verschenke jetzt keine Noten.

HELMUTH: Das war nach der 68er Zeit. Es gab einen Kollegen, der nur gute Noten gab. Und das empfand ich nicht als gerecht gegenüber denen, die wirklich gut waren, und denen, die nicht so gut waren. Das kann man nicht machen. Und man tut den Schülern ja auch keinen Gefallen damit. Denn da wurden bei manchen Schülern Erwartungen geweckt, die sie gar nicht erfüllen konnten. Die hielten sich für so gut und wollten nachher ins Studium und scheiterten dann oder sahen plötzlich ihre Grenzen, die ihnen vorher nicht so aufgezeigt wurden. Damit tut man also keinem einen Gefallen, wenn man den immer nur lobt.

SVENJA: Also wer bei mir nicht arbeitet, der kriegt auch keine gute Note. Wer bei mir arbeitet, kriegt auch gute Noten. Also was ich wirklich nicht abkann, ist, wenn die nicht arbeiten. Das kann ich nicht leiden. Ich komme vorbereitet dahin, dann verlange ich das auch von meinen Schülern. Und auch bei nicht gemachten Hausaufgaben hagelt es bei mir echt schlechte Noten. Die haben dann eine Sechs. Ist mir scheißegal. Da ist auch nichts mit Nachreichen oder irgendwas. Das ist ganz klar.

THOMAS: Ich bin eher ein milder Lehrer. Also ich fange jetzt nicht an, in Mathearbeiten gutmütig noch Punkte zu suchen, wo keine mehr sind. Wenn's eine Fünf ist, dann ist es eine Fünf und fertig. In der Hinsicht bin ich streng. Meine Arbeiten gelten nicht als leicht. Sie sind aber auch nicht so übermäßig schwer. Also ich habe schon die Erwartungshaltung, dass die Schüler eigenständig mitarbeiten, mitdenken und ihren Anteil leisten.

MAHMUD: Also ich bin nicht streng und nicht mild. Ich bin einfach fair und transparent, würde ich sagen. Ich versuche meine Bewertungskriterien meinen Schülern gegenüber transparent zu machen, dass sie genau wissen, wie die Note entsteht. Streng bin ich nicht, aber ich bin anspruchsvoll. Ich erwarte schon ein paar Sachen, also dass die nicht denken, dass wir eine Kuschelpädagogik machen.

Martin: Es hat so ein bisschen gedauert, meine Beißhemmung abzulegen, einem Schüler wirklich mal, auch wenn er mir sympathisch ist, zu sagen: »So, wenn ich deine Leistung des letzten halben Jahres überschaue, war das nicht mehr ausreichend.« Das ist bei manchen Schülern, muss man einfach ehrlich sagen, schwierig. Jeder Lehrer, der sagt, er hat keine Lieblingsschüler, der lügt. Natürlich hat man die. Das kennt doch jeder Mensch, man begegnet jemandem und der ist einem auf Anhieb sympathisch oder nicht. Aber man darf sich davon nicht verführen lassen. Wenn man sich darauf einlässt, wird man ungerecht. Da sollte man immer um seine Objektivität kämpfen. Also ich bemühe mich darum, dass meine Schüler verdiente Noten bekommen.

Kirsten: Wenn es um Versetzung geht, bin ich im Zweifelsfalle für den Angeklagten. Also wenn er auf der Kippe steht, dann habe ich normalerweise die Neigung, eher für den Schüler zu entscheiden.

Vincent: An der Waldorfschule gibt es ja keine Noten und es gibt kein Sitzenbleiben.

Steffen: Keine Noten?

Vincent: Das ist ja gerade der Anspruch der Waldorfschule, dass der Lehrer seinen Unterricht so aufbaut, dass die Schüler auch ohne Noten motiviert sind. Ich glaube, das ist eines der grundsätzlichsten Dinge, die der Lehrer mitbringen muss: »Motiviere deine Schüler so, dass sie mitmachen, dass sie motiviert sind zu lernen!« Und ich glaube, auch Sitzenbleiben bringt letztlich nichts. Ich glaube nicht, dass man dadurch motiviert wird, den Stoff noch mal nachzuholen. Das ist höchstens ein Wachrütteln und eine erzieherische Maßnahme. An der Waldorfschule geht es darum, dass die Klassengemeinschaft das mitträgt und so in der Form bestehen bleibt bis zur zwölften Klasse. Wenn ein Kind leistungsmäßig abrutscht, versucht man das gemeinsam in enger Elternarbeit zu klären.

STEFFEN: Wie ist euer pädagogischer Stil? Habt ihr bevorzugte Unterrichtsmethoden?

KLAUS: Wir machen alles, Frontalunterricht, Partner-, Gruppenarbeit, alles. Haben wir alles gemacht.

GUNNAR: Obwohl, ich muss sagen, die Gruppenarbeit bleibt bei mir meistens auf der Strecke. Das hängt bei mir auch mit dem Alter zusammen, mit der Belastbarkeit. Ich mache einfach mehr Frontalunterricht. Es ist ruhiger, und ich bin der Meinung, dass in einer ruhigeren Atmosphäre mehr gelernt werden kann. Das habe ich ja vorhin schon gesagt, ich möchte es gern ruhig haben. Ich möchte in Ruhe unterrichten können. Und Gruppenarbeit, das ufert so leicht aus, zu undiszipliniertem Verhalten. Denn es sind immer nur wenige, die arbeiten, und der Rest, der macht nur dummes Zeug.

THOMAS: Ich mache relativ klassischen lehrerzentrierten Unterricht, eher dozierend, also jetzt in der Oberstufe. Ich schreib da unglaublich viel an die Tafel. Die Zeit ist ja relativ kurz, dieses eine Jahr. Im Prinzip müssen wir da die Grundlagen der Realschule noch mal wiederholen, und dann Differentialrechnung und Integralrechnung und so, das muss alles behandelt werden. Schlag auf Schlag geht das dann. Ich schreib pro Doppelstunde meine Tafel viermal voll. Und es findet grundsätzlich in jeder Doppelstunde immer was Neues statt. Und die eigentlichen Übungen finden ausschließlich in den Hausaufgaben statt. Dafür haben wir im Unterricht gar keine Zeit.

HELMUTH: Als ich damals als Lehrer anfing, war ja noch überall der Frontalunterricht. Das hat sich natürlich nachher etwas aufgelockert. Man hat andere Unterrichtsformen verwendet, die grade vorgegeben waren. Wobei ich meine, dass der Frontalunterricht oft zu Unrecht schlechtgemacht worden ist. Denn da haben alle Schüler die Lehrer vor sich, sie haben die Tafel vor sich, sie sehen genau, was gemacht wird. Das schließt aber nicht aus, dass Gruppenarbeit auch erfolgreich sein kann, weil die Schüler dann selber verstärkt aktiv werden müssen. Wenn man die Gruppen richtig einteilt! Es gibt ja das geflügelte Wort: »Einer arbeitet, der Zweite guckt zu und der Dritte holt die Brötchen.« Und derjenige, der die Brötchen geholt hat, bekommt dann die gleiche Note wie der, der die meiste Arbeit geleistet hat. Da muss man schon ein bisschen genauer hinschauen.

OLIVER: Methoden sind ja ganz wichtig geworden in den letzten Jahren. Das wird auch immer mehr von uns erwartet, mit neueren Methoden zu arbeiten, also vom Schulministerium her. Um den Unterricht damit natürlich auch interessanter zu gestalten.

HOLGER: Ich habe zum Beispiel in meinen Hauptunterrichtsfächern immer noch schön brav Frontalunterricht gemacht. Da haben mich die Referendare gefragt: »Um Gottes willen, heute noch Frontalunterricht?« Da habe ich denen einen Stundenplan der Schüler gezeigt. Die haben in den künstlerischen Fächern oder im Sprachunterricht sowieso Gruppenarbeit. Und die zwei Stunden Hauptunterricht bei mir ist Frontalunterricht. Wenn alles immer Grüppchen ist, das ist schlecht. Wenn alles immer frontal ist, das ist schlecht. Es geht um den Wechsel, wie das Lachen und das Ernstsein. Es geht um dieses gesunde Einatmen, Ausatmen, Systole, Diastole. Das ist menschliches Maß.

SVENJA: Also ich bin eher so diejenige, die die Schüler den Stoff selbst erschließen lässt. Zum Beispiel in Deutsch, ich weiß halt, wo ich hinwill, aber wie wir dahinkommen, das bestimmen bei mir oftmals die Schüler. Und das macht den Unterricht natürlich auch viel offener.

MAHMUD: Das ist auch so meine Einstellung. Ich bin jemand, der als Erstes versucht die Chemie in der Klasse schön zu kriegen. Das ist mir das Allerwichtigste. Daran arbeite ich am Anfang die ganze Zeit. Also wenn ich eine Klasse übernehme, bevor ich überhaupt was Fachliches vermittle, versuche ich einfach eine gute Atmosphäre, eine gute Chemie herzustellen. Bei den Schülern einfach die Angst vor der Mathematik abzubauen und denen zu zeigen: »Mathe kann auch schön sein. Und ich bin auch kein böser Mathematiker, sondern ich will nur helfen.« In Elektrotechnik habe ich zum Beispiel eine Klasse, da merke ich, die Schüler freuen sich wirklich, dass sie bei mir sind. Das sagen sie sogar: »Herr Zahir, wie schade, dass wir heute keine Elektrotechnik bei Ihnen haben.«

KIRSTEN: Ich baue in den siebten Klassen gerne Rituale ein, so Redewendungen. Mir ist aufgefallen, dass die Schüler viele Sachen gar nicht mehr kennen. Wie »Morgenstund hat Gold im Mund« oder solche Sachen. Ich hab das dann aufgeschrieben, mit Bildchen. Mein Mann hat mir das entworfen und kopiert. Und dann sind wir im Laufe der Zeit eine große Menge an solchen Sprichwörtern und Redewendungen durchgegangen. Rituale finde ich wichtig, sehr wichtig, zunehmend wichtiger. Also dass man zu bestimmten Zeiten bestimmte Dinge tut.

HOLGER: Rudolf Steiner sagte mal: »Es muss einmal in jeder Stunde todernst sein. Und einmal in jeder Stunde muss ungeheures Lachen sein.« Das heißt, diese seelischen Momente des Zusammenziehens und Ausatmens, die müssen in jeder Stunde präsent sein. Sonst gibt's Kopfschmerzen. Da sind die Köpfe rot. Das ist schlecht. Das Blut muss runtergehen.

INGE: Ich hab immer viel Bewegung in die Unterrichtsstunden reingebracht. Zum Beispiel im Rechnen habe ich Einmaleins-Wettläufe gemacht, so Zehnerübergänge hüpfen lassen. Bewegung ist ganz wichtig. Was man mit Bewegung gemacht hat, ist ja nachher viel mehr internalisiert. Also da war immer was los. Zehnerübergang, also sieben plus fünf. Ich ließ sie da immer hüpfen. Oder ich habe einen Zug an die Tafel gemalt und dann haben wir die Türen zugeschoben: Dieser Wagen, da sind sieben drin und da kommen jetzt noch drei dazu, Wagen zu, ist der Zehner fertig, und so'n Zeug. Ja, anders geht das nicht. Also bei unseren Schülern ist das nicht anders gegangen. Der Bewegungsstau muss doch abgeführt werden. Sie können doch keine Kinder fünf Stunden sitzen lassen.

STEFFEN: Wie ist das bei euch mit Hausaufgaben?

HOLGER: Ja. Steiner wollte das zwar nicht, dass Hausaufgaben aufgegeben werden, aber es hat sich leider durchgesetzt.

KIRSTEN: Hausaufgaben sind ein Problem. Die einen machen sie regelmäßig, die anderen nicht. Also ich persönlich gebe mit Sicherheit nicht zu viele Hausaufgaben, sondern so, dass man das gut schaffen kann. Also ich gebe in Englisch vorzugsweise Vokabeln auf. In Ethik sind es häufig eher kreative Sachen, die machen sie sowieso ganz gerne.

Aber Hausaufgaben, das ist schon eine Sache. Also in meiner Klasse gab's mit Hausaufgaben große Probleme. Oft haben fünfzig Prozent der Schüler sie nicht gemacht.

TANJA: Ich kriege dann die dollsten Geschichten erzählt, warum die Hausaufgabe nicht gebracht werden konnte. Die war auf dem Stick und der Stick war in der Tasche und die Tasche war mit in der U-Bahn und die hat ihm jemand geklaut. Oder der Drucker zu Hause ist ausgefallen. Oder sie wollten das per E-Mail schicken, aber das Internet ist abgestürzt. Also es gibt immer tausend Gründe, warum Sachen nicht funktioniert haben, und schuld sind immer die anderen. Der Erfindungsreichtum bei den Ausreden, der ist manchmal atemberaubend.

GUNNAR: Der Einzige, der noch Hausaufgaben macht, bin ich. Ich setze mich abends hin, bereite mich vor. Ja, und die Schüler haben sie nicht. Ob die dafür eine Sechs kriegen, ist denen doch egal. Das ist denen egal.

KLAUS: Deswegen sehen auch schon viele Kollegen von Hausaufgaben ab. Ich zum Beispiel, ich sehe davon ab. Ich arbeite das lieber in der Stunde durch. Wie gesagt, es ist das Elternhaus. Es fehlt der Druck. Es fehlt die Kultur, ein Ziel zu erreichen.

Kleine und Große

STEFFEN: Welche Jahrgänge unterrichtet ihr am liebsten, die unteren oder die oberen Klassen?

HELMUTH: Also wenn man von der Schwierigkeit ausgeht, sind die mittleren Klassen die schwierigsten. Klasse Acht und Neun, in der Pubertät, das waren die schwierigsten Klassen. Bei den Anfangsjahrgängen, die Fünf und Sechs, war die Bereitschaft zu lernen noch groß. Man kam in eine neue Schule rein, die Schüler, die haben mitgemacht. Und in der Oberstufe überwog das Interesse der Schüler auch wieder am Stoff. Sie wollten etwas lernen. Sie wollten ja Abitur machen.

SANDRA: Also die Jüngeren machen insofern total Spaß, weil die in der Fünften und Sechsten noch richtig enthusiastisch sind. Die sind auch irgendwie ganz süß. Wie jemand mal zu mir sagte: »In der fünften, sechsten Klasse, da arbeiten die Schüler nicht für sich, sondern für dich als Lehrer. Die wollen dir gefallen.« Die größeren Klassen sind dann auch intrinsisch motiviert, dass sie ihre guten Noten haben wollen, natürlich auch aufs Abitur hin. Und in der Mitte, da versuchen die sich halt so zu produzieren: »Ha, wie können wir jetzt mal den Lehrer verarschen? Wie können wir uns hier mal richtig dicke tun, dass wir in der Klasse total cool sind?« Solche Sachen. Gerade die neunte Klasse. In der Zehnten wird das dann schon wieder besser.

OLIVER: Die Schüler machen mir eigentlich alle Spaß. Aber es ist natürlich nervig, diese Pubertierenden da vor sich zu haben. Das ist nervig. Das ist schon anstrengend. Da muss man schon starke Nerven haben. Aber die braucht man als Lehrer sowieso.

KLAUS: Also ich unterrichte lieber die älteren Schüler. Die jüngeren Schüler, das siebte, achte Schuljahr, die sind in der Pubertät. Die können sich nicht benehmen. Die sind nicht lernbereit. Die sind schlichtweg unerzogen. Dumm und dreist. Wenn ich da als Fachlehrer, also nicht als Klassenlehrer, reingehe, habe ich bei diesen Schülern kaum eine Chance, einen normalen Unterricht zu machen. Es geht nicht. Oder wenn ich Vertretung hatte, so wie heute Morgen, da brauchte ich fünf Minuten, um vier Schüler erst mal rauszuschmeißen, oder einen Schüler, der zu spät kam, erst gar nicht reinzulassen. Da waren ungefähr fünf bis zehn Minuten vom Unterricht gleich verloren.

OLIVER: Sagen wir mal so, am schwierigsten sind natürlich die, die in der Pubertätsphase sind. In der achten Klasse geht das los. Achte Klasse ist eigentlich so der schwierigste Fall. Dann sind die so ein bisschen aufmüpfig. Dann wird erst mal alles hinterfragt, haben keinen Bock, zu gar nichts. Und sie sind mit sich selbst und der Welt im Unfrieden, mit den Eltern sowieso. Das ist halt so eine Phase, wo man durch muss. In der Neunten wird das dann wieder besser.

KLAUS: In der Sechsten beginnt das Theater. Siebte ist schon eine Katastrophe und Achte ist eine Katastrophe. In der Neun werden die alle wieder ein bisschen friedlicher.

HOLGER: Die schwierigste Klasse, vom Psychologischen her gesehen, ist die Zehnte. Da sind die Schüler sechzehn. Gucken Sie mal in die Statistik, mit sechzehn werden die meisten Selbstmorde verübt. Das ist schon immer so gewesen. Die schwierigste Zeit ist nicht der Tumult und der Krach und der Kampf, sondern die schwierigste Zeit ist, wenn sie verstummen. Wenn sie ganz »zu« machen, niemand kommt mehr an sie ran. Deshalb kommen da auch sehr schwierige Fragen. Steiner sagte, Sie müssen die latenten Fragen der Schüler beantworten. Nicht die, die sie stellen, sondern die, die latent sind. Und wenn da einer sitzt, so ein kleines Kerlchen, plötzlich ganz in Schwarz, mit Springerstiefeln, dann wissen Sie, der hat eine Frage. Der hat eine Frage nach dem Sinn des Daseins: Woher kommt der Mensch? Wohin geht er? Das müssen Sie im Unterricht behandeln. Der Unterricht muss eigentlich immer Therapie sein, heilend sein. Elfte, da hat sich das Ganze dann beruhigt, da kommt eine neue Innerlichkeit. Der Lehrplan muss auch völlig drauf abgestimmt sein. Ich behandle in der Zehnten in Geschichte große Fragen: »Woher kommt der Mensch?« Und im Malen wird nur noch schwarz-weiß gezeichnet. Keine Farbe, nichts. Farbe erst wieder in der Elften, wenn so eine neue Innerlichkeit da ist. Und in der Eurythmie, da macht man dann in der Zehnten einen Trauermarsch, und nicht irgendeine Symphonie. Also von der Schülerpsychologie ist die Zehnte immer am schwierigsten.

STEFFEN: Wie ist es mit den Kleinen?

KATJA: Eine Erstklässlerin stand letztes Jahr vor mir und guckte mich völlig verklärt an und meinte nur: »Frau Lübbers, ich liebe Sie.« Das ist schon nett. Und diese Freude, die kann ja so motivieren und begeistern. Wenn die im ersten Schuljahr kommen, können die nicht schreiben, und nach einem Jahr schreiben sie schon so kleine Geschichten. Man sieht da Riesenschritte. Das ist toll.

MARION: Also ich mag es am meisten mit der dritten und vierten Klasse, also wenn sie schon lesen und schreiben können. Dann kann man einfach mehr mit den Kindern machen.

OLIVER: Bei den Kleineren, die Fünfer, Sechser, ist es natürlich ein ganz anderes Arbeiten. Da geht es nicht so schnell vorwärts wie bei den Älteren. Aber es macht schon Spaß, auch mit den Kleinen. Da musst du dann gucken, dass du sie nicht plötzlich auf dem Schoß sitzen hast. Oder man steht an der Tafel und plötzlich zupft einer von hinten am Pullover: »Herr Siebers, ich muss mal aufs Klo.« Also die wuseln immer so um einen rum. Das ist lustig.

PIA: Also die Kleinen, die Fünftklässler, mag ich sehr, sehr gerne. Das ist schon supernett, weil die auch noch nicht so in der Pubertät sind, und auch so ganz natürlich und so süß sind. Das ist aber wesentlich anstrengender als Oberstufe. Oberstufe mag ich total gerne, supergerne. Und ich hatte ja auch eine neunte Klasse als Klassenlehrerin, das hat mir auch Spaß gemacht. Ach, eigentlich mag ich alle Stufen. Ich glaube, man kann jeder Klassenstufe was abgewinnen.

GEORG: Am liebsten mache ich die Großen, weil es natürlich intellektuell noch mal ein anderer Anspruch ist. Aber ich bin ja seit Jahren nur in den kleinen Klassen drin.

INGE: Die Kleinen, da hat man auch was für seine eigenen Emotionen. So diese Mütterlichkeit, die kann man da ganz gut ausleben. Bei den Großen sind es ganz andere Anforderungen. Da muss man auch eine Identifikationsfigur für diese Kinder sein. Die sind ja nun in der Pubertät und stellen alles in Frage. Also ihre Schule, als Sonderschule, die stellen sie in Frage. Sie sind ja die Versager, sie sind ja ausgesondert. Ihr Elternhaus, sie sehen ja auch, dass die versagt haben. Also die Kinder sind dann enorm kritisch. Da muss man als Lehrer schon eine sehr starke und überzeugende Persönlichkeit sein. Ich fand's mit den Großen schon anstrengend. Immer diese Verhaltensauffälligkeiten der Kinder. Und wenn man dann daran denkt, dass in den Sonderschulen Jungens überrepräsentiert sind, einfach als das schwächere Geschlecht, mit mehr Verhaltensauffälligkeiten und größerer Störbarkeit, dann ist es klar, dass ich als Frau unglaublich gut und überzeugend sein musste, um von denen anerkannt zu werden. Als Mann hat man da von vornherein gleich viel mehr Autorität. Wir Frauen mussten wirklich sehr, sehr viel ackern.

SVENJA: Also ich finde siebte, achte Klasse ganz furchtbar. Die sind mir zu pubertär. Das ist mir zu anstrengend. Fünfte, Sechste, die sind mir zu klein, muss ich ehrlich sagen. Neunte finde ich unglaublich spannend. Da sind die gerade so aus dieser Hardcore-Pubertät raus. Zehnte finde ich auch ganz spannend. Da fühlen sie sich schon erwachsen und wollen so behandelt werden. Also Neunte, Zehnte, die Entwicklungsschübe, die sie da machen, also ihr kognitives Leistungsvermögen, finde ich Wahnsinn. Du kannst zugucken, wie das passiert.

HOLGER: Die neunte Klasse, wie soll man sagen, da war so Leben drin. Ungeheueres Leben ist in so einer neunten Klasse, während es in der Zehnten schon wieder absackt. Aber Neunte ist ein wahnsinniges Leben. Die kommen dann aus der Unterstufe raus und sind jetzt die Großen. Da war immer Zug drin.

SVENJA: Und Oberstufe, da geht's dann ums Abitur. Da geht es darum, Wissen zu erlernen, und um Methoden, Analyseverfahren. Das ist dann ja alles hoch geistig. Das mag ich sehr. Das finde ich spannend.

HOLGER: Ich sag mal, vom Niveau her, wenn wir in der Zwölften Nationalsozialismus durchnehmen oder neuste Geschichte oder philosophische Fragen, das ist schon klasse. Wenn die Leute so achtzehn sind, also so im ersten Mondknoten drin, da kommen schon Sachen raus, wo man dann selber staunt. Da kommen Dinge raus, wo man als Lehrer innerlich die Luft anhält.

Mädchen und Jungen

Steffen: Kommt ihr eigentlich besser mit den Mädchen oder mit den Jungen zurecht? Gibt es da Unterschiede?

Oliver: Die Mädchen sind schon ordentlicher, sind fleißiger und lernwilliger als die Jungen. Sie sind immer ein bisschen weiter als Jungen, von der ganzen Entwicklung her. Und haben auch unterschiedliche Interessen.

Klaus: Meistens sind die Mädchen besser und vom Benehmen her auch viel angenehmer. Es gibt sicherlich auch Ausnahmen, aber in der Regel sind die Mädchen eindeutig strebsamer und erfolgreicher in der Schule. Das ist der Fakt in Deutschland. Und das ist auch meine persönliche Erfahrung.

Gunnar: Bei den unteren Jahrgängen gibt's bei den Mädchen auch die Giftnudeln, die mir das Leben im Sportunterricht schwer machen. Da habe ich mit den Mädchen mehr Probleme als mit den Jungen.

Tanja: Als Frau denkt man ja oft, bei Mädchen schneller Anschluss zu bekommen. Das stimmt aber nicht. Also es gibt Mädchen, die reagieren gerade auf erwachsene Frauen ganz bürstig. Vielleicht weil sie mit der eigenen Mutter Konflikte haben. Keine Ahnung.

Pia: Mir liegen die Jungen, glaube ich, mehr. Die Mädchen, die haben manchmal so etwas Zickiges an sich. Die Mädels sind zwar zurückhaltender, aber zickiger. Mit den Jungs komme ich ganz gut klar. Also dieser Profilkurs »Musik« mit acht Jungs, super!

Svenja: Ich kann besser mit Jungen umgehen. Das ist so. Also reine Mädchenklassen, eine Mädchenschule, das wäre mein Horror. Ich hatte im letzten Schuljahr einen Grundkurs in Französisch mit sechs Mädchen, sechs jungen Frauen, zwölfte Klasse. Das war mein Horror.

Dagmar: Die Gruppe, die ich schwierig finde, sind zickige, pubertierende Mädchen. Also die mag ich nicht. Das finde ich ganz schwierig, wenn die zicken. Plötzlich zickt die im Unterricht die Nachbarin an. Oder man zankt sich um einen Kerl, weil beide denselben Jungen aus der Neunten toll finden und versuchen sich den gegenseitig abspenstig zu machen. Da wirst du irre. In dem Alter sind die richtig zickig. Und Mädchen mobben sich in dem Alter auch eher untereinander als Jungen. Das ist manchmal sehr unerfreulich. Jungen sind furchtbar blöde in der Pubertät, aber irgendwie klarer in der Ansage. Da ist noch ein Rest Hirn, der hormonfrei ist.

HEIKO: Die Mädchen haben andere Probleme. Also sie sind nicht so aggressiv wie die Jungs, die natürlich körperlich mehr Dampf machen. Mädchen haben andere Auffälligkeiten im Verhalten, dass sie sich eher ganz zurückziehen oder total hysterisch werden. Jungen sind dann eher aggressiv und lassen das an anderen aus.

TANJA: Also die Mädchen, auch die arabischen und türkischen Mädchen, sind natürlich meistens angepasster als die Jungs. Das ist schon richtig. Aber wenn ich da an einige Schülerinnen aus dem letzten Jahr denke, die waren so was von anstrengend und zickig und unkontrolliert. Also da gibt es Mädchen, die klauen, die sind in Mädchengangs, die prügelnd und vandalisierend durch die Gegend ziehen. Die ziehen andere Leute ab, die hauen aufs Maul, die sind gar nicht zimperlich. Absolut Hardcore.

STEFFEN: Holger, du wolltest noch was sagen?

HOLGER: Mädchen brauchen lange nicht so häufig Betreuung wie Jungs. Die sind pflegeleichter, weil Mädchen in den allermeisten Fällen eine Intimfreundin haben. Mit der wird alles besprochen, bis zum ersten Freund, und wie der gebaut ist, also wirklich alles. Jungs haben das nicht. Die haben zwar den besten Kumpel, aber mit dem können sie nicht über alles reden. Also dass sie beim ersten Mal bei der Freundin versagt haben, können sie mit ihrem besten Kumpel selten bereden. Aber Mädchen können das. Und deshalb haben die in der Zeit weniger Probleme. Ich habe bereits vor zwanzig Jahren den Männerbeauftragten gefordert. Das gab damals ein herzliches Lachen. Aber heute lacht da keiner mehr drüber.

DAGMAR: Wir haben jahrzehntelang immer gesagt, die Mädchen müssen gefördert werden. Und heute ist es tatsächlich so, dass in der schulischen Bildung die Mädchen die Jungs abhängen wie blöde. Die haben die besseren Abschlüsse. Die sind stringenter in ihrem Lernverhalten. Wir müssen uns heute eigentlich mehr um die Jungenförderung kümmern. Die haben wir so ein bisschen außen vor gelassen.

HELMUTH: Im Nachhinein muss ich sagen, dass Mädchen fleißiger und auch etwas leichter zu lenken waren im Unterricht. Ich bin heute der Meinung, dass die Frauen jahrhundertelang ganz einfach unterschätzt wurden, denn was die heute leisten, das ist ungeheuer. Da müssen sich die Männer ganz schön warm anziehen, auch in der heutigen Arbeitswelt.

Stärken und Schwächen

STEFFEN: Wo seht ihr als Lehrer eure Stärken oder Schwächen?

MARTIN: Ich kann das immer schwer auf den Punkt bringen, aber ich glaube schon, dass ich mich in so einer Gruppe relativ gut durchsetzen und auch den Stoff interessant rüberbringen kann. Ich glaube, dass ich relativ schnell erfasse, was in einer Klasse gut oder schlecht läuft, so diese atmosphärischen Sachen. Ich habe da eine ganz gute Intuition. Und ich bin ein analytischer Typ. Ich versuche Probleme immer durch Analyse zu lösen, rauszukriegen, was bei einem Konflikt eigentlich das Problem ist. Also nicht das, worüber jetzt gerade geredet wird, sondern was dahintersteckt. Ich glaube, das sind so meine Stärken.

INGE: Ich kann einfach gut mit Kindern und hatte auch große Lust am Methodisch-Didaktischen. Also eine Stunde gut aufzubauen und dann zu sehen, wie die Augen größer werden, und dann »Ah-Ha!«, die Lernerfolge, zu sehen, was man erreichen kann, wenn man didaktisch und methodisch gut arbeitet. Das hat mich immer befriedigt.

MAHMUD: Einer der Gründe überhaupt, warum ich mich für Lehramt entschieden habe, war, dass ich gemerkt habe, ich kann die Schüler wirklich erreichen. Also ich bin gerne unter Menschen. Ich bin jemand, der immer den Kontakt sucht. Ich reflektiere die Sachen und versuche die Schüler zu verstehen. Ich glaube, wenn man das versucht, merken sie das auch. Viele merken, dass du wirklich ein netter Lehrer bist und dass du die Schüler auch magst. Das spüren sie, da haben sie eine Nase für. Und wenn sie merken, dass du deinen Job gerne machst und dass du die Schüler magst, dann klappt das.

GEORG: In mir steckt so ein gewisser Preuße drin, Pflichterfüllung. Also ich kann nicht lau. Ich bin von meinem Typ nicht lau. Entweder heiß oder kalt. Wie sagt AC/DC so schön: »I'm hot and when I'm not, I'm cold as ice.« Finde ich einen herrlichen Spruch.

INGE: Ich nehme die Kinder sehr ernst und achte sie sehr. Mit all ihren Nöten, mit ihren Kümmernissen. Und ich bin auch sehr fröhlich und humorvoll. Das sind ganz wesentliche Dinge. Ich habe immer sehr stark beziehungskonzentriert und -intendiert gearbeitet. Ich habe zu jedem einzelnen Kind immer eine sehr gute Beziehung aufgebaut. Das sind so Sachen, die musst du schon haben. Das ist nicht nur die Didaktik. Ich habe auch immer eine klare Vorstellung von Autorität gehabt. Also ich gehörte nie zu den Lehrern, die sich so komplizenhaft mit den Schülern zusammengetan haben. Ich hatte eine große Beziehung zum Einzelnen, die Gruppe aber hatte ganz klare Strukturen und wusste genau, was geht und was nicht. Und das hat wunderbar funktioniert. Das waren einfach diese Strukturen, die Kinder brauchen, damit sie sich in einer bestimmten Geborgenheit, in einer sozialen Gemeinschaft fühlen können.

ANKE: Also man versucht natürlich ein guter Lehrer zu sein. Man versucht es jeden Tag, aber man sieht immer auch Sachen, die man besser machen könnte. Ich bin eigentlich nie zufrieden mit dem, was ich gemacht habe. Also nicht ausreichend zufrieden. Ich bin sehr selbstkritisch.

SANDRA: Also meine Schwächen liegen noch so bei der Unterrichtsvorbereitung. Da heimse ich mir immer alles an Material ein, was ich kriegen kann. Dann habe ich so einen Berg und versuche das alles zu sichten. Und dabei geht schon so viel Zeit drauf, dass ich dann häufig den Überblick verliere. Das muss ich auf jeden Fall reduzieren. Und was ich im Moment noch so lerne, ist dieses Didaktische. Wie stellst du Fragen, und zwar offene Fragen, dass das nicht so ein Ping-Pong-Gespräch wird, sondern so offene Impulse, dass die Schüler quasi von selber drauf kommen? Also dieses Unterrichtsgespräch, dass das quasi wie von alleine läuft. Das ist etwas, das ich noch lernen muss.

STEFFEN: Welche Qualitäten sollte man als Lehrer haben?

SANDRA: Geduld. Ganz viel Energie. Freude am Dasein und am Unterrichten. Und Humor. Das musst du haben, sonst bist du da ganz schlecht dran. Du musst nicht nur ein Fachidiot sein, sondern du musst vor allen Dingen wissen, wie du deine Schüler erreichst. Du musst auf die Schüler eingehen können, wissen, was die brauchen, worauf die anspringen.

INGE: Geduld, ja, Geduld ist in allem wichtig. Warten können. Nicht aufdrücken. Ich sehe nicht, dass ich als Lehrer was aufdrücken muss: »Du musst! Du sollst!« Oder diese Hierarchie, die muss im Sein existieren. Entweder hat man es oder nicht. Die meisten Sonderschullehrer haben das in großer Fülle. Es ist auch was Schönes, einen Menschen so lassen zu können, wie er ist, und ihm die Chancen, das Umfeld bieten. Verstehen Sie? Nicht zwingen und verbieten, sondern das Umfeld bieten, wo vielleicht manche Aggressionen gar nicht erst entstehen.

MAHMUD: Man muss auch eine stabile Psyche haben. Ausgeglichenheit. Und man muss seine Bestätigung auch noch woanders suchen und haben. Nicht einfach die Hoffnung, ich kriege meine Bestätigung von meinen Schülern. Dass ich mich nicht ständig irritieren lasse, wenn es einem Schüler vielleicht nicht gut geht oder er sich in meinem Unterricht mit etwas anderem beschäftigt. Wenn man eine stabile Psyche hat und ausgeglichen ist, dann nimmt man das nicht so persönlich.

INGE: Am Werden der Dinge beteiligt zu sein. Das hat Martin Buber gesagt und ist jetzt immer mein Leitspruch. Und dann auch eine unglaublich konsequente Haltung. Als Lehrer muss man ja immer ganz untadlig sein. Die Schüler müssen sich mit dem Lehrer identifizieren können. Also er darf nicht zu spät kommen, er muss seine Sachen immer beisammenhaben, er muss sauber sein, man muss auch ordentlich gekleidet sein. Sie werden lachen, das ist alles wichtig. Der Lehrer muss nicht sagen: »Himmel, bist du schmutzig!«, sondern das Kind merkt es ja selber. Wenn es den Lehrer mag, dann will es auch so aussehen. Man muss nur warten können. Sagen Sie mir, wenn ich zu viel rede!

DAGMAR: Du brauchst eine hohe kommunikative Kompetenz. Du musst eine hohe Sensibilität haben, mitkriegen: Geht's einem Kind schlecht? Was ist denn da eigentlich los? Dass du dann mal zu Hause anrufst und sagst: »Ich beobachte seit einer Woche, dass Ihr Kind so ein bisschen rumhängt. Was ist denn da?« Solche Sachen musst du draufhaben. Du musst eine hohe Empathiefähigkeit haben. Du kannst da nicht nur reingehen und sagen: »Ich mache jetzt mal bei euch Deutsch.«

INGE: Erziehung ist keine Sache des Redens. Erziehung ist eine Sache des Seins. Der Lehrer muss so sein, dass das rüberkommt, dass er etwas ist, an dem das, was ich tue, auf mich zurückprallt, sich spiegelt. Verstehen Sie? Das ist wie: Sie machen etwas und der andere signalisiert ganz klar, dass er das verstanden hat, dass er es vielleicht sogar viel mehr verstanden hat als du selber. Und spürt seine Reaktion und hinterfragt sie dann oder fühlt sich nicht mehr ganz wohl. Wenn ich wirklich dastehe in meiner doch bestimmten Souveränität, aber diesen Faden nicht abreißen lasse, indem ich mich in die Autorität flüchte, dann geht das, dann wird es schon. Was wollte ich jetzt sagen? Was haben Sie mich gefragt?

DAGMAR: Also einer hatte mir vor zwei Jahren gesagt: »Ich wollte ja gerne Lehrer werden, weil ich dann ein sicheres Einkommen habe und in meiner Freizeit alles machen kann, was ich gerne machen möchte.« Wer so in den Lehrerberuf reingeht, der kann das gar nicht schaffen.

ANKE: Man sagt ja auch, Lehrer sein ist kein Beruf, sondern eine Berufung. Man muss es wollen und man muss es leben.

Elternarbeit

STEFFEN: Wie ist das Verhältnis beziehungsweise die Zusammenarbeit mit den Eltern der Schüler?

KLAUS: Was die Erfahrungen bei uns an der Hauptschule angeht, die Schularbeit zwischen Elternhaus, Schülern und Lehrern gibt's nicht mehr. Die Eltern haben kein Interesse mehr an ihren eigenen Kindern. Die haben die Erziehung teilweise wirklich abgegeben. Das sollen wir erledigen.

GUNNAR: Früher war es so: Wenn wir eine Klassenfahrt gemacht haben, wir stiegen aus dem Bus, da standen die Eltern und haben sich von uns verabschiedet, haben gesagt: »Schönen Dank.« Sagt heute keiner mehr. Sagt keiner mehr. Wenn ich nach einer Woche zurückkomme, die letzte Fahrt, die ich nach Weißenhäuser Strand gemacht habe, erstens wird kaum noch einer abgeholt und zweitens: ankommen, abhauen, weg. Da sagt keiner »Tschüss« und »Schönen Dank«. Das erwarten wir auch gar nicht mehr. Wir sind froh, wenn alles geklappt hat und alle heil wieder zu Hause sind.

DAGMAR: Ich weiß von Hauptschulen, wo die Eltern gar nicht mehr kommen. Da können die Lehrer anrufen, Briefe schreiben, hinfahren, da machen die Lehrer noch Hausbesuche und stehen vor verschlossener Tür, weil die Eltern gar nicht mit ihnen reden wollen. Das ist so, ja.

GUNNAR: Früher war die Hauptschule die Schule des Mittelstandes, der Handwerker. Vater ist zur Hauptschule gegangen, der Sohn, die Tochter wurde auch zur Hauptschule geschickt. Das waren ganz andere Voraussetzungen, mit denen wir arbeiten konnten. Und wir hatten die Elternhäuser hinter uns. Ich habe auch viel mit Eltern zusammen unternommen. Ich habe zum Beispiel mit Klassen auf dem Schulgelände übers Wochenende gezeltet. Freitagabends waren die Eltern dabei, wir haben zusammengesessen. Ich habe mit Eltern privat gefeiert, Fasching und so weiter. Das ist heute undenkbar. Ist undenkbar, weil die Eltern gar nicht mehr dahinterstehen und nur noch gucken, was machen die Lehrer falsch, um da einhaken zu können. Aber sonst kommen sie nicht. Sie warten nur darauf, dass irgendwie was passiert. Und dann sind sie da, dann stehen sie auf der Matte. Das ist das, was uns so betrübt.

KIRSTEN: Ich glaube, dass Eltern und Lehrer generell zu wenig vernetzt sind. Das ist ein Bereich, wo viel mehr Unterstützung sein müsste. Ich hab mich da persönlich immer drum gekümmert, habe mehr Elternabende gemacht als andere. Und ich hatte auch einen superfitten Elternvertreter. Aber generell finde ich, dass Eltern zu wenig in die Verantwortung genommen werden. Es heißt immer: die Schule, die Lehrer, die Umstände. Was ist mit den Eltern?

KATJA: Damals an der Sonderschule in Neukölln sind die Eltern ja meist gar nicht erst zum Elterntag erschienen. Die waren oft mit der Erziehung überfordert, viel geschlagen und weiß der Kuckuck.

HEIKO: Die Familienverhältnisse zu Hause, alles ganz, ganz schlimm, ganz dramatische Sachen. Das kannst du dir gar nicht vorstellen. Ganz schlimm. Du musst das Band ausmachen, dann könnte ich dir davon erzählen. Ganz furchtbar. Mit An-den-Ofen-Ketten, Schläge, Missbrauch, alles. Alkohol, Drogen, Strich. Alles. Die Eltern. Und du musst damit umgehen.

KATJA: Aber hier an der privaten Schule sind die Eltern ganz toll für eine Zusammenarbeit zu gewinnen. Die helfen und unterstützen ganz doll. Die machen die Materialien mit, putzen die Klassen.

OLIVER: Die Zusammenarbeit zwischen Schule und Elternhaus ist bei uns an der Schule ganz, ganz wichtig. Das ist für uns auch selbstverständlich. Wenn wir als Klassenlehrer mit den Eltern gut zusammenarbeiten, dann funktionieren ja auch die Abläufe in der Schule besser. Das kommt natürlich immer darauf an, um was für ein Elternhaus es sich handelt. Also ich habe auch schon Schwierigkeiten gehabt, ist klar, bis hin zur Androhung, wo ein Vater gesagt hat, er würde mir empfehlen, nachts nicht mehr alleine vor die Haustür zu gehen. Der hatte aber auch schon ein paar Mal eingesessen, Körperverletzung und so. Aber das war nur ein Mal in den ganzen zwanzig Jahren. Aber dass welche schon mal aufgebracht kommen und rummeckern, rumbrüllen, das habe ich natürlich schon mehrfach erlebt.

DAGMAR: Ich bin ja fast immer Klassenlehrerin und insofern habe ich sehr viel Elternkontakt. Also ich versuche nach Möglichkeit alle Eltern kennenzulernen. Die Elternabende sind bei mir auch immer gut besucht. Und in dem Moment, wo irgendein Problem auftaucht, suche ich den Kontakt zu den Eltern. In 99 Prozent der Fälle kommen die dann auch. Und in 98 Prozent der Fälle finden sie das auch sehr positiv und bedanken sich bei mir, dass ich da aufmerksam war. Es gibt aber auch einen kleinen Prozentsatz von Eltern, die erreichst du nicht. Die kommen einfach nicht. Die interessieren sich nicht dafür.

PIA: Es gibt natürlich immer Eltern, die die ganze Schuld auf die Schule schieben und auch so eine gewisse Arroganz haben. Aber ich habe auch ganz, ganz tolle Eltern, die sich unendlich gut einbringen, die helfen.

VINCENT: Die Elternarbeit wird bei uns sehr hoch angesehen, dass wir in regelmäßigen Abständen Elternabende haben, um zu berichten: »Was haben wir gerade gemacht? Was sind unsere Themen im Unterricht? Wie sind die Kinder?« Jetzt gerade auch in der ersten Klasse: »Wie hat sich die Gruppe zusammengefunden? Gibt es Probleme?« Also man versucht da ein sehr enges Verhältnis zu den Eltern aufzubauen.

TANJA: Bei uns gibt es selten Elternabende. Aber es gibt ganz viele Telefonate mit den Eltern. Und wenn es keine Eltern gibt, dann mit den Leuten vom *Betreuten Wohnen* oder mit den Familienhelfern. Ein großer Teil meiner Arbeit ist Rumtelefonieren. Wir haben auch Leute, die sind Borderliner. Da kommt dann plötzlich nach ein paar Monaten in einem Gespräch mit der Mutter raus, dass bestimmte Geschichten, die wir gehört haben, überhaupt nicht stimmen.

SVENJA: Meine Erfahrung mit Eltern ist bisher nur positiv gewesen. Mit den Eltern hab ich meist Kontakt, wenn Schüler versetzungsgefährdet sind. Dann gibt es Elterngespräche, Pläne, wie man das Schuljahr noch schaffen kann. Es ist eine Schule im, ich sag mal so, gut bürgerlichen Umfeld. Wir haben eine sehr engagierte Elternschaft, die es über den Förderkreis schafft, sehr, sehr viel Geld für die Schule zu sammeln.

ANKE: Meine Schule liegt ja im Prenzlauer Berg. Das ist natürlich eine sehr anspruchsvolle Gegend. Das sind so die Neu-Yuppies, die da alle wohnen. Es sind viele junge Familien mit Kindern, die sehr viel Wert drauf legen, dass ihre Kinder gut und individuell gefördert werden. Das heißt, wir haben ein großes Elternengagement, was ja an sich positiv ist, aber natürlich auch sehr viel von den Lehrern verlangt. Man muss dafür offen sein, man muss das wollen, dieses Elternengagement. Ich hab kein Problem damit. Aber es gibt Kollegen, die mögen das nicht. Die Eltern wollen es ja teilweise besser wissen als die Lehrer.

HOLGER: Die Eltern sind engagiert, sonst wären sie nicht bei uns an der Waldorfschule. Sie sind wirklich engagiert, das muss man sagen. Allerdings, Eltern sind eben Eltern. Und die Löwenmütter können einen auch manchmal zur Weißglut bringen. »Mein Kind lügt nicht!« Ja gut, das ist halt typisch Eltern. Und das ist ja auch gut so, dass jeder glaubt, der eigene Junge ist der neue Einstein und das Mädchen ist eine neue Ich-weiß-nicht-Wer. Das ist manchmal schon schwierig. Also es gibt die, die sich um gar nichts kümmern, und es gibt die, die alles mitbestimmen wollen. Die nicht ausgelasteten Mütter. Das gibt's ja häufig, irgendwelche Akademikerinnen, die dann für die Kinder zu Hause geblieben sind und unbewusst irgendeine Art von Frustration aufbauen. Das braucht dann ein Ventil.

Kollegen

STEFFEN: Wie ist das Verhältnis zu euren Kollegen? Habt ihr ein gutes Betriebsklima?

INGE: Meine Kolleginnen an der Sonderschule, an der ich zwölf Jahre war, wir sind alle noch befreundet. Wir waren einfach zufrieden miteinander. Das war immer wunderbar.

HELMUTH: Ich habe eine ganze Reihe sehr netter Kollegen gehabt, die auch Freunde geworden sind. Es gab natürlich auch Individuen, die sich mehr zurückzogen. Andere waren offener, mit denen kam man auch privat zusammen. Andere haben ihr Privatleben vom Schulleben ganz getrennt. Lehrer sind Individualisten, die sind immer schlecht unter einen Hut zu bringen.

KLAUS: Wir hatten ein gutes Betriebsklima. Wir waren aktiv, wir haben Lehrerausflüge gemacht. Aber spätestens, seitdem wir wissen, dass unsere Schule aufgelöst wird, läuft alles ein bisschen auseinander. Es löst sich so auf. Also das Klima ist schlechter geworden. Es werden Auflösungserscheinungen sichtbar.

GUNNAR: Früher, würde ich auch sagen, waren wir ein harmonisches Kollegium. Gleichklang. Wir hatten Vertrauen zueinander. Das war so, wie man sich das an einem Arbeitsplatz vorstellt. Man hat sich wohlgefühlt mit den Kollegen. Nicht mit allen vierzig, das ist klar. Aber es gab einen großen Teil. Man geht gerne hin, weil man sich wohlfühlt, plaudert, ist locker miteinander.

THOMAS: Das ist bei uns ein sehr junges Kollegium. Ich bin mit meinen 43 Jahren, glaube ich, genau im Altersdurchschnitt. Unsere Schule ist ja erst vor zehn Jahren gegründet worden. Inzwischen sind wir ungefähr zweihundert Lehrer. Das ist ein richtig aufgewecktes, buntes Kollegium. Das macht einfach Spaß. Also es ist so groß, da muss man natürlich auch sehr viel Energie hineinstecken, um Leute zu treffen und sich zu verabreden. Das ist in diesem Großbetrieb ausgesprochen schwierig. Aber ich würde schon sagen, dass ich in dem Kollegium drei, vier wirklich enge persönliche Freunde gefunden habe, mit denen ich auch gerne privat zusammen bin. Also das ist alles sehr kollegial. Auch in dieser Anfangsphase, als ich dort viele Schwierigkeiten hatte, ich hab ausschließlich positive Erfahrungen gemacht, dass mich die Kollegen unterstützt haben. Das hat mir sehr geholfen, dort in der Schule anzukommen.

MAHMUD: Es gibt bei uns in der Schule nur zwei Lehrer mit Migrationshintergrund. Die Lehrer waren am Anfang neugierig mich kennenzulernen, haben mir Hilfe angeboten: »Schön, dass Sie bei uns sind.« Das war für mich ein schönes Erlebnis.

LENA: Im Referendariat, das war ein unheimlich guter Zusammenhalt und man hatte ein tolles Kollegium hinter sich. Ich finde, das Entscheidende ist auch, ob der Chef hinter einem ist. Wenn man sich auf den verlassen kann, dann ist sowieso alles gerettet. Klar, gerade an Grundschulen, bei den vielen Frauen gibt's immer irgendwelches Getratsche. Geredet wird immer und überall. Das ist halt einfach so. Aber bisher habe ich es nicht negativ erlebt.

SANDRA: Es gibt sehr nette Kollegen, aber auch, wie ich finde, ganz doofe Kolleg*innen*. Also ich muss ganz ehrlich sagen, ich bin da ein bisschen enttäuscht. Du denkst, du bist in einem pädagogischen Beruf, wo eigentlich eine sehr große Weltoffenheit oder Menschenoffenheit sein sollte. Aber dann wird da so richtig gemobbt und gehauen und gestochen, weißt du, alles so auf einem subtilen Level. Aber insgesamt ist es ganz okay. Du hast halt so deine Leute, mit denen du prima klarkommst und mit denen du dich austauschst.

DAGMAR: Insgesamt ist es bei uns ein angenehmes und freundliches Klima. Es gibt natürlich immer mal so ein paar Blindgänger dazwischen. Aber auch jeder Betrieb hat ein paar Leute, mit denen man nicht so gut kann. Die trägst du mit. Das ist nicht das Problem. Insgesamt ist es aber ein sehr offenes Klima, ein sehr nettes Klima. Also ich bin da nach wie vor gerne.

SVENJA: Ich habe mittlerweile wirklich Freunde an der Schule. Also ich habe zwei Kolleginnen, mit denen ich auch privat zu tun habe, mit denen ich wirklich befreundet bin. Das Kollegium ist echt klasse. Also nicht alle, da gibt's auch Dummköpfe und einfach arrogante Säcke. Aber du hast es ja oft, dass das in diesem Job immer so Individualisten sind. Und das ist an meiner Schule nicht so. Wir kämpfen nicht gegeneinander. Da ist immer sehr viel Hilfe innerhalb des Kollegiums. Und das erleichtert die Arbeit natürlich ungemein.

GEORG: Also am Gymnasium, da gibt es ja diese unterschiedlichen Funktionsstellen. Da gibt es Doktoren. Und da gibt es natürlich auch persönliche Eitelkeiten. Wie wichtig nimmt sich jemand? An der Realschule sind die Unterschiede nicht so groß. Man hat einen relativ sozialen Gleichstand. Also niemand muss sich da irgendwie exponieren.

MAHMUD: Am Anfang hatte ich die Erwartung, dass ich mit allen Kollegen klarkomme, also von allen gemocht werde. Mit vielen Kollegen komme ich wirklich sehr gut klar, aber es gibt trotzdem manche, die sind eher distanziert. Ich hatte am Anfang Schwierigkeiten, das zu akzeptieren. Das hat mich schon beschäftigt. Aber jetzt kann ich damit langsam umgehen. Nur dass wir uns nicht unbedingt immer grüßen, wenn wir uns treffen. Aber mit über achtzig Prozent der Kollegen komme ich sehr gut klar. Man kriegt immer Hilfe. Wir haben wirklich liebe Kollegen. Auch unsere Schulleiterin ist ein ganz toller Mensch.

SVENJA: Und was auch noch wichtig ist, ich habe eine sehr liberale Schulleitung. Die lassen uns auch machen. Ich darf jetzt zum Beispiel drei Tage auf das Fachdidaktik-Symposium in Bremen fahren. Das genehmigt unsere Schulleitung, damit wir uns auch weiterbilden. Das ist schon toll.

ANKE: Bei uns ist das Klima gut. Wir sind ja eine sehr innovative Schule, die ein großes Konzept umzusetzen versucht. Und da muss man sehr aufgeschlossen sein und intim zusammenarbeiten können. Und das funktioniert auch. Es gibt natürlich immer wieder Lehrer, die sich mehr zurückziehen als andere. Es gibt halt immer die, die alles machen und Enthusiasmus und Elan mit einbringen, speziell die Jüngeren ohne Kinder, die halt ihr Kind nicht um vier von der Kita abholen müssen.

TANJA: Der Umgang der Lehrer miteinander ist bei uns ein sehr achtungsvoller. Die Arbeit wird untereinander sehr gewürdigt. Das ist ja an den Kollegien nicht immer so üblich. Ganz oft ist es an den Schulen so, dass die Leute die Tür hinter sich zumachen und so ihr eigenes Ding fahren. Es ist so ein bisschen ein Einzelkämpferdasein. Und bei uns ist es sehr viel Teamarbeit, sehr viel Absprachen, sich verständigen über das, was gut gelaufen ist, was nicht gut gelaufen ist, gemeinsam planen und überlegen, sich gegenseitig rückmelden: »Das hast du gut gemacht«, »Das war toll, dass dir das eingefallen ist«, »Das war super, wie du mit denen geredet hast.« Ich meine, es gibt natürlich auch bei uns Animositäten und Konkurrenz. Das ist einfach menschlich. Aber das Konzept ist so, dass man mit sich und mit den Schülern anders umgeht, als das in der Regelschule der Fall ist.

KATJA: Viele meiner Kollegen mag ich auf jeden Fall recht gerne. Also das Kollegium finde ich schon besonders. Einige haben auch eine Berufsausbildung. Eine Kollegin hat zum Beispiel erst eine Schneiderinnenausbildung gemacht. Und das macht sich schon bemerkbar, wenn man auch mal was anderes gemacht hat und nicht sofort Lehramt studiert hat. Die andere Seite ist, dass viele sehr eifrig und ehrgeizig sind, was auch einen gewissen Druck erzeugen kann. Also die Musiklehrerin hat jetzt drei Wettbewerbe an Land gezogen, überarbeitet sich völlig. Eine andere Kollegin ist in fünf verschiedenen Gremien drin. Wie sie es schafft, ist mir ein Rätsel. Auch die Leiterin, was die alles macht. Wie sie es schafft, ist mir schleierhaft. Mir ist mein Leben da einfach noch zu wichtig daneben. Ich will nicht noch fünf Wettbewerbe gewinnen und Geld für die Schule einwerben. Also es ist schon ein sehr, sehr ehrgeiziges Kollegium. Und der Weg ins Burnout ist nicht weit. Da muss man sich gut abgrenzen und auf sich aufpassen.

STEFFEN: Wie ist das an der Waldorfschule? Trifft man dort einen besonderen Typus von Lehrern?

HOLGER: Ja, es ist schon eine spezielle Spezies. Also ich sage jetzt mal ganz platt, wer für die paar Kröten an der Waldorfschule diese Arbeit auf sich nimmt, das ist eine besondere Spezies. Mit viel Idealismus. Es gibt ja gerade auch Kollegen, die kommen, weil sie wirklich – also wie ich als junger Lehrer auch – was anderes suchen als diese herkömmliche Pädagogik. Weil sie überzeugt sind, es geht auch anders, es geht besser.

VINCENT: Als ich mich damals an der Waldorfschule beworben hatte, habe ich gedacht: »Das ist ja echt ganz anders, als wie ich das von einer Waldorfschule gedacht hatte, also sehr locker und sehr fröhlich miteinander.« Also ich kenne auch diese Waldorfformen, wo das alles sehr ernst und gesetzt ist, so das sehr Konservative und Enge. Wir sind ein sehr, sehr lustiges Kollegium. Es gibt eigentlich nur ganz wenige Leute, die so bierernst durch unsere Schule gehen.

HOLGER: Natürlich gibt's auch Streitigkeiten. Das ist völlig klar. Der Fachegoismus ist auch an der Waldorfschule sehr groß. Der Historiker hält Geschichte für das wichtigste Fach der Welt, der Mathematiker die Mathematik. So ist das nun mal. Da wird dann um jede Stunde gefochten. Eine selbstverwaltete Schule, wo jede Kleinigkeit im Konsens laufen muss, das ist manchmal auch anstrengend. Demokratie ist wahnsinnig anstrengend. An einer staatlichen Schule gibt's keinen Streit um die Mathematikstunden. Wir haben auch jahrelang Berater von außen gehabt. Das ist, finde ich, ganz wichtig, weil jede Waldorfschule kocht ja im eigenen Saft. Da ist es schon verdammt wichtig, dass ab und an mal jemand von draußen draufguckt.

VINCENT: Letztendlich gibt es an der Waldorfschule genau wie an anderen Schulen gute Lehrer und es gibt schlechte Lehrer. Es gibt Lehrer, die okay sind und die nicht okay sind. Überall, wo man pädagogisch arbeitet, gibt es auch faule Heinis.

SZENE VIII

HÖHEN UND TIEFEN

Das Schöne am Beruf

STEFFEN: Was ist das Schöne am Lehrerberuf? Was gefällt euch an eurer Arbeit?

PIA: Also es macht mir sehr viel Spaß. Es ist nie langweilig. Du hast immer andere Schüler. Du musst dich immer wieder auf neue Themen einlassen. Und ich arbeite gerne mit Kindern, also ältere Kinder, Teenies und so.

OLIVER: Das Schöne am Lehrerberuf? Das ist natürlich erst mal der Umgang mit den Menschen. Du bist immer mit Jugendlichen zusammen. Bei uns habe ich ja von der Fünf bis zur Dreizehn alles, also von den ganz Kleinen, die dir noch am Rockzipfel hängen, bis zu den Älteren, die schon erwachsen sind. Da hast du die ganze Palette. Und bei uns an der Gesamtschule, da kommen die Schüler ja aus allen Bevölkerungsschichten. Also wir machen auch sehr viel Sozialarbeit an der Schule. Und das macht auch viel Spaß. Das ist halt nicht nur das Vermitteln von Unterrichtsstoff.

MARTIN: Ich finde die Herausforderung schön, dass es ein gemischtes Publikum ist, dass man da Kinder oder Schüler aus Familien hat, die christlich sind, und auch welche, die keinen christlichen Hintergrund haben. In der elften Klasse hatten wir Quereinsteiger. Und da waren dann welche, die gesagt haben, sie haben noch nie in ihrem Leben in eine Bibel reingeguckt. Das finde ich spannend, weil Leute dann da völlig anders und unbeleckt rangehen. Und dann vielleicht auch sagen, was ihnen bei der Beschäftigung mit diesem oder jenem Text oder Inhalt auffällt. Das finde ich spannend, dass wir kein frommes Ghetto sind, wo sich alle schon einig sind, sondern dass es da viel Raum zur Diskussion und zur Auseinandersetzung gibt.

HELMUTH: Der Umgang mit jungen Menschen, Kindern oder Jugendlichen etwas beizubringen, das hat immer Spaß gemacht. Aber nicht, indem man nur doziert, sondern sie auch daran teilhaben lässt, dass sie auch aktiv werden im Unterricht und sich selbst was erarbeiten.

SANDRA: Was wirklich richtig Spaß macht, ist, wenn du merkst, das Thema läuft und die Schüler sind total motiviert und arbeiten superbegeistert mit. Und am besten ist es ja, wenn die Schüler sich das selber erarbeiten, wenn so Gruppenarbeiten sind, die Schüler tauschen sich aus, die lernen neue Dinge dazu. Natürlich greifst du immer wieder ein und bringst denen noch was bei, und noch was, und noch was, und die können das dann anwenden und umsetzen. Und wenn die da begeistert mitmachen, dann ist das etwas, was wirklich richtig Spaß macht. Ja, das ist das Lohnende.

KLAUS: Also Klassenfahrten, das sind für mich wunderschöne Erlebnisse gewesen. Man kommt den Schülern näher und lernt sie viel besser kennen durch solche Fahrten. Das Vertrauen wächst unglaublich. Da siehst du die Schüler ganz anders, mit ganz anderen Augen.

HEIKO: Mit Kindern und Jugendlichen zu arbeiten, da habe ich immer das Gefühl, man bleibt selber jung dabei. Weil man sich immer wieder mit der Jugend auseinandersetzen muss. Man ist immer irgendwie am Pulsschlag und kriegt die Entwicklung einer Gesellschaft unheimlich gut mit. Auch so die Arbeit, jemandem etwas beizubringen. Man sieht dann die Früchte seiner Arbeit über Jahre, wie die Kinder sich so entwickeln. Das fand ich irgendwie ganz klasse. Ja, man bleibt wirklich jung. Vom Kopf zumindest.

OLIVER: Ich sag mal, bei uns in der Klasse, da sind wir wie so eine kleine Familie. Für mich ist das ein bisschen wie so ein Familienleben. Und das hält auch jung. Klar, ich merke inzwischen auch, in meinem Alter, dass die Spanne immer weiter auseinandergeht. Das merkt man schon an der Sprache, wo ich dann nachhaken muss: »Was hast du da jetzt für'n Ausdruck benutzt?« Aber es hält jung. Es ist was anderes, als wenn man den ganzen Tag im Büro sitzt oder so was. Ich glaube, das wäre nix für mich. Oder nur draußen in der Natur, das wär auch nix. Gibt's ja auch, solche Berufe, Landschaftsgärtner oder so was.

MARION: Also ich finde einfach, es ist jeden Tag erfrischend mit diesen Kindern zusammen zu sein. Und es ist jeden Tag eine neue Herausforderung, weil letztendlich nichts voll planbar ist. Also Unterricht ist immer etwas, das lebt. Es gibt nie zwei gleiche Stunden, auch wenn das Thema irgendwie immer gleich ist. Also Kinder wachsen einfach. Sie lernen immer mehr dazu. Und an dem Leben dieser Kinder teilhaben und seinen kleinen Teil dazu beitragen zu können, finde ich etwas total Schönes. Und hier an der Schule in Ägypten auch diese Fröhlichkeit und Unbeschwertheit der Kinder, weil die ja auch aus einer speziellen Gesellschaftsschicht kommen. Also ich sage immer, denen fehlt nichts. Die haben alles, was sie brauchen. Also im Grunde kommen die strahlend in die Schule und sind gerne da.

TANJA: Im Moment ist grad eine Phase, wo ich sehr erschöpft bin. Gerade gestern ist einer von unseren Schülern in der Theaterprobe ausgeflippt, hat Stühle in der Gegend rumgetreten, hat einen anderen Schüler körperlich bedroht, hat mich bedroht. Das schlaucht sehr. Also das ist unheimlich anstrengend. Und manchmal habe ich den Gedanken: »Ich will das nicht. Ich will mit diesen Menschen nichts mehr zu tun haben. Ich will gar nicht mehr wissen, wie viel Elend die da an der Backe haben. Oder wie gewalttätig und brutal deren Gedanken sind, oder wie unfähig sie sind.« Manchmal kann ich das nicht aushalten.

SANDRA: Es kommt auch immer darauf an, wie du dich fühlst, wie du da hingehst, und wie du vor denen stehst. Weißt du, auch die Schüler haben mal einen schlechten Tag, da kannst du machen, was du willst, und wenn du dir die tollsten Sachen ausgedacht hast. Du stehst dann da vorne und es geht total nach hinten los, weil die irgendwie einen Scheißtag haben. So was passiert auch.

TANJA: Und dann gibt es aber auch wieder schöne Situationen, wo ich denke: »Ach, das war ein Erfolg. Da hat jetzt einer was verstanden.« Oder wenn man dann merkt, da ist ein Schüler, der ist am Anfang noch mindestens einmal in der Woche ausgeflippt und hat irgendwie mit Scheren in Tischen rumgebohrt oder sonst was, und der ist jetzt zumindest so weit, dass er, wenn er einen Ausbruch hat, nur noch mit der Faust gegen die Wand schlägt, anstatt um sich zu schlagen. Dann ist das auch schon ein Erfolg. Man muss wahnsinnig kleine Brötchen backen.

KATJA: Ich finde meine Tätigkeit sinnvoll. Ich habe nicht das Gefühl, dass ich irgendwas mache, was stupide ist oder wo ich denke: »Wofür eigentlich? Das bringt doch gar nichts.« Also ich sehe schon den Sinn in dem, was ich tue.

TANJA: Ich denke, die Arbeit ist wichtig und das muss jemand machen. Und ich mache sie gerne. Es gibt aber auch Zeiten, wo ich sie nicht gerne mache, wo ich denke: »Ich möchte bitte mit interessierten, engagierten Menschen arbeiten, die meine Arbeit würdigen.« Denn dass die Schüler unsere Arbeit würdigen, ist ganz, ganz selten. Also die haben gar nicht die inneren Strukturen, um zu sagen: »Heh, danke schön, dass du mich jetzt hier anderthalb Jahre begleitet hast.«

STEFFEN: Wird die Arbeit mit der Zeit nicht auch mal langweilig? Immer die gleiche Materie?

PIA: Langweilig wird es gar nicht, finde ich. Du hast ja immer andere Kinder, immer andere Klassenstufen. Wenn du mit Menschen arbeitest, hast du immer Individuen vor dir. Du musst immer individuell reagieren. Da kannst du ja kein Band abspulen. Deswegen, langweilig wird es nicht. Es kann sein, dass man sich irgendwann wünscht, dass man dieser Altersgruppe mal entgeht, dieser jugendlichen Altersgruppe oder Kinderaltersgruppen.

KIRSTEN: In Deutsch gibt es unheimlich viele Variationsmöglichkeiten, da kann man ganz unterschiedliche Schwerpunkte setzen. Also natürlich muss man auch Rechtschreibung, Grammatik und Lektüre machen. Aber man kann verschiedene Sachen lesen. Ich mache oft neue Sachen. In Englisch ist man schon relativ an ein Buch gebunden. Aber ich mache nun ja auch nicht so viel Englisch. Das ist bei mir mehr ein Zusatzfach. In Ethik ist es sehr schön. Da hat man viel Freiraum und kann alles, was das Leben betrifft, aufgreifen. Also da ist es gar nicht langweilig. Aber ich finde es auch generell nicht langweilig. Es ist vielleicht anders, wenn man hauptsächlich nur ein Fach macht.

OLIVER: Es ist ja nicht immer das Gleiche, da wundert man sich. Man denkt ja immer, Mathematik, da gibt's nichts Neues, aber das stimmt so nicht. Also es ist schon recht abwechslungsreich. Wie gesagt, von einer Klasse zur anderen, oder wenn ich dann einen neuen Durchgang habe, da läuft es wieder ganz anders. Selbst wenn's die gleiche Materie ist, also wenn man wieder mit irgendwelchen Grundrechenarten anfängt, trotzdem ist es anders. Das macht mir Spaß, muss ich ganz ehrlich sagen. Also ich finde das unheimlich abwechslungsreich.

HELMUTH: Das Schöne ist ja, dass man als Lehrer zwar seine Richtlinien hat. Die muss man natürlich in gewissen Dingen als bindend ansehen. Aber der Spielraum ist relativ groß. Gerade in Erdkunde. Und den habe ich weidlich ausgenutzt. Ich konnte also in jedem Kurs in gewisser Weise auch etwas anderes machen und auch so meine Lieblingsthemen reinbringen. Das war bei mir die Landwirtschaft, weil ich ja auf Bauernhöfen aufgewachsen bin. Da haben die Schüler gemerkt, dass das mein Lieblingsthema war. In einer Abiturzeitschrift haben sie mich dann so charakterisiert, dass ich einen Bauernbonus verteile, also den Kindern der Bauern vielleicht ein bisschen bessere Noten gebe, weil ich weiß, wie schwer die es zu Hause haben.

GEORG: Sagen wir mal so, ich bin jetzt im dreißigsten Dienstjahr, ich hab festgestellt, ich brauche es eigentlich nicht mehr, weil viel Neues erwarte ich nicht mehr. Ich bräuchte auch nicht mehr unterrichten, aber ich mach's natürlich, ich muss ja Geld verdienen. Ja, es gibt einen gewissen Gewöhnungseffekt, aber das lasse ich an mich nicht rankommen. Und ich nehme mir inzwischen das Recht heraus, aufgrund meines Gespürs, meiner Erfahrungen, dass ich mir das richtig konsequente Durchplanen von Stunden fast klemme. Ich konzentriere mich dann auf Sachen wie gemeinsam zu lesen, gemeinsam Lösungsstrategien zu besprechen, und je nachdem, was die Schüler mir anbieten, zügiges Reagieren auf die aktuelle Situation. Ich hab die Gelassenheit und die Erfahrung, es tun zu können.

Katja: Es sind ja erst drei Jahre. Ich bin ja nicht seit dreißig Jahren dabei. Aber vielleicht geht's mir nach zehn Jahren auch auf den Keks. Ich kann mir auch durchaus vorstellen, nicht als Lehrerin weiterzuarbeiten. Wenn sich irgendwas ergibt, wo ich denke: »Das ist es«, dann mache ich auch noch mal was anderes.

Steffen: Erlebt ihr euren Beruf als befriedigend? Was ist das Belohnende?

Martin: Im Großen und Ganzen ist es schon eine befriedigende Arbeit. Es gibt immer mal Augenblicke, wo man das Gefühl hat, dass die Entlohnung nicht im Verhältnis zur geleisteten Arbeit steht. Also das Gefühl, es könnte finanziell mehr sein. Aber im Großen und Ganzen ist das eine befriedigende Aufgabe, ja, doch.

Sandra: Also es macht schon Spaß, wenn du merkst, die Schüler mögen dich und die kommen gerne zum Unterricht. Seit ich meine eigenen Klassen habe und mich da selber ausprobieren und so meine eigenen Dinge machen kann, wo mir nicht ständig irgendjemand ans Bein pinkelt, da macht das schon Spaß.

Georg: Ich habe grundsätzlich immer großen Wert darauf gelegt, meine Erfolgserlebnisse bei den Schülern zu holen und nicht aus dem Kollegium. Das war mir am allerwichtigsten. Die Reaktionen der Schüler sind immer unverfälscht. Wenn sie mich nicht mögen, dann sagen sie das einem auch. Und wenn sie mich mögen, dann gibt's jede Menge Zustimmung. Und erst als Zweites ist mir das Kollegium wichtig. Für mich ist wichtig, dass die Kollegen mich aufgrund von Leistung achten und ich es nie nötig hatte, mich irgendwo lieb Kind zu machen und einzuschleimen.

Oliver: Also wenn ich die vielen strahlenden Gesichter vor mir sehe, das ist für mich belohnend, muss ich ganz ehrlich sagen. Also ich erwarte jetzt nicht von Schülern, dass die ankommen und mir auf die Schulter klopfen: »Mensch, Herr Siebers, Sie haben so einen tollen Unterricht gemacht.« Oder wenn dann vielleicht Probleme mit dem Elternhaus sind, wo man einfach mal einen Ratschlag geben kann oder einfach nur da ist und zuhört als Lehrer. Wie gesagt, da erwarte ich nicht, dass die mir großartig auf die Schulter klopfen, sondern das ist einfach, wenn man dann diese strahlenden Gesichter vor sich sieht. Dann weiß man: Aha, irgendwie ist das gut gelaufen. Dann ist man selber auch zufrieden. Die Schüler sind zufrieden und man ist selber auch irgendwo glücklich.

MAHMUD: Wenn die Schüler einfach begeistert von deinem Unterricht sind, wenn die Schüler sagen: »Herr Zahir, das war aber heute so richtig schön bei Ihnen.« Also wenn die Schüler kommen: »Herr Zahir, Sie sind ein netter Mensch. Wir lernen sehr schöne Sachen bei Ihnen.« Oder wenn die Kollegen sagen: »Das ist schön, Sie bei uns zu haben. Sie strahlen immer. Sie haben eine sehr schöne Ausstrahlung. Sie bringen eine Frische hier in unsere Schule.« Das sind schon Momente, die man wahrnehmen muss.

LENA: Ich denke, die Liebe, die man zurückkriegt. Man erfährt unheimlich viel Positives von diesen Kindern. Die zeigen eine enorme Motivation, die mich dann auch selber wieder motiviert.

ANKE: Was mich immer sehr positiv stimmt, ist, wenn ich mitkriege, wie die Schüler sich entwickeln. Zum einen, wie die sich persönlich entwickeln, was die sich alles zutrauen, wie sie sich formulieren, wie sie miteinander umgehen, wie sie sich ausdrücken. Zum anderen aber auch inhaltlich, was sie in der Zeit wirklich geschafft haben sich anzueignen. Das ist schon eine ganz große Befriedigung. Und auch, dass die sich freuen, wenn man kommt. Dass sie mit Freude zur Schule kommen und dass sie auch mit Freude was lernen wollen. Einfach diese Freude.

LENA: Die freuen sich unheimlich, wenn sie morgens reinkommen und dich dann schon im Zimmer sitzen sehen. Die kreischen ja auch über den ganzen Flur, wenn sie dich sehen: »Frau LOHMEIER!«

ANKE: Oder wenn man sie auf der Straße trifft. Dann brüllen sie über die ganze Straße: »Frau SÜDERS!« Es ist schon eine sehr hohe Position, die man da bekleidet. Die kommen ja auch und erzählen einem alles. Man ist da schon die Mami, dann ist man gleichzeitig noch der Lehrer, der was beibringen will, dann muss man aber auch wieder Freundin sein. Also man bekleidet da mehrere Positionen.

Lena: In der ersten Klasse war es auch oft, dass sie mich Mama genannt haben, weil man einfach die Figur ist, die sie den ganzen Tag sehen. Das war für die ganz selbstverständlich, dass sie auch mal kuscheln gekommen sind. Dann sitzen sie plötzlich auf deinem Schoß oder kleben an deinem Rockzipfel.

Marion: Für mich ist es einfach, diese Kinder zu sehen, wie sie ihre Fortschritte machen und wie man sie auf dem Weg zu diesem Erwachsenwerden ein Stück weit begleiten kann. Und immer wieder mit Menschen zu tun zu haben, immer wieder was Neues erleben zu dürfen. Also das macht mir Spaß.

Heiko: Wenn man aus fast aussichtslosen Fällen noch ein bisschen was gemacht hat. Du kannst dir das vielleicht nicht so vorstellen, aber wenn du eine Klasse in der Sieben übernimmst, da ist so viel Ungemach, da denkst du, das geht nie gut bis zum Abschluss, das funktioniert nicht bis zur neunten Klasse. Und dann merkst du aber, es geht doch. Dass so Leute, die eigentlich unten rausfallen würden, eben doch nicht unten rausfallen. Dass von den sieben, acht Schülern, die du hast, alle den Abschluss packen, und dass vier sogar eine Lehre machen und richtige, vollwertige Mitglieder der Gesellschaft werden, nicht arbeitslos und nicht saufen. Und das ist doch in Ordnung. Da hat man was dazugetan. Man hat sie begleitet, ein bisschen geschoben, gerückt und so. Und ich denke, das kann man sich selber auf die Fahne schreiben, ja, denke ich schon.

Inge: Also Sonderschullehrer ist eine Herausforderung der Person. Sie kriegen ganz viel als Gegenleistung, wenn es Ihnen gelingt, eine gute Beziehung zu diesen Menschen herzustellen. Das ist schwer. Das ist wirklich schwer. Aber wenn Sie das geschafft haben, dann ist es wundervoll. Heute noch rufen mich die Leute ab und zu an und erzählen mir, wie es ihnen jetzt geht und was sie machen. Wenn man das geschafft hat, ist es sehr befriedigend. Man kriegt ihre Freundschaft. Vertrauen, großes Vertrauen. Wenn man durch dieses Nadelöhr durchgegangen ist, dann kriegt man das.

Klaus: Wenn Schüler nach ein, zwei Jahren kommen und sagen: »Herr Schulte, ich mach ’ne Lehre, ich bin da und da in der Ausbildung.« Das ist für mich mein Lohn.

Gunnar: Wenn die später kommen und nicht weggucken, sondern sie kommen von der anderen Straßenseite rüber: »Hallo, Herr Schramm!«

Inge: Die Sonderschulkinder, wenn die Beziehung mit dem Lehrer stimmt, dann lieben die uns von Herzen. Sie lieben uns von Herzen. Wenn wir ihnen diese emotionale Zuverlässigkeit geben. Das ist toll, das kriegen wir zurück. Das kriegen wir einfach zurück.

Holger: Na ja, sagen wir mal so, man bekommt sehr, sehr viel zurück. Und das ist eben nicht materiell zu messen, sondern es ist mit irgendeinem kleinen Blick, einem Einverständnis. Man kriegt sehr, sehr viel. Wenn man viel investiert. In der Pädagogik muss man heute viel investieren. Ich denke, wenn man da nicht mit Herzblut dabei ist, dann wird man scheitern. Es muss eben auch Freude machen. Das habe ich auch immer meinen jungen Kollegen gesagt: »Wenn's keine Freude mehr macht, dann möglichst schnell weg und was anderes machen!« Hätte ich auch gemacht. Wenn's mir mal keine Freude mehr gemacht hätte, wäre ich sofort gegangen.

Burnout

Steffen: Wie steht es mit der Gesundheit? Sind die Nerven über die Jahre dünner geworden?

Oliver: Klar, auf seine Gesundheit muss man schon achten. Das ist schon anstrengend. Das ist zwar keine körperlich anstrengende Arbeit, aber es ist halt diese ständige Unruhe, besonders auf dem Schulhof. Also ich bin sehr lärmempfindlich geworden. Ich bin immer froh, wenn ich auf dem Schulhof oder in der Mensa keine Aufsicht führen muss. Weil die Lautstärke, die stresst mich dermaßen. Das schlägt mir dann auf den Rücken. Ich habe Rückenprobleme, mit Bandscheiben, und das schlägt durch. Ist ganz merkwürdig. Also Lärmempfindlichkeit ist bei mir ganz extrem. Das höre ich auch aus dem Kollegenkreis. Vor fünfzehn Jahren war ich noch nicht so empfindlich wie heute. Aber je älter man wird, desto mehr stresst es.

GUNNAR: Also man merkt, dass man durch den Beruf, durch die langen Jahre, auch nervlich angespannt ist und nicht mehr so strapazierfähig ist, dünnhäutiger geworden ist, auch in seinem persönlichen Umfeld.

DAGMAR: Ich bin lärmempfindlicher geworden. Was mich an Schule am meisten stört, ist der Lärm. Dass diese Kinder einfach unglaublich viel Krach machen. Also in die Ferien geht man schon auf dem Zahnfleisch. Wenn ich zu Hause arbeite, dann läuft kein Fernseher, kein Radio, keine Musik, kein gar nichts. Ich brauche zwischendurch auch einfach mal Ruhe. Das ist ganz wichtig. Ich muss dann einfach auch mal eine Stunde Zeit haben, wo ich was lese oder mich mal ausklinke und was ganz anderes mache. Das mit der Lärmbelastung kenne ich bei vielen Kollegen. Also das ist auch eine Altersfrage, dass du irgendwann merkst, du wirst lärmempfindlicher.

GEORG: Sagen wir mal so, ich bin zu Hause sehr froh, wenn ich Ruhe habe. Da ich jeden Tag mit Hunderten von Menschen zu tun habe, bin ich im privaten Bereich etwas menschenscheu. Also ich suche nicht den Trubel. Ich fahre auch nicht in den All-inclusive-Urlaub. Ich bin froh, wenn ich mir einen individuellen Urlaub gestalten kann, einfach als Gegenstück. Aber das ist auch so meine Mentalität. Die DDR hat mir sämtliche Massenveranstaltungen grundsätzlich ausgetrieben.

DAGMAR: In der Grundschule sind die ja noch viel lauter, die Kinder, weil die so hohe Stimmen haben. Wenn du da eine große Pause auf dem Grundschulhof erlebt hast und dir vorstellst, das musst du vierzig Jahre lang machen. Es ist unglaublich laut.

KIRSTEN: Die sind manchmal wie kleine Blutegel. Überall sitzt was und saugt. Da muss man dann auch mal sagen: »Nee, wir haben jetzt Pause. Jetzt reden wir nicht.« Man muss sich schon manchmal abgrenzen. Es gibt Kollegen, die grenzen sich zu viel ab, also an denen prallt viel ab. Und es gibt Kollegen, die grenzen sich zu wenig ab. Die haben das Gefühl, wir können alle retten und alle auf einen wunderbaren Weg bringen. Das haut nicht hin. Schüler können sehr penetrant und anstrengend sein. Aber sie können auch sehr fantasievoll und liebenswürdig sein. Beides.

GEORG: Es gibt Untersuchungen, die behaupten, dass bei den Lehrern die Belastungskurve sehr den Fluglotsen ähnelt. Also dass man einen unglaublichen Blutdruck hat. Die Fluglotsen müssen ja bis zu fünfzig Flugzeuge gleichzeitig auf dem Schirm im Kopf behalten und lenken. Wenn ich vor einer Klasse stehe, habe ich 28 verschiedene Individuen. Die wollen ja alle nicht lernen. Die zwingt man ja mehr oder minder zum Lernen. Also muss ich auch parallel ganz viele Leute im Blickpunkt haben, um sofort reagieren zu können.

MARION: Ich merke, dass ich einfach schneller ermüde. Also hier in Kairo ist es oft so, wenn ich abends um acht oder neun meine Schultasche gepackt habe, dass mir keine Kraft mehr bleibt noch irgendwie was anderes zu machen. Ich lege mich dann oft ins Bett und schlafe. Ich bin dann so müde, dass ich bis zum nächsten Morgen um halb sechs, wenn ich aufstehen muss, einfach durchschlafe. Also ich muss inzwischen mehr mit meiner Kraft haushalten. Früher konnte ich da ein bisschen verschwenderischer sein. Das ist also wirklich anstrengend, wenn ich bis zu sieben Stunden am Stück vor den Kindern stehe. Dann bin ich einfach kaputt. Jetzt schaffe ich das noch, aber ich hoffe, ich schaffe es auch noch in zehn Jahren.

STEFFEN: Ist Burnout bei euch an der Schule ein Problem?

KLAUS: Also ich wüsste nicht, dass bei uns einer wegen eines Burnout-Syndroms ausgestiegen ist. Vielleicht, dass der eine oder andere mal rausgegangen ist, für ein, zwei Jahre, weil er müde geworden ist. Aber das ist eine normale Entwicklung. Vielleicht hat auch die Möglichkeit geholfen, dass man Altersteilzeit machte, also dass man sich tatsächlich ein bisschen im Alter durch die Teilzeit entlastete. Das hat schon geholfen. Ich glaube, ohne Altersteilzeit hätten wir doch vielleicht einige Aussteiger gehabt.

HELMUTH: Wie gesagt, dieses Burnout-Syndrom, das ja manche haben, hab ich nie verspürt. Das lag sicher auch mit an der Schulleitung, an den Kollegen. Das Kollegium war zwar nicht immer einer Meinung. Es gab eine Zeit, da gab es große Spannungen. Aber das hatte sich dann weitgehend wieder eingerenkt. Und ich hatte immer Schulleiter, die ein offenes Ohr für die Belange hatten. Und diese kleinen Schwierigkeiten, die auftraten, konnten immer gelöst werden. Mal gab der eine nach, mal der andere.

KLAUS: Ich überlege immer, was eigentlich die Bauarbeiter machen, die im Regen draußen Straßen aufreißen und Kanalisation legen. Vor denen habe ich eine unheimliche Achtung und Respekt. Und dann soll ich kneifen, nur weil's mir heute mal nicht gut geht, weil ich mal irgendwie ein bisschen Ärger mit Schülern habe oder mit Kollegen? Also ich möchte nicht kneifen. Ich habe mir selbst gegenüber eine Verantwortung, der Gesellschaft gegenüber und vor allem, wenn ich diese Menschen vor mir sehe, die für wenig Geld richtig arbeiten müssen. Da müsste ich mich schämen, wenn ich kneifen würde.

INGE: Was denken Sie, wie oft ich zusammengeklappt bin? Da konnte ich nicht mehr, musste zu Hause bleiben mit völliger Erschöpfung. Ich bin ja mit 57 total ausgebrannt gewesen. Völlig ausgebrannt. Und bin berentet worden. Also in Pension geschickt worden.

KIRSTEN: Die wenigsten Lehrer erreichen ja die Rente, also im Sinne von Arbeiten-bis-zur-Rente. Ich glaube, das ist höchstens ein Viertel. Die anderen werden dann krank. Ob sie nun immer so krank sind, dass sie aufhören müssen, sei mal dahingestellt. Aber sie sind wirklich psychisch oft sehr angeschlagen. Also viele hören früher auf, ganz viele. Ich glaube schon, man muss eine Menge tun, um sich lange fit zu halten. Man muss auch ein Leben neben der Schule haben. Also ich habe einen großen Bekanntenkreis, ich mache viel kulturell. Ich mache viel Entspannung, ich mache Yoga, ich mache Sport. Das ist ganz wichtig, dass man nicht nur Schule macht.

TANJA: Also der Stress, den ich habe, ist vielleicht mehr durch diese psychische Belastung, diese ganzen Geschichten aushalten und dieses viele Arbeiten in Beziehungen mit den Schülern. Das ist ja praktisch wie eine Mischung aus Sozialarbeiter, Lehrer und Therapeut, was wir da leisten müssen. Wir haben ja nur eine Lehrerausbildung. Also wir sind sozusagen nicht mal voll qualifiziert für die Arbeit, die wir machen müssen.

INGE: Ich war fix und fertig. Ich war vollkommen fertig von dieser Schularbeit. Also mein Nervenkostüm ist lädiert. Wenn ich U-Bahn fahre und es kommt eine Schulklasse rein, gehe ich gleich in den nächsten Wagen. Ich kann diesen Lärmpegel überhaupt nicht mehr haben. Ich kann keine großen Menschenansammlungen mehr haben. Da bin ich ganz, ganz lädiert. Und als ich mit meinem Burnout zur Amtsärztin zitiert wurde, da rutschte es mir raus: »Ich weiß manchmal nicht: Spring ich jetzt aus dem Fenster oder werfe ich einen aus dem Fenster?« Also das ist natürlich klar, diese Anspannung, dieses hohe Ideal, das ich an den Lehrer habe, das macht einen extrem fertig. Ein solches Aufbrauchen der inneren Kräfte, auch dieses, wie soll ich sagen, Neutralisieren der Angriffe, der Aggressionen, das verbraucht Ihre ganze seelische Kraft. Ich habe einen schweren Burnout gehabt. Ich bin auch zwischendurch zu Hause immer wieder zusammengesackt.

SANDRA: Das sind dann ja häufig Lehrer, die mit Gewalt zu kämpfen haben, mit so ganz schwierigen Klassen am laufenden Meter. Aber ich denke mal, wir haben auch so eine kleine Schar Lehrer, die schon ausgepowert ist. Wir hatten jetzt letztens mal so ein Seminar dazu. Da ist jemand gekommen und hat über diese verschiedenen Symptome des Burnouts gesprochen. Einmal ist das natürlich so ständige Müdigkeit, ständiges Ausgepowertsein, Lustlosigkeit, keine Energie. Aber auch so eine Verunmenschlichung, dass Lehrer dann auch ganz schnell schreien, kein Verständnis für die Schüler haben, gar nicht auf die eingehen können, weil sie völlig überlastet sind. Das gibt's bei uns auch, ja.

PIA: Also ich glaube, in dem Beruf muss man schon auf sich aufpassen. Ich hatte auch schon mehrere junge Kollegen, die tatsächlich ihre Zusammenbrüche hatten. Eine meiner Lieblingskolleginnen zum Beispiel, die auch ein ganz tolles Standing bei den Schülern hatte, die war ein Jahr raus, in der Klinik und so. Das war aber nicht mal so, dass sie immer von den Schülern fertiggemacht wurde. Im Gegenteil, die ist eine super Lehrerin. Aber es ist natürlich so, du bist ständig unter Strom und das ist schon eine Belastung. Also es gibt schon Leute in meinem

Umfeld, die dieses Burnout haben. Und die sind alle unter fünfzig. Wir haben aber auch ganz tolle ältere Kollegen, die jetzt tatsächlich mit 65 pensioniert werden und super durchgehalten haben.

KATJA: Der Lehrerberuf ist ja mit dem Arzt burnout-statistisch ganz oben angesiedelt. Das ist mir bewusst. Und gerade mit Kollegen, die so ehrgeizig sind und alles an Land ziehen, da ist es noch wichtiger sich abzugrenzen, dass man nicht denkt, man muss mithalten.

GEORG: Engagierte Lehrer werden in allen Systemen dieser Welt im Endeffekt vor der Gefahr stehen, sich aufsaugen zu lassen. Vor allen Dingen überengagierte Lehrer. Und die desinteressierten Lehrer, die es immer gegeben hat, die machen das Notwendige und die können damit leben.

INGE: Das ist die Crux der sozialen Berufe, dass sie sehr schön sind, aber dass sie eben einen doch auch sehr mitnehmen. Ich habe eine Freundin, die ist Psychotherapeutin, die sagt: »Ich kann keine Menschen mehr sehen. Ich kann sie nicht mehr sehen.«

DAGMAR: Wenn du Schwierigkeiten hast, dich an bestimmten Stellen abzugrenzen, dann machst du dir riesige Probleme. Und die zahlst du mit der eigenen Gesundheit. Die Leute sind ja häufig krank. Wenn du dir die Statistik anguckst, wie viele Lehrer in psychiatrischer Behandlung sind, in diesen Burnout-Kliniken sitzen, oder auch psychosomatisch krank sind, das ist ja nicht Theater. Sondern die gehen dadran ja kaputt.

HEIKO: Man darf es nicht zu sehr an sich ranlassen. Ich sag mal, wenn man auf einer Krebsstation arbeitet, darf man sich auch nicht mit jedem emotional verbrüdern, weil da wird man oft enttäuscht, durch den Tod. Man darf es natürlich auch nicht ohne Emotion machen. Man muss so einen gesunden Mittelweg finden.

DAGMAR: Es gibt die, die meinen, sie müssen alles selber machen und die keine Grenzen sehen. Also wenn du da die Lehrerin hast, die in Tränen ausbricht, weil sich bei einem ihrer Schüler die Eltern scheiden lassen, und die da vor lauter Mitleid zerfließt, das geht nicht. Das kannst du nicht. Damit helfe ich dem Schüler auch überhaupt nicht. Ich muss lernen, da eine professionelle Distanz zu entwickeln, bei aller

Sympathie und bei aller Empathie. Und die Grenze muss die sein, dass ich nicht alles mit nach Hause nehme und auch mal sage: »So, jetzt am Wochenende ist aber Schluss. Da reden wir nicht über Schule.« Wenn du die Grenze nicht ziehen kannst, dann brennst du aus, weil du dich da an den anderen kaputtläufst. Es gibt ja so ein Helfersyndrom. Und wenn du das als Lehrer hast, das ist furchtbar. Der macht sich ja wirklich kaputt. Die brennen aus.

HOLGER: Ich hatte mir immer verboten, meine eigenen Empfindlichkeiten in das Klassenzimmer reinzubringen. Es gab ja mal diese Betroffenheitskultur. Jeder zweite Satz der Gutmenschen war: »Ich bin ja so betroffen.« Das habe ich immer gehasst. Also da habe ich es lieber mit Steiner gehalten. Meine Privatempfindlichkeit hat da nichts verloren. Steiner sagte wörtlich: »Wenn Sie in die Klasse gehen, hängen Sie Ihren Alltagsmenschen draußen an der Garderobe auf!« Dann sind Sie ein anderer Mensch. Ein Bote der geistigen Welt, der jetzt da vor Ihnen steht, aber nicht der Alltagsmensch, der bleibt draußen.

GEORG: Ich trage aus einer gewissen Distanzierung heraus immer einen Anzug und Krawatte. Diese Distanz erleichtert mir meine Arbeit mit den Schülern unglaublich. Ich sage gleich: »Ich bin nicht wie ihr. Ich will auch gar nicht wie ihr sein. Nehmt mich so, wie ich bin, so wie ich auch euch nehme, wie ihr seid.« Diese Distanz ist für mich ganz wichtig.

HOLGER: Also meine Ärzte sagen ja, der Schlaganfall kommt von den 25 Jahren durchpowern. Ich kann das aber nicht so sagen. Wäre meine genetische Disposition nicht so gewesen, dann würde ich jetzt da noch stehen und unterrichten. Aber das ist halt so. In meiner Familie ist halt der Bluthochdruck drin, der Zucker drin. Und der Schlaganfall ist eben auch drin. Ist halt so. In meiner Familie sind alle sehr jung gestorben. Die genetische Disposition ist das eine und der Job ist das andere. Also ein Arzt würde sagen: »Du hast dich eben in diesen 25 Jahren übernommen. So ein Herzkasper, der kommt nicht von heute auf morgen.«

VINCENT: Also ich glaube, dass ich engagiert bin und dass ich auch viel mache und auch gerne Sachen extra mache. Also ich kriege ganz viel und ich gebe auch ganz viel. Aber es hat irgendwo seine Grenze. Ich versuche da für mich einen gesunden Weg zu finden. Wenn man merkt, es ist jetzt zu viel, dass man auch sagen kann: »Ich glaube, jetzt mache ich mal eine Pause.«

INGE: Ich hätte nie gedacht, dass ich in die Frührente muss. Ich hab nur noch Zusammenbrüche gehabt. Ich konnte einfach nicht mehr. Ich wusste gar nicht, was ich hatte. Ich saß nur da und hab geheult, so Panikzustände, Schlafstörungen. Und dann bin ich nachts immer aufgewacht, mit grauenhaften Zuständen und hab gedacht: »Ich pack das alles nicht mehr.« Ich bin dann zu meinem Arzt gegangen. Der guckte mich an und sagte: »Was ist denn mit Ihnen los? Um Gottes willen!« Hat gleich alle Untersuchungen gemacht und hat gesagt, ich wäre ja völlig ausgebrannt: »Ich kann Sie einfach nicht mehr arbeiten lassen. Das kann ich nicht verantworten.« Und dann ging das so seinen Lauf. Über ein Jahr war ich erst mal krankgeschrieben. Die Amtsärztin hatte mir schon beim ersten Besuch gesagt: »Frau Peermann, haben Sie schon mal an eine Pensionierung gedacht?« Da habe ich gesagt: »Nein, um Gottes willen.« Da sagte sie: »Aber Sie haben doch schon 35 Dienstjahre. Sie haben doch auch einen Anspruch auf Gesundheit, dass Sie noch lebendig sind, dass Sie noch das Leben genießen können.« Die Tränen liefen mir runter. »Überlegen Sie sich das!« Und dann hat sie mich in die psychosomatische Klinik geschickt. Dort war ich acht Wochen und hab da auch Klarheit für mich gefunden. Und habe gedacht: »Inge, wenn du jetzt dieses Angebot hast und du nimmst es nicht an, dann bist du einfach bescheuert. Und wenn du meinst, du kannst jetzt mit deiner Zeit nichts anfangen und sie nicht kreativ gestalten, bilde dir bloß nicht ein, dass du das mit 65 kannst.« Und da habe ich gedacht: »Das musst du jetzt machen.«

Immer noch gerne?

STEFFEN: Seid ihr trotzdem zufrieden bei euch an der Schule?

DAGMAR: Ja, sehr. Ich gehe da jeden Tag gerne hin. Und es gibt auch jeden Tag irgendetwas, was richtig Spaß macht und schön ist. Ich bin sehr froh an der Schule, weil ich die Leute sehr nett finde und weil wir auch eine Schulleitung haben, die einem viel Spielräume lässt und die nicht alles reglementiert. Ich brauche Spielräume. Ich möchte gerne selber entscheiden, was ich da mache, und nicht vorgesetzt bekommen. Also ich kenne Schulen, wo sehr minutiös vorgeschrieben wird, was man alles unterrichten muss und was nicht. Wir haben noch viele Gestaltungsspielräume in diesem ohnehin engen Rahmen. Wenn ich zum Schulleiter gehe und sage, ich würde gerne mit den Schülern eine Exkursion machen, dann wird das genehmigt und auch unterstützt. Das ist etwas, was ich an dieser Schule sehr schätze.

SVENJA: Ich habe das Glück, dass ich einige sehr motivierte Kollegen habe, die mich da sehr stützen. Ich meine, ich bin Mutter eines sieben Monate alten Kindes und kann trotzdem so arbeiten. Ich hab wirklich eine Schulleitung, die mir den Rücken freihält. Das ist heute, finde ich, ein Geschenk.

THOMAS: Ich bin da am Oberstufenzentrum inzwischen sehr gerne. Also ich hatte das zu Anfang nicht so gedacht. Aber ich kenne mich da inzwischen gut aus. Ich habe eine anerkannte Position. Ich habe einen Bereich, der mir großen Spaß macht, in dem ich wirklich gut bin, sehr viel Anerkennung bekomme, von Schülern, von Kollegen, von der Schulleitung. Auch vom Arbeitsaufwand ist es inzwischen so, dass es ein angenehmer Job ist. Ich habe nicht mehr das Gefühl, nur noch Überstunden zu machen, sondern dass ich mit meinem Zeitdeputat auskomme. Dazu kommt, dass ich ja seit drei Jahren Fachbereichsleiter bin. Das wäre ich am Gymnasium in so kurzer Zeit nie geworden. Dafür gibt es zwar keine Zeitermäßigung, aber eine deutliche Besserbezahlung.

TANJA: Was ich auf jeden Fall an der Schule jetzt besser finde, ist, dass die Schule nicht so stark hierarchisch strukturiert ist. In der anderen Schule war ein kleiner »Sonnenkönig« auf dem Thron im Rektorenzimmer, der hat uns andere Lehrer schon so mit einem Gefälle behandelt. Ich hab das als sehr unangenehm erlebt, diese Hierarchie, die er so raushängen lassen hat. Das war jetzt an meiner Schule von Anfang an nicht so, sondern da war ich mit der Schulleitung auf Augenhöhe. Ich bin da auch als junge Kollegin mit meiner Meinung und meiner Person gefragt. Die Atmosphäre ist hier viel besser, sehr viel besser.

KATJA: Ich hab, glaube ich, schon eine sehr besondere Schule erwischt, wo ich jetzt gelandet bin. So, wie wir arbeiten, entspricht das schon sehr dem, wie ich es gut finde. Ich kann mir gar nicht mehr vorstellen, an einer anderen Schule zu sein, wo es sehr frontal und im Gleichmaß zugeht.

HEIKO: Wenn sie an meiner alten Schule eine Stelle frei haben, würde ich wieder dort hingehen. Ich habe mich da wohlgefühlt. Ich bin jeden Morgen gerne dahingefahren. Natürlich wusste ich, dass die Arbeit schwierig ist. Aber ich wusste, ich kann jedem Kollegen ins Gesicht gucken, die sind alle nett, kameradschaftlich. Ich weiß nicht, ob ich mit jedem in den Urlaub fahren wollte, aber ich konnte mit jedem auskommen. Es war ein tolles Kollegium, eine gute Atmosphäre. Schulleitung war okay. Die haben auch ihre Fehler und Mucken gehabt. Das ist gar keine Frage. Aber der Grundsatz muss einfach stimmen, dass man Hilfe bekommt, dass man sich austauschen kann. Du musst mit jedem auf einer gewissen Basis arbeiten können. Das war klasse.

MAHMUD: Als Lehrer in Berlin zu arbeiten, ist nicht gerade perfekt, also was Bezahlung und die Konditionen angeht. In anderen Bundesländern kriegt man natürlich viel mehr Geld. Aber das ist nicht alles. Berlin liegt mir am Herzen, ich liebe die Stadt. Ich glaube, wenn ich irgendwann woanders hingehen müsste, das würde mich traurig machen. Aber darüber mache ich mir erst mal keine Gedanken. Ich will erst mal mein Referendariat zu Ende machen. Ich liebe die Stadt, aber ich merke, woanders kriegt man eine bessere Stelle.

Marion: Ich finde es toll, hier an der Deutschen Schule in Kairo für eine Zeit arbeiten zu können, weil Ägypten auch ein Land ist, das wirklich anders ist als das, was wir gewohnt sind. Wir hatten uns erst überlegt, ob wir nicht nach Italien oder nach Spanien gehen. Ich bin im Nachhinein so froh, dass ich die Möglichkeit hab, in einem Land zu sein, das wirklich anders ist. Dadurch überdenkt man sich selbst ja noch viel stärker. Also dass wir das machen konnten, da bin ich echt dankbar.

Heiko: Für Marion und mich ist es ganz toll, mal eine Auszeit zu haben und mal was ganz anderes zu machen. Jeder weiß, wenn du mal was anderes machst, wird dein Horizont einfach breiter und der Erfahrungsschatz wird größer. Und das empfinde ich für mich als Lehrer und auch als Person bereichernd. Und ich finde es auch positiv, dass wir das als Familie zusammenmachen können und dass mein Sohn die Möglichkeit hat, sechs Jahre in einer anderen Kultur zu leben. Wenn man jetzt sagt, man will seinem Kind was Gutes tun, an Erfahrung, seinen Kopf freimachen für andere Dinge, das ist ja unbezahlbar. Wer kann das seinem Kind schon bieten? So ein Auslandsaufenthalt ist da natürlich brutal unterstützend bei so einem Erwachsenwerden eines Kindes. Dass man jemanden erzieht, der ein bisschen weltoffener ist. Toll. Dass er morgens mit dem Bus quer durch Kairo fährt, dass er da andere Kinder kennenlernt, die einen anderen Hintergrund haben, die einen anderen Glauben haben, eine andere Kultur, anders essen, sich anders kleiden. Einfach, dass man da lebt und dieses Land, die andere Kultur mitatmet. Das ist toll. Das ist unbezahlbar.

Steffen: Macht euch die Arbeit als Lehrer also immer noch Spaß?

Dagmar: Lehrer ist ein schöner Beruf. Natürlich. Sonst hätte ich es nicht 37 Jahre ausgehalten und wäre noch halbwegs gesund. Also dann wäre ich entweder im Sanatorium oder hätte mich frühpensionieren lassen. Nein, es ist ein schöner Beruf.

Marion: Also mir macht es immer noch Spaß. Ich bin gerne Lehrerin. Ich meine, wenn ich abends dasitze und noch korrigieren muss oder so, dann bin ich oft müde und habe vielleicht mal keine Lust mehr. Aber es gibt keinen Tag, wo ich aufstehe und sag: »Wah, jetzt muss ich in die Schule.« Wobei ich auch so ein bisschen Angst hab. Ich muss jetzt noch zwanzig Jahre arbeiten. Wie ist es in fünfzehn Jahren? Kann ich es immer noch so? Ich bin mir nicht sicher, ob ich dann immer noch diese Kraft hab, für Disziplin zu sorgen, und immer wieder ein offenes Ohr zu haben für Kinder, sie immer wieder zu begleiten und immer wieder Sachen zu erklären, die ich ja schon zehn Jahre vorher immer wieder erklärt habe. Das weiß ich nicht. Da habe ich manchmal ein bisschen Angst, dass ich vielleicht nicht mehr so die Kraft dafür habe.

KIRSTEN: Ich mag meinen Beruf sehr gerne. Ich bin gerne Lehrerin, immer noch gerne Lehrerin. Trotzdem ist es ein sehr anstrengender Beruf, der sehr schlaucht. Und ich bemühe mich einfach, mich nebenbei fit zu halten, so dass ich das auch weiterhin aushalten kann. Es ist schon so, dass einem auch sehr viel abverlangt wird. Man braucht viel Energie als Lehrerin. Sehr viel Energie. Wahrscheinlich mehr als in vielen anderen Berufen.

KATJA: Überwiegend habe ich das Gefühl, ich mach's gerne, auch von Jahr zu Jahr mehr, wo ich einfach auch sicherer werde. Aber manchmal habe ich auch überhaupt keinen Bock. Dann hätte ich gerne frei und würde gerne andere Dinge tun. Manchmal habe ich auch keine Lust mehr.

HEIKO: Also ich habe ein, zwei Jahre gehabt, wo es sehr schwierig war, wo ich eine ganz schwierige Klasse hatte. Wo sie dann das Pult aufgebrochen und die Klassenkasse geklaut haben. Wo dann auch das Vertrauen einfach weg war. Und da habe ich mir überlegt, ob ich mir das noch antun soll. Also das war wirklich schwierig. Aber dann kamen wieder ganz tolle Jahre, wo es immer aufwärts ging, wo man was aus den Kindern rausgeholt hat. Das war toll.

TANJA: Mich belastet die Situation mit dem einen Schüler von gestern sehr. Also heute war ich sehr betrübt und einfach fertig, richtig ausgelaugt. Ich weiß, dass das auch wieder besser wird. Das geht wie eine Welle auf und ab. Es gibt gute Tage, an denen ich voller Energie dahingehe und mich über die kleinen Erfolge freue. Und es gibt Tage, an denen ich es zum Kotzen finde. Es gibt Tage, wo mein Kollege und ich uns angucken und sagen: »Können wir nicht einen normalen Job haben wie andere Menschen auch? Müssen wir das hier machen?«

Gunnar: Ich gehe ja nicht ungern zur Schule, aber ich gehe nicht mehr so gerne hin wie früher. Ich sage mal, ich bin noch gerne Lehrer. Ich bin Lehrer und mache das Beste draus. Aber dass ich jetzt sage, ich gehe jeden Tag mit Freude zur Schule, die Zeiten sind vorbei.

Klaus: Wir haben nicht mehr die Kraft. Die Nervenkraft und die körperliche Kraft fehlen. Wir sind ja nicht mehr so jung und dynamisch, wie wir mal waren.

Dagmar: Ich bin heute als Lehrerin besser als vor dreißig Jahren, weil ich einfach aus dem Erfahrungsschatz heraus das alles ganz prima handlen kann und meistens auch ziemlich gut mit Schülern umgehen kann. Ich gehe da relativ entspannt hin. Ich weiß ja: Das kann ich.

Holger: Vor sieben Jahren habe ich aufgehört, aus freien Stücken und mit viel Tränen. Ich hätte es gerne weitergemacht. Schule war mein Lebensinhalt. Ich war mit Leib und Leben Lehrer.

SZENE IX

SCHULE IN DEUTSCHLAND

Schulformen

STEFFEN: Ein vielerorts diskutiertes Thema dieser Tage ist die Zusammenlegung der Hauptschule mit der Realschule. Wie seht ihr die Situation der Hauptschulen?

MARION: Ich muss sagen, Hauptschule, auch im ländlichen Bereich, ist immer schwieriger geworden. Ganz zu Beginn war das noch so, dass das Leistungsniveau der Schüler recht hoch war und dass das Unterrichten auch Spaß gemacht hat. Aber je länger ich im Schuldienst war, desto mehr haben so diese sozialen Probleme im Vordergrund gestanden.

KLAUS: Die Hauptschule ist zu einer absoluten Restschule gemacht worden. Ich bin der Meinung, das ist heute mehr Sonderschule für Lernbehinderung und für erziehungsschwierige Kinder. Kein Vergleich mehr zu vor zwanzig Jahren. Absolut nicht mehr.

GUNNAR: Es ist schon so gekommen, dass wir an der Hauptschule unseren hauptberuflichen Aspekt eigentlich nicht mehr im Unterrichten sehen, sondern im sozialen Bereich, in der Betreuung, in Konfliktbewältigung. Das sind mittlerweile unsere Hauptaufgaben. Und das kostet Nerven. Das kostet Nerven.

DAGMAR: Deswegen ist es auch richtig die Hauptschulen abzuschaffen. Also die Hauptschulen müssen wir nicht erhalten. Das ist eine Restschule geworden.

KLAUS: Hauptschule, das ist der Rest. Unsere Schüler, in unserer Schulform, werden wie Restmüll behandelt.

PIA: Ab nächstem Jahr gibt's ja in Berlin keine Haupt- und Realschulen mehr, sondern nur noch Sekundarschulen und Gymnasien. Das kommt jetzt.

KIRSTEN: Ich meine, der Grund, weshalb man jetzt die Sekundarschule, oder wie immer man sie nennen will, einführt, ist ja auch dieses geminderte Selbstwertgefühl der Hauptschüler: »Wir sind die Dummen der Nation.«

PIA: Man kriegt allerdings auch Angst vor diesen Sekundarschulen. Du hast Hauptschulen und Realschulen. In den Hauptschulen sind maximal fünfzehn Kinder in der Klasse gewesen. Und jetzt legst du die Haupt- und Realschulen zusammen und erwartest, dass die besseren Schüler an den Realschulen die schlechteren Schüler aus den Hauptschulen beeinflussen, aber packst 25 in eine Klasse. Wo soll denn das hinführen? Ich meine, da muss doch jeder Normalsterbliche sehen, dass das nicht gutgehen kann. Und die Realschülereltern, die sagen sich natürlich: »Oh Gott, sollen unsere Kinder herhalten, um Sozialschwache da aufzufangen? Und dann auch noch in so großen Klassen mit 25 Kindern?« Ist doch Quatsch.

KIRSTEN: Ich bin sehr gespalten. Ich bin ein Mensch, der versucht, Dinge positiv anzugehen. Ich sage mir, wenn es nun so ist, ist es verschwendete Energie innerlich zu rebellieren. Man kann doch nichts verändern. Aber wenn nicht viele Dinge doch noch nachgerüstet werden, halte ich es für sehr unwahrscheinlich, dass das gut gelingt. Also bis jetzt befürchte ich eher, dass es ein Schuss nach hinten wird, also sprich, dass wir dann letzten Endes mehr Hauptschüler haben und nicht mehr Realschüler. Das würde ja voraussetzen, dass in einer Gruppe mehr Zusammenarbeit zwischen den Schwächeren und Stärkeren läuft. Wie kriege ich die jetzt alle gefördert? Wie soll ich da vorgehen? Ich werde mehr auffällige Schüler drin haben, die stören, die rumspringen, die Faxen machen, die lernunwillig sind. Wie kriege ich das geregelt? Wo ist meine Hilfe? Ich bin im Moment dabei, mich nach Fortbildungen umzutun. Aber bis jetzt gibt es wenig an Fortbildungen. Also es wird immer alles so übergestülpt, ohne dass wirklich die Voraussetzungen geschaffen sind.

Steffen: Wie steht ihr zur Gesamtschule?

Oliver: Wir haben ja sehr viele Schüler, die sind mit Hauptschulempfehlung zu uns gekommen und machen nachher Abitur. Da fragt man sich natürlich: Wie ist das möglich? Das ist ja immer die Diskussion, ob das nicht viel zu früh ist, wenn da nach der vierten Klasse die Grundschullehrer sitzen und sagen: »Also Hirschberg, ich hab das jetzt so vier Jahre beobachtet, mehr als ein Hauptschulabschluss ist da nicht drin. Punkt. Aus.« Und dann wundert man sich. Das sind so Spätzünder, die haben vielleicht auch bei uns erst noch Schwierigkeiten, und plötzlich macht es »klick!« und dann marschieren die da durch und machen Abitur. Wenn die jetzt auf der Hauptschule gelandet wären, dann wären die da untergegangen, denke ich mal.

Helmuth: Gesamtschule ist sicher für eine ganze Anzahl von Schülern der richtige Weg. Ich bin mir aber nicht ganz sicher, ob diejenigen, die besonders gut sind, da auch genügend gefördert werden. Da meine ich, das können wir im Gymnasium viel besser.

Pia: Also ich bin kein Freund der Gesamtschule. Ich glaube, Schüler individuell zu fördern ist einfacher, wenn du Leute hast, die auch ähnliche Lernstrukturen oder ein ähnliches Niveau haben. Aber die Durchlässigkeit müsste größer sein. Wer gut auf der Realschule ist, warum soll der nicht auf das Gymnasium wechseln, oder von der Hauptschule auf die Realschule? Dass es mehr Möglichkeiten gibt, zu sagen: »Mensch, du bist so klasse, hier komm, probier mal das Gymnasium!« Das fände ich viel besser. Aber dass man alle zusammenmixt, nur damit es ein großes soziales Konglomerat ist, das ist immer schwierig. Genauso, wie du aufpassen musst, dass du die Leute integrierst, die Schwierigkeiten haben, musst du auch aufpassen, dass du die Spitze nicht unterforderst. Du musst denen doch auch was bieten. Aber ich weiß, das ist eine konservative Einstellung. Wenn die Gesamtschulen das gut machen, kann es natürlich auch gut funktionieren. Dann kannst du individuell fördern. Da müssen aber auch die äußeren Bedingungen gut sein. Kleinere Klassen, viele Lehrer, gute Ausstattung und so weiter.

Klaus: Man sagt ja dann: »Von der Hauptschule kannst du doch auch zur Realschule überwechseln.« Aber das stimmt doch alles gar nicht. Wer einmal an der Hauptschule ist, der bleibt an der Hauptschule. Der wechselt nicht im siebten, achten Schuljahr. Das ist doch das Verrückte. Und die guten Schüler, die noch eine Chance hätten, die passen sich dem Niveau doch an. Und Lehrer sagen ja auch, wir behalten lieber unsere Zugpferde, unsere Motoren in der Klasse, als dass wir die jetzt zur Realschule und zum Gymnasium weiterempfehlen.

INGE: Ich hab in der Zwischenzeit erkannt, dass diese Sonderschulen eigentlich kriminell sind und absolut sozial unverträglich. Und hab gedacht: »Wie konntest du dich eigentlich auf so etwas einlassen?« Dass man argumentiert hat, in dieser Schule, da geht's denen besser, da lernen die mehr, da sind die für sich. Das war überhaupt nicht wahr. Man hat sie ausgesondert, man hat sie weggetan, damit die anderen nicht in ihrem Lernprozess gestört werden. Ich meine, wie kommen wir dazu, Menschen, die aus irgendwelchen Gründen schlecht rechtschreiben und schlecht rechnen, abzuqualifizieren und zusammenzutun, bloß damit sie Doktor Meiers Kind nicht im Unterricht stören? Es sind doch immer die Unterschichtskinder. Ja, das ist auch ein Schichtenproblem. Das war damals noch diese Zeit der Auslese. Verstehen Sie? Wenn ich da heute dran denke, die Scham kommt mir ins Gesicht, dass ich da mitgemacht habe, dass ich den Eltern gesagt habe: »Ihr Kind ist bei uns viel besser aufgehoben, wir können uns viel besser um es kümmern.« Das stimmte schon, weil wir viel weniger Kinder hatten. Aber mehr gelernt haben sie überhaupt nicht. Also ich bin im Laufe der Jahre meiner Berufstätigkeit zum völligen Gegner der Sonderschule geworden. Es soll überhaupt keine Sonderschulkinder mehr geben. Weg mit der Sonderschule! Den Schulversager gar nicht erst produzieren. Die Kinder haben einen Anspruch drauf, von der Allgemeinheit nicht abgesondert zu werden aufgrund irgendwelcher Schwierigkeiten oder Defekte, sondern sie haben den Anspruch drauf, dass sie da mitmachen dürfen.

STEFFEN: Wie sieht die Zukunft aus?

HELMUTH: Ich denke, in der Zukunft wird es sicher so sein, dass es nur noch zwei Schulformen gibt: Gesamtschule, in der die Realschule und die Hauptschule aufgehen, und Gymnasium. Das Gymnasium, da traut sich kein Politiker ran, das wegzuradieren. Was ich auch für ganz gut halte. Und die Gesamtschule wird immer mehr Zulauf bekommen.

KIRSTEN: Ich bin sehr gespannt, wir werden jetzt auch um Schüler kämpfen müssen, denn ich befürchte, mit dem neuen System wird jeder, der irgend kann, die Kinder aufs Gymnasium schicken. Das Hauptproblem ist, dass das Gymnasium nicht abgeschafft wurde. Das hätte man ja auch machen können. Aber das ist eine heilige Kuh. Das wird in Deutschland nicht passieren und in Berlin schon gar nicht.

KLAUS: Man wird in Deutschland nicht vom Gymnasium weggehen. Da bin ich ganz sicher. Also besser ist, man hat ein Gymnasium mit Aufnahmeprüfung, wo auch nur die wirklich fähigen Schüler draufkommen, mit Aufnahmeprüfung, nicht nur mit Empfehlung, denn dann gibt's auch eine Chancengleichheit. Und der Rest ist Mittelschule beziehungsweise Grundschule, wobei man jetzt auch diskutieren kann, ob die bis zur Vierten oder bis zur Sechsten gehen soll.

GUNNAR: Wichtig ist, dass eine Durchlässigkeit da sein muss, dass es keine Einbahnstraße ist.

Waldorf, Montessori et.al.

STEFFEN: Ich möchte mit euch noch über die Waldorfschule sprechen. Wie steht ihr zur Waldorfpädagogik?

HELMUTH: Da habe ich zu wenig Einblick. So manche Sachen sind sicher positiv, dass man so auf die Schüler eingeht, und dass vielleicht auch die Lehrer sich stärker in die Schule mit einbringen. Ich weiß nicht genau, welche Ideologie, ich darf das mal so nennen, der Waldorfschule zugrunde liegt. Aber ich kann mich mit der Anthroposophie nicht so ganz anfreunden. Ich finde das etwas, sagen wir mal, ungewöhnlich.

VINCENT: Grundsätzlich kann man erst mal sagen, wenn man eine Waldorfschule betritt, wird man sehen, dass die Gestaltung der Gebäude besonders ist. Es wird sehr viel Wert auf die Klassenraumgestaltung gelegt. Das resultiert aus entwicklungspsychologischen Zusammenhängen von Rudolf Steiner. Also es ist nie einfach nur so gemacht, sondern es ist konzeptionell durchdacht. Da ist zum Beispiel die Farbgestaltung. Man fängt in den unteren Klassen mit sehr pastelligen Tönen an, rosa, apricot oder so, dass man die Klassenräume so lasiert, dass die ein bisschen schimmern, also dass das so ein bisschen fließend ist. Nicht: »Hier ist jetzt die Wand«, sondern dass das für die Kinder wie so ein Schutz ist. Also es soll erst mal eine angenehme Lernatmosphäre entstehen. Es wird sehr viel Wert auf Material gelegt. Es wird nicht einfach bei einer Buchstabeneinführung im Deutschunterricht auf irgendein Plastik-A zurückgegriffen, sondern es wird sicherlich ein Holz-A an der Tafel hängen. Auch das Mobiliar. Das sind eher so naturbelassene Möbelstücke. Oder das Papier. Es gibt jetzt nicht irgendein olles Schreibpapier, sondern es ist schon ein sehr ausgewähltes Papier. Das soll eben alles zur sinnlichen Förderung beitragen.

HOLGER: Jedes Kind muss in einer Waldorfschule in der ersten Klasse zwei Instrumente lernen, das sind die Urinstrumente. Das ist die Flöte, wo die Luft rausgeht, und das ist die Lyra, wo die Luft von außen kommt. Also apollinisch-dionysische Instrumente. Und das in einer bestimmten Stimmung, der so genannten Quintenstimmung. Da wird natürlich Sensibilität herangebildet. Dann das viele Auswendiglernen, das viele Gedichte- und Liederlernen, was ab der ersten Klasse passiert. Geschrieben wird ja erst ab der dritten Klasse. Vorher wird alles auswendig gemacht. Und da erziehen Sie eine bestimmte Sensibilität. Das ist eine musisch-künstlerische Schule.

KATJA: Ich halte von der Waldorfschule nicht so viel. Aber ich würde nicht sagen, dass es nur negativ ist. Ich glaube, alle reformpädagogischen Ansätze haben was Gutes. Aber ich würde nirgendwo dogmatisch in eine Richtung gucken wollen. Ich würde mir überall was Gutes rausnehmen, womit ich gut arbeiten kann. Jetzt zum Beispiel die Kunst, wenn ich da diese lila und rosa verwaschenen Bilder sehe. Vielleicht kenne ich mich zu wenig aus. Aber die sagen mir einfach nicht zu. Und wenn die Frauen da alle so mit wallenden und wollenen Röckchen rumlaufen, das ist mir nicht wirklich angenehm. Es gibt Teile aus der Waldorfpädagogik, die ich gut finde. Wenn da ein wirklicher Schreiner mit den Kindern arbeitet, das finde ich toll. Und für manche Kinder ist Heileurythmie bestimmt auch klasse. *Heil…?* Heileurythmie. Kennst du das gar nicht? Das ist Waldorfpädagogik. Das ist ein ganz spezieller Tanz, der auf den ersten Blick sehr seltsam anmutet. Aber da steht schon eine Philosophie dahinter.

HOLGER: Die Eurythmie ist ein künstlerisches Fach wie andere künstlerische Fächer auch. Es findet von der ersten bis zur zwölften Klasse statt. Eine Bewegungskunst, die bestimmte gesetzmäßige Bewegungen nach Sprache und nach Musik macht. Die hat Steiner erfunden und hat es dann für die Pädagogik fruchtbar gemacht. Sehr verbreitet ist sie mittlerweile auch in der therapeutischen Funktion, der so genannten Heileurythmie. Ja, man muss schon ein eigenes Gespür dafür haben, um zu merken, um was es geht. Also die Kunsteurythmie hat sich nicht so sehr auf den Bühnen der Welt durchgesetzt. Aber so im Pädagogischen und im Therapeutischen hat es sich sehr durchgesetzt.

VINCENT: Es ist so aufgebaut, dass die kognitiven Fächer ganz am Anfang des Tages vom Klassenlehrer unterrichtet werden. Der Klassenlehrer begleitet ja die Kinder durchgehend von Klasse Eins bis Acht. Also jeder Tag wird erst mal mit einem rhythmischen Teil begonnen. Das sind Sprachspiele, das sind Gedichte, das sind Lieder. Das ist erst mal was Anregendes, um wach zu werden. Und danach schließt dann in Epochen der Hauptunterricht an. Das bedeutet, dass man sich bis zu sechs Wochen einem bestimmten Fach zuwendet. Man beschäftigt sich beispielsweise mit dem Buchstaben K und bettet das Ganze in eine Geschichte ein. Bei K ist es der König, der wird dann auch bildhaft dargestellt. Es wird sehr in Bildhaftem unterrichtet, durch Geschichten, durch Wiederholung. Meine Schüler kommen jetzt in die zweite Klasse, und je höher sie steigen, desto mehr Fachunterricht kommt dazu. Also dass sie dann Eurythmie haben, Malen, Musik, Turnen und so weiter. Aber dadurch, dass wir auch nicht so an den Lehrplan der Berliner Schulen gebunden sind, gibt es da ganz viel Spielraum und Möglichkeiten. Eben gerade auch im Geistigbehindertenbereich. Es ist halt alles ein bisschen anders bei uns.

DAGMAR: Also das Konzept im Ganzen zu beurteilen, habe ich große Schwierigkeiten. Das würde ich mir jetzt nicht anmaßen, weil ich es zu wenig kenne. Aber ich kriege da keine leuchtenden Augen, wenn ich Waldorf höre. Ich weiß, die machen viel Freiarbeit und solche Sachen. Na ja, das geht gut und das geht nicht gut. Wenn ich Schüler übernehme, die aus Waldorfschulen kommen, die sind nicht immer die Besseren. Die sind viel Freiarbeit gewöhnt. Aber Freiarbeit führt ja nicht zwingend dazu, dass die Kinder dann auch arbeiten oder viel lernen. Und dann entlässt du Kinder nach zwölf Jahren aus einer Waldorfschule in eine Gesellschaft, die permanent benotet und beurteilt. Also es ist so ein Stückchen Illusion. Man kann sich jetzt trefflich darüber streiten, ob Noten an der Schule sinnvoll sind. Aber letztlich kommen sie in Systeme, die sie ganz harsch benoten.

VINCENT: Pädagogisch gesehen orientieren wir uns schon an den entwicklungspsychologischen Erkenntnissen von Rudolf Steiner, der ja verschiedene Ebenen in der Entwicklung anspricht, also ob es die Entwicklung des Physischen ist, des Ätherischen, des Astralischen. Also das ist ja erst mal sehr befremdlich für Leute, die das das erste Mal hören. Ich muss dazu sagen, dass ich da selber immer noch so auf Entdeckungsreise bin: Was ist das eigentlich? Was meint er damit, der Ätherleib muss jetzt ausgebildet werden? Was ist überhaupt »ätherisch«? Aber ich würde mal sagen, je mehr man sich damit auseinandersetzt, desto mehr versteht man eigentlich, warum bestimmte Sachen an der Waldorfschule so aufgebaut sind. Beispielsweise gibt es jeden Morgen mit der gesamten Schule einen gemeinsamen Morgenkreis, also dass man ein Lied singt, dass die Geburtstage gewürdigt werden, ob jemand fehlt, ob jemand krank ist. Wir grüßen dann diejenigen. Das ist für die

Schulgemeinschaft der Fokus, sich gegenseitig wahrnehmen. Und dadurch entsteht natürlich auch eine besondere Form der Kommunikation und auch des sozialen Miteinanders.

KIRSTEN: Ich glaube, dass da wirklich vom Sozialen her unglaublich tolle Sachen laufen. Ich glaube aber, man ist auch so ein bisschen wie Staat im Staate. Und man kann sich ja nicht immer ausgrenzen. Also ich weiß nicht, wie man sich später an den normalen, Klammer auf, brutalen, Klammer zu, Alltag gewöhnt. Finde ich interessant, aber mir ist es ein bisschen zu ausgegrenzt.

SVENJA: Also ich würde mein Kind nicht in eine Waldorfschule geben, weil ich einfach meine, dass die Realität so nicht ist, die einen Schüler da draußen erwartet. Also das entspricht nicht dem Leben. Ich glaube nicht, dass diese offenen Formen Schüler entstehen lassen, die in unserem Bildungssystem funktionieren können. Und darum würde ich das für mich als Mutter ausschließen. Also mein Sohn wird nicht auf eine Waldorfschule gehen. Das ist ganz klar. Ich hatte jetzt auch Waldorfschüler, die auf unsere Schule gewechselt haben, um da Abitur zu machen. Man merkt denen das an. Also für mich ist es kein Schulkonzept. Für mich kommt es nicht in Frage. Und das hat viel mit dieser Realitätsferne zu tun.

HOLGER: Das gesellschaftliche Bild hat sich ja sehr gewandelt. In den fünfziger Jahren wurden wir als Dummenschule wahrgenommen. Wenn das Gymnasium gescheitert ist, bring's zu den Anthroposophen, die machen noch was draus! In den siebziger und achtziger Jahren wurden wir, wegen diesem wahnsinnigen Ansturm und weil wir hunderte Bewerber jedes Jahr ablehnen mussten, als Eliteschule angesehen. Heute ist es eine unter diversen Alternativschulen, vielleicht die bekannteste und mittlerweile, denke ich, auch die größte. Jeder kann sein Kind hinbringen, jeder kann es sich leisten. Und man wird auch nicht mehr so als Spinner verlacht. Das wurde man ja mal. Aber das ist vorbei. Die Liste der ehemaligen Waldorfschüler, die im öffentlichen Leben stehen, ist etwas zu lang geworden. Es gibt ja Untersuchungen über die Bildungslebensläufe ehemaliger Waldorfschüler. Die meisten Waldorfschüler haben zwei Berufsabschlüsse. Dann ist ein großer Anteil im sozialen Bereich tätig. Und ein großer Anteil ist im künstlerischen Bereich tätig. Und man sollte mal untersuchen, wie viele Hartz-IV-Empfänger es bei Waldorfschülern gibt. Das sind nicht so viele. Das war ja früher mal en vogue, die Waldorfschule anzugreifen.

PIA: Waldorf, der Schwachsinn schlechthin. Also Rudolf Steiner ist in meinen Augen geisteskrank. Ich hab ihn im Original gelesen. Ich meine, Teile dessen, was die Waldorfschulen machen, ist sehr, sehr gut, zum Beispiel, dass sie diese Kreativität ausbilden. Aber was du wissen musst: dem liegt eine Philosophie zugrunde, die ist schwachsinnig. Also dieses, dass der Mensch sich in bestimmten Leibern präsentiert: Ätherleib, Astralleib, Lebensleib. Bei Musik bedeutet das, dass die Kinder bis zum achten Lebensjahr keine Terzen singen sollen, weil es die Grenzerfahrung zwischen der Umwelt und ihnen selbst ist und sie sich vorher noch gar nicht als etwas Eigenes sehen können. Und deswegen dürfen die nur Quinten singen und so ein Schwachsinn.

VINCENT: Also es gibt halt diesen Überbau. Der anthroposophische Überbau ist sicherlich manches Mal sehr schwer zu verstehen. Da stößt man schon auf seine Grenzen. Also ich habe da mit manchen Sachen schon so meine, ja, Befindlichkeiten, weil es ja auch ins Esoterische geht und so ein bisschen ins Übersinnliche. Die Anthroposophen glauben ja auch an Reinkarnation. Und das fließt schon auch tendenziell in die pädagogische Arbeit mit ein, im Sinne von, dass da einfach daran geglaubt wird. Das ist schon was Besonderes. Das erlebt man ja sonst in einem ganz normalen Lehrerkollegium nicht.

PIA: Die Sanguiniker sitzen in einer Ecke, die Phlegmatiker in der anderen und so weiter. Und wenn du Sanguiniker bist, darfst du nur das und das Instrument spielen. Als Phlegmatiker musst du Bratsche spielen oder was weiß ich. Das ist so die Philosophie. Und ich halte auch nichts von der Reinkarnation. Ich glaube, das ist schwachsinnig. Abgesehen davon, dass ich festgestellt habe, dass diese Kinder, wenn sie dann von den Waldorfschulen kommen, oft total weltfremd sind. Sie können gar nicht mit dem normalen Leben umgehen.

VINCENT: Ich muss dazu sagen, trotz dass ich so eine Weiterbildung gemacht habe, bin ich da noch nicht so ganz drin und auch immer noch am Entdecken. Also es ist schon ein sehr komplexes Thema. Aber ich würde sagen, bei uns an der Schule wird da sehr liberal mit umgegangen. Also es muss nicht jeder eine waldorfspezifische Ausbildung gemacht haben, sondern dem erst mal nur interessiert und offen gegenüberstehen.

PIA: Und gleichzeitig ist es auch so ein Dogmatismus, wenn du sagst, das muss alles in Naturfarben gehalten werden. Ein roter Schulranzen, um Gottes willen! Es darf auch keine Ecken geben. Die Schulen sind ja alle rund, weil die Geister sich sonst in den Ecken verstecken. Ich meine: Wo leben wir denn?

VINCENT: Waldorfschule wird ja immer noch belächelt. Es wird belächelt, ja. Also sagen wir mal so, es wird sehr wenig nachgefragt, sondern es ist eigentlich sofort ein Urteil da, in dem Sinne, es sei ja alles lächerlich, dieses Rumgetanze und Rumgehopse. Es wird total missverstanden. Das finde ich manchmal das Anstrengendste daran, dort zu arbeiten: zu erzählen, ich arbeite an einer Waldorfschule, und dann kommt sofort, zack, zack, zack, zack, zack. Ich habe dann eigentlich überhaupt keine Lust mehr, darüber zu sprechen, weil gar kein ehrliches Interesse dahintersteckt, etwas zu erfahren. Also es gab Zeiten, wo ich es nicht gesagt habe, dass ich an einer Waldorfschule arbeite, weil ich keine Lust hatte, mir immer dieses »Ach ja, dann kannst du ja deinen Namen tanzen« anzuhören. Aber haben Menschen diese Schule erst mal besucht, sind die eigentlich immer sehr davon begeistert.

STEFFEN: Wie haltet ihr es denn mit Montessori?

ANKE: Also diese Montessori-Materialien, die sind bei uns an der Schule auch vertreten. Im Studium in Potsdam haben wir diese freien Materialien kennengelernt und sind deswegen ohne Scheu daran gegangen, die dann auch einzusetzen.

KATJA: Wir haben in jeder Klasse Montessori-Materialien. Die meisten Kollegen haben auch eine Montessori-Ausbildung. Aber es ist nichts Dogmatisches. Die Schule ist sehr experimentierfreudig. Wir versuchen uns immer wieder neu hinzusetzen: »Hat es sich rentiert, so wie wir arbeiten, oder wollen wir was ändern? Ist es brauchbar für die Praxis und für das Kind?« Und wenn nicht, dann ändern wir was.

LENA: Also ich denke, eine gesunde Mischung ist besser als wirklich eine strenge Form zu verfolgen. Zum Beispiel die Montessori-Materialien, die sind wunderschön, die sind super für bestimmte Richtungen, grad in Mathe. Ich integriere sie auch in meinen Unterricht, weil ich sie toll finde. Aber ich würde für mein Kind nie wollen, dass nur eine Richtung verfolgt wird. Ich würde es also nicht auf eine Montessori-Schule packen. Das ist so eingefahren, wenn man sich nur auf ein Konzept stützt. Aber da sind tolle Ansätze drin. Und wenn man sich die einfach rausnimmt, dann ist es okay.

PIA: Montessori ist klasse. Mein Sohn war auf einer Montessori-Vorschule. Ich hatte auch vorher gedacht: »Na, ob das was für ihn ist?«, weil es ja so auf Freiwilligkeit basiert. Viele Schulen machen das aber falsch. Maria Montessori hat gesagt: »Stell den Kindern diese Materialien zur Verfügung und gucke, was sie interessiert! Und dann musst du hingehen und das Kind sanft weiterführen. Nicht ganz alleine machen lassen, sondern du guckst, was ihn interessiert, und da arbeitest du mit ihm weiter und führst ihn zum nächsten Punkt.« Ganz große Klasse! Mein Sohn hat sich in der Montessori-Vorschule durch diese Materialien selbst Lesen und Schreiben beigebracht. Der hat im Zehntausenderraum gerechnet, glaube ich. Durch diese Montessori-Materialien. Ganz große Klasse. Also für die Oberschule nicht mehr so geeignet, aber gerade für die Grundschule, super.

ANKE: Diese Konzepte, Waldorf oder Montessori, basieren darauf, dass man erste bis zehnte Klasse dort hingeht. Ich denke, dass man zum Ende der zehnten Klasse genau den gleichen Bildungsstand erreichen kann wie auf einer Regelschule. Die Kinder werden zum Ende der Schulzeit lesen, schreiben, rechnen können. Das Problem ist aber, dass viele Eltern nach der dritten Klasse einfach Panik kriegen und sagen: »Uh, mein Kind kann noch nicht schreiben.« Ganz oft kriegen wir Kinder in der dritten oder vierten Klasse von einer freien Schule und es kann nicht schreiben, es kann nicht rechnen und es kann nicht lesen. Das ist so beängstigend für die Eltern, dass sie dann auf einmal von diesen freien Systemen weggehen. Und das ist das, was man nicht machen darf. Wenn man der Meinung ist, dass mein Kind geeignet ist für diese Lernformen, dann muss man sich klar sein, dass das auf alle Fälle die ganze Spanne der Zeit beinhalten sollte und nicht nur die ersten zwei Jahre.

STEFFEN: Wie steht ihr zu Privatschulen allgemein?

ANKE: Die Privatschule hat ganz klare Vorteile, einfach was die Ausstattung angeht. Die Computerausstattung, die Möglichkeiten Material zu besorgen, die kleinere Klassengröße, der ständige Erzieher. Ohne Frage, das ist einfach ein Pluspunkt, den man nicht aufwiegen kann.

LENA: Wir haben an der Privatschule eine ganz andere Technikausstattung gehabt. Es hat einen Laptop-Trolley gegeben. Da hat man die Laptops reingebracht und dann wurden schon meine Erstklässler an ihren Laptop gesetzt und haben da tippen gelernt. Das war da halt Standard. Das ist schon beeindruckend gewesen.

KIRSTEN: Privatschule ist eine unglaubliche Konkurrenz für uns. Das wächst ja in dem Moment, wo das staatliche Schulsystem sich runterentwickelt, zumindest nach Meinung der Öffentlichkeit. Da ist das natürlich eine attraktive Alternative.

DAGMAR: Ich sage es mal grundsätzlich: Ich halte gar nichts von Privatschulen. Ich finde es auch fatal, dass die Anzahl so zunimmt. Zum einen deswegen, weil die Gesellschaft dadurch auseinanderdriftet und zwar vor dem Hintergrund, dass die einen Kinder Eltern haben, um eine Privatschule zu bezahlen, und die anderen haben es nicht. Und das Zweite ist, es gibt bisher keine Untersuchung, die darauf hinweist, dass die Privatschulen besser ausbilden. Ganz im Gegenteil. Sie schneiden überhaupt nicht besser ab. Und das ist erstaunlich, obwohl sie zum großen Teil kleinere Klassen haben, obwohl sie manchmal eine bessere Ausstattung haben. Die müssten ja eigentlich zu gigantisch guten Bildungsabschlüssen kommen. Kommen sie aber nicht. Also alles, was bisher an Untersuchungen vorliegt, deutet nicht darauf hin. Und das

Dritte ist, dass ich finde, es gibt in einer Demokratie ein Grundrecht auf Bildung und die Gesellschaft muss allen die gleichen Möglichkeiten einräumen, eine gute Ausbildung zu erlangen. Und ich hab einfach Bauchschmerzen, weil ich denke, wenn das weiter auseinanderdriftet, dann haben wir irgendwann in Berlin so Bezirke wie Prenzlauer Berg, da schicken die alle ihre Kinder in private Kindergärten und private Schulen. Und in den staatlichen Schulen, da trifft sich der Rest. Und dann geht diese Schere immer weiter auseinander. Das halte ich gesellschaftspolitisch für eine ganz fatale Entwicklung.

SVENJA: Privatschule kommt nicht in Frage. Also meine Kinder würden auf staatliche Schulen gehen. Davon bin ich zutiefst überzeugt. Es ist wichtig, dass Kinder, die aus Bildungselternhäusern kommen, nicht ins Private gehen. Also man kann auch hier in Kreuzberg auf eine gute Grundschule gehen und auch hier Abitur machen. Für mich ist Bildung ganz klar Staatsaufgabe. Und ich finde, ich arbeite für diesen Staat als Lehrer, ich kann doch nicht mein Kind auf eine Privatschule schicken, weil ich gegen das System bin. Das bin ich eben nicht. Ich habe aufgrund dieses Systems einen so hohen Abschluss machen können. Also ich komme aus einem bildungsfernen Elternhaus. Ich habe den höchsten Abschluss in Deutschland erreicht, den man erreichen kann. Ich habe ein doppeltes Staatsexamen. Ich bin promoviert. Ich habe diesem Land, was meine Bildung angeht, viel zu verdanken. Ich würde das wie einen Verrat sehen.

DAGMAR: Ich komme aus einer Familie, wo ich die Erste bin, die Abitur gemacht hat. Also meine Eltern hatten weder Geld für Privatschule noch für sonst was. Das heißt, ich bin durch ganz normale Gymnasien gelaufen, ich hab an einer ganz normalen Hochschule studiert. Das ist ja nicht so, dass dieses System versagt oder nichts zustande bringt.

PIA: Ich habe meinen Sohn auf eine Privatschule geschickt. Was mein Sohn braucht, ist eine individuelle Förderung. Der ist zwar ganz schnell beim Denken und hat eine total schnelle Auffassungsgabe, aber der ist nicht so ein ruhiger, gewissenhafter, zurückhaltender Typ, sondern hat überall seine Antennen und ist dann auch leicht unkonzentriert. Und das ist eine komische Kombination für so eine staatliche Schule mit 28 Kindern. Der wäre dann vielleicht unterfordert gewesen und hätte sofort Quatsch gemacht. Der braucht diese individuelle Betreuung. Die sind achtzehn Kinder in der Klasse und zwei Lehrer. Und sie haben Englisch. Der ist auch so ein Sprachkind. Und für solche Kinder ist diese Art Privatschule gut. Die haben kleine Klassen und individuelle Betreuung, Bilingualität, Ganztagsschulsystem, also all das, was sich Eltern im Prinzip wünschen. Das Einzige ist, dass man halt ein Schweinegeld zahlen muss. Und das ist schon eine finanzielle Belastung.

KIRSTEN: Ich bin schon immer noch eine Befürworterin von diesem Solidarischen, dass man versucht an den staatlichen Schulen die Dinge zu verbessern.

SVENJA: Auf unserem Elternabend sage ich auch zu den Eltern, die da deutsch sind, dass ich das fantastisch finde, dass sie ihre Kinder hier bei uns beschulen lassen. Weil, wenn alle so egoistisch sind, dann haben wir am Ende ein noch viel größeres Problem. Und unsere Schulen, die sind nicht so schlecht. Die sind gut. Davon bin ich überzeugt.

DAGMAR: Es gibt auch Eltern, die sehr bewusst damit umgehen und sagen: »Ich lebe in diesem Kiez. Warum soll ich jetzt mein Kind rausnehmen und sagen, es soll nicht in Klassen mit einem großen Ausländeranteil?« Natürlich ist es besser, wenn es durchmischt ist. Aber das ist ja eine Folge politischer Entscheidungen, dass da Schulen entstanden sind, die fast nur noch Ausländer unterrichten. Um die Integration kommen wir nicht drumrum. Wir sind ein Integrationsland.

SVENJA: Steffen, willst du deine Tochter etwa auf eine Privatschule schicken?

Schulpolitik – »Berlin fährt den Karren an die Wand«

STEFFEN: Mit Blick auf die Schulpolitik, welche Schwierigkeiten gibt es an den Schulen zu beklagen? Was müsste man verbessern?

PIA: Du brauchst für die Schüler eine individuelle Förderung. Du hast 32 Kinder in der Klasse. Wie willst du da individuell fördern? Zwanzig Kinder maximal in einer Klasse und ich sage dir, wir sind in fünf Jahren bei Pisa führend. Und ich finde, du musst den Beruf besser bezahlen, damit du auch bessere Kräfte kriegst. Du überlegst dir doch dreimal: »Machst du diesen Job für 'nen Appel und 'nen Ei?« Das machen dann nur Leute, die sonst nichts anderes können. Wir brauchen aber gute Kräfte, gut ausgebildete Kräfte. Deswegen, ich spreche für meine nicht verbeamteten Kollegen, mehr Geld und bessere Bedingungen in den Klassen für die Kinder!

HELMUTH: Warum Finnland so gut abschneidet, die haben eben kleinere Klassen, und sie haben Sozialarbeiter an der Schule. Das haben wir ja alles nicht. Darum schneiden die auch besser ab als wir. Wir sind da personell nicht so ausgestattet. Ach ja, und dann kommt noch dazu, Finnland hat einen ganz geringen Anteil an Migranten. Wir haben ja in Deutschland viele Migrantenschüler. Und die drücken, vielleicht mangels guter Deutschkenntnisse, natürlich auch das Niveau.

HOLGER: Die Klassen sind ja auch lange nicht mehr so groß. Als ich angefangen hatte, hatte ich noch mit über vierzig unterrichtet. 46 war meine höchste Klassenfrequenz, in der elften Klasse. Jetzt sind das so um die dreißig, häufig auch drunter. Das war damals sehr, sehr groß, ja. Da gibt es jetzt aber eine sehr schöne Untersuchung. Wenn ich sie finde, schicke ich sie Ihnen. Sie haben ja wahrscheinlich E-Mail. Eine große wissenschaftliche Untersuchung, dass die Klassengröße mit dem

Lernerfolg absolut nichts zu tun hat. Absolut nichts. Unter uns, jeder weiß es, keiner darf es laut öffentlich sagen.

HELMUTH: Damals, als ich selbst als Schüler aufs Gymnasium ging, da waren wir ja noch 58 Schüler in der Klasse.

KLAUS: In Holland, da weiß ich, dass dort spezielle Pädagogen abgestellt werden, die sich um Schüler langfristig kümmern, jetzt nicht einfach mal zehn Minuten oder eine Stunde betreuen, sondern ein Schüler, der auffällig wird, da muss man den Hintergrund erforschen. Was ist der Grund für die Auffälligkeit? Da muss man an den Schüler und an die Eltern ran, wenn man ein Problem lösen will. So würde ich mir Schule vorstellen.

GUNNAR: Die Hauptschule kann man nur mit kleinen Klassen fahren. Mit unseren Schülern, in den siebten und achten Klassen, die relativ groß sind, das ist fürchterlich. Das ist fürchterlich, wirklich.

STEFFEN: Was gibt es noch?

PIA: Es ist ja jetzt so, durch das G8, also das Abitur nach der zwölften Klasse, weil ja jetzt ein Jahr gekürzt wird, sind die Stundenpläne viel voller. Also meine Kleinen, meine fünfte Klasse, die haben schon immer von acht bis halb drei Schule, jeden Tag, ohne Unterbrechung. Ja, die haben jeden Tag sieben Stunden, schon die Fünftklässler. Und das liegt daran, dass die Stundenpläne jetzt viel voller sind, weil sie das eine Jahr, das sie hinten kürzen, den Kindern ja irgendwo wieder reinstopfen müssen. Ich finde das nicht gut. Man nimmt den Kindern ja einen Teil der Kindheit weg.

OLIVER: Neuerdings ist ja jetzt überall dieses Turboabitur eingeführt worden. Das heißt, die Gymnasien machen schon nach zwei Jahren Oberstufe Abitur. Bei uns in der Gesamtschule bleibt das bei drei Jahren. Da merkt man deutlich, die Anmeldungen von Schülern, die von anderen Gymnasien zu uns überwechseln wollen, haben stark zugenommen, so dass wir die auch abweisen müssen. Wir müssen erst mal unsere eigenen Schüler in die Oberstufe nehmen und können nur noch eine begrenzte Anzahl von außerhalb nehmen.

Georg: Ich wünschte, unsere politische Klasse würde begreifen, wie wichtig es ist, dass unser Volk gebildet bleibt und dafür alles tut. Ich empfinde es als höchst sarkastisch und zynisch, diese ganzen Bildungssprüche zu den Wahlen zu lesen und genau zu wissen, das Ganze wird in Kompetenzstreits und in persönlichen Eitelkeiten wieder zerfleddert. Mich beunruhigt, dass ein Abitur heute kein hohes Allgemeinwissen mehr garantiert, sondern sehr eingeschränkt ist. Das ist für unser Land volkswirtschaftlich und betriebswirtschaftlich nicht gut.

Steffen: Bei eurer Arbeit als Lehrer, welche weiteren Missstände machen euch das Leben schwer?

Sandra: Das Schwierige ist auch, dass du jetzt dieses Zentralabitur hast und nicht mehr eine Abiturklausur auf deine Schülerschaft zuschneiden kannst, wo du weißt, was die können und was nicht. Du musst wirklich alles abgedeckt haben, falls das drankommen könnte. Also du hast als Lehrer heutzutage weniger Freiheit.

Svenja: Ich halte es für ein absolutes Problem, dass da immer mehr evaluiert wird, immer mehr getestet wird. So ein Scheiß, der eh nichts bringt, aus meiner Sicht. Also mit diesem Pisa kamen ja diese Vergleichsarbeiten, wie »Mittlerer Schulabschluss«, oder »VERA«, oder »Lernausgangslage«, wie das alles so schön heißt. Das sind so standardisierte Tests. Das halte ich für absolut unbrauchbar. Aber das macht den Lehrern zusätzlich Arbeit. Da stöhnen viele, weil das wirklich viel mehr Arbeit ist.

Oliver: Die Unterstützung vom Schulministerium ist einfach zu wenig. Es wird immer nur gefordert, was wir alles machen sollen. Und dies noch und jenes noch. Wir sollen auch gleichzeitig immer mehr erziehen, sollen immer mehr Aufgaben übernehmen, die eigentlich das Elternhaus erledigen müsste. Andererseits werden die Fortbildungen immer mehr zusammengestrichen. Es gibt ja kaum noch Fortbildungen.

Tanja: Ich denke, es sollte Pflicht sein, dass wir Supervision bekommen. Das wäre dringend erforderlich. Das ist sonst eine sehr große

Belastung. Das kann ja kein Lebensgefährte und auch kein Freundeskreis abfedern. Das ist eigentlich viel zu massiv. Aber das bezahlt der Staat natürlich nicht.

SVENJA: Als Klassenlehrer hast du auch einen unglaublich hohen bürokratischen Aufwand, so dass sich viele meiner Kollegen zu Recht überlegen: »Schalte ich da jetzt noch mal einen Schulpsychologen ein? Dann muss ich wieder den, den und den Antrag stellen.« Das ist ein wahnsinniger Aufwand, den du zusätzlich betreibst und der überhaupt nicht honoriert wird.

KIRSTEN: Wir sind mit vielem allein gelassen. Ich finde, das größte Problem ist unsere Schulpolitik. Das ist das eigentliche Problem, nicht die Schüler. Also dass man große Reformen vornimmt und wir als Experten nicht befragt werden. Dass die Probleme der Lehrer nicht ernst genommen werden. Also immer wenn Veränderungen kommen, laufen die über den Kopf der Lehrer hinweg. Es gibt zu wenig Einbeziehung. Meiner Meinung nach müssten wir inzwischen viel mehr Schulstationen haben, Sozialpädagogen, Erzieher. Die Unterstützung bei den sozialen Problemen ist sehr gering. Die ist eigentlich gar nicht da. Auch bei der Schulpsychologie für Schüler mal einen Termin zu kriegen, ist ganz schwierig.

GEORG: Wir kriegen ja in Berlin eine neue Schulreform. Die ist von oben beschlossen worden. Die wird nicht auf Zweckmäßigkeit diskutiert. Man setzt voraus, dass alle Lehrer sowieso nur am Status Quo interessiert sind. Es wird unterschätzt, dass Lehrer ja gut ausgebildete Leute sind, die eine eigene Meinung, einen Kopf haben und natürlich auch etwas beitragen können. Es ist so ein gewisser Demoralisierungseffekt eingetreten. Das ist natürlich kontraproduktiv, denn motivierte Leute sind unbezahlbar.

HOLGER: Es gibt eine wunderbare Untersuchung über die Belastung an den Gymnasien in Nordrhein-Westfalen, die Roland Berger, diese Unternehmensberatung, mal gemacht hat. Roland Berger hat dann süffisant geschrieben, dass er in dieser Tätigkeit die höchst bezahlten Putzfrauen und Putzmänner Deutschlands kennengelernt hat. Da ist ein Studiendirektor für Chemie, der macht seinen Unterricht und danach muss er alle seine Röhrchen putzen, weil er nur soundso viele Reagenzgläser im Jahr kaufen darf. Also steht er stundenlang da und putzt, bezahlt nach A15. Roland Berger sagte natürlich, dafür sollte man eine Putzfrau engagieren und den Mann noch zwei Stunden mehr unterrichten lassen. Da ist nie eine Reaktion auf dieses Gutachten gekommen. Nie! Die putzen heute noch.

PIA: Die, die sich heute entscheiden, Lehrer zu werden, die Generation von Studenten, das ist eine andere Gruppe als noch vor zwanzig Jahren. Bei uns war es so: Wer auf Lehramt studiert hatte, das waren vom Abitur her mit die Besten, die auch selber in der Schule sehr gut waren. Heutzutage ist es so, dass auch viele mit ganz schlechten Abiturdurchschnitten sich entscheiden Lehrer zu werden. Ich hab da manchmal Angst um den Lehrerberuf, um den Lehrerstand.

KIRSTEN: Es ist auch ein Problem, dass wir einfach so wenig junge Lehrer in den Kollegien haben. Das ist schade. Ich bin ja mit 52 bei uns an der Schule noch eine der Jüngeren. Also wir haben, glaube ich, zwei unter vierzig, dann noch mal so zwei, drei bis Mitte vierzig, und dann komme ich, und dann kommen ganz viele Mitte fünfzig, Ende fünfzig, Anfang sechzig. Am Gymnasium ist das oft noch schlimmer. Es wird zu wenig eingestellt.

GEORG: Wir haben in Berlin seit ungefähr zehn, fünfzehn Jahren keine wirklichen Neueinstellungen. Das heißt, wir altern gemeinsam in Ehren und wir werden alle gemeinsam irgendwann gehen. Es wird einen Umbruch geben, einen kompletten Austausch. Und das andere ist diese natürliche Befruchtung, Erfahrenheit und jugendliche Spontaneität, dieses Ausnutzen der unterschiedlichen Möglichkeiten. Das fehlt mir. Das ist eine wirklich schlechte Führungspolitik, die betrieben wird. Ich bin mir nicht sicher, ob Berlin nicht einer Katastrophe entgegensteuert. Wir vertreiben die jungen Leute durch unmöglichste Arbeitsbedingungen, schlechte Bezahlung und permanentes so Klein-Klein, ein Jahr befristet einstellen und so fort. Man braucht eine gewisse Mindestsicherheit, ein bisschen normale Planungssicherheit. Als neuer Lehrer werde ich in Hamburg mit Kusshand genommen und ich habe sofort die normalen tariflichen Bedingungen. Die Leute werden vertrieben. Gut ausgebildete Leute! Ist schon traurig. Zumal Berlin pro Lehrerabsolvent 100 000 Euro investiert hat. Und anschließend lassen sie zu, dass die wirklich gut ausgebildeten Leute nach Wolfsburg oder nach Hamburg oder sonst wo hingehen. Das ist irgendwo tragisch. Auch da verdirbt sich Berlin über kurz oder lang seine Zukunftschancen.

STEFFEN: Problemfall Berlin?

DAGMAR: Ich sehe, dass in Berlin die Schulpolitik Wege gegangen ist, die nicht sehr erfolgreich sind. Und ich sehe, dass hier eher der Karren an die Wand gefahren wird, vom Personal her und so weiter. Da bin ich nicht sehr optimistisch. Also das ist Stückwerk, was die hier an Bildungspolitik machen. Wenn die meisten guten Lehrer das Land verlassen, weil sie hier zu wenig verdienen oder keine Stelle kriegen, dann ist das nicht so aussichtsreich.

PIA: Auf Grund der finanziellen Bedingungen in Berlin, durch die fehlende Verbeamtung und der Belastungen, die dort zugenommen haben, ist es so, dass viele Menschen einfach sagen: »Nee, das tue ich mir nicht an.« Grad Leute, die sprühend vor Energie sind und die wir bräuchten, die sagen sich: »Wozu soll ich mir den Stress antun?«

THOMAS: Also ich hatte ja das Glück, dass ich gerade noch verbeamtet worden bin, als ich anfing. Ein halbes Jahr nach mir war dann Schluss. Es wird in Berlin nicht mehr verbeamtet. Und das ist ja das Dilemma für all die neuen Kollegen, die jetzt als Angestellte bezahlt werden. Berlin ist sogar aus dem bundesweiten Tarifvertrag der Länder ausgestiegen und bezahlt jetzt den Angestellten sogar weniger als in anderen Bundesländern. De facto bedeutet das, dass ein Lehrer, der in Berlin anfängt, in etwa brutto tausend Euro weniger als in Baden-Württemberg kriegt. Und das ist schon erheblich. Also das ist für junge Lehrer schon sehr frustrierend. Die kriegen dann mit einer vollen Stelle, alleinstehend, ein Netto von 1 600, 1 700 raus. Und dafür brauchst du nicht so lange zu studieren. Das kannst du auch in kürzerer Zeit als Koch erreichen.

Pia: Berlin verbeamtet jetzt gar nicht mehr. Und deswegen verliert Berlin auch die guten Lehrer, weil die sich sagen: »Mensch komm, wozu habe ich das gemacht?« Es gibt kein Weihnachtsgeld mehr, es gibt kein Urlaubsgeld mehr, du zahlst deine Klassenfahrten selbst, du zahlst deine Folien selbst. Berlin macht da echt was falsch. Ich glaube, dass die Katze sich da in den Schwanz beißt.

Anke: Wir werden ja als Grundschullehrer noch geringer bezahlt. Das finde ich eine Unverschämtheit. Also wir machen alle eine pädagogische Arbeit, wir mussten genauso studieren wie die anderen, wir mussten genauso das Referendariat machen. Und uns dann mit weniger Geld abzuspeisen, finde ich eine Unverschämtheit. Es ist nicht so, dass es mir zu wenig Geld ist, was ich kriege. Ich hätte nie gedacht, dass ich mal so viel verdiene. Aber wenn ich mir das halt im Verhältnis angucke, was wir dafür machen mussten: Wir mussten fünf Jahre studieren, wir mussten zwei Jahre Referendariat machen, und werden jetzt mit einem Gehalt bezahlt, was jeder Busfahrer verdient, der aber nach seiner Vierzig-Stunden-Woche nach Hause geht und sagt: »Hallelujah, ich mach jetzt frei!«

Georg: Meine Tochter, gegen meinen Rat will sie Lehrerin werden. Ich hab da nur getobt und gesagt: »Kannst du nicht was anderes machen?« Ich habe ihr gesagt: »In diesem Land ist Bildung nicht wirklich anerkannt. Man redet nur drüber, aber man will es ja nicht wirklich.« Sie soll sich was suchen, wo sie in einer anständigen Atmosphäre arbeitet. Denn ich kenne so gut wie keine Schule, wo das Lehrerzimmer anständig aussieht, wo ich einen ordentlichen Arbeitsplatz habe, wo man zu Mittag essen kann. Die Arbeitsbedingungen sind einfach schlecht. Man kann darüber aus Idealismus hinwegsehen, aber sie sind einfach schlecht.

Pia: Ein Arbeitszimmer darfst du ja auch nicht mehr absetzen als Lehrer. Du, die sagen dir, und das finde ich jetzt echt die größte Schweinerei: »Das Lehrerzimmer in der Schule ist dein Arbeitszimmer.« Bei uns im Lehrerzimmer reichen noch nicht mal die Stühle für alle Lehrer. Wir sind ein Kollegium von knapp über sechzig Leuten und haben zusammen nur einen Raum.

GEORG: In der DDR war Lehrer ein Beruf, der idealistisch war. Man war schlecht bezahlt. Sehr schlecht bezahlt. Also jeder Hilfsarbeiter war besser bezahlt. Und wer dort Lehrer wurde, war in den meisten Fällen Idealist. Es gab daher auch immer Lehrermangel. Man konnte ja als ungelernter Hilfsarbeiter mehr Geld verdienen. Und es gab in der DDR das Problem, was jetzt in der Bundesrepublik auch ist: die völlige Verweiblichung des Unterrichts, weil kaum noch ein Mann Lehrer werden möchte.

STEFFEN: Die Verweiblichung des Unterrichts?

DAGMAR: Dieser Lehrerberuf wird immer mehr von Frauen bewältigt, in allen Sparten. Und in den Klassen hast du dann Jungen, die von alleinerziehenden Müttern kommen. Die haben eine Mutter, eine Großmutter, eine Grundschullehrerin, noch eine Grundschullehrerin, in der Oberschule nur noch Lehrerinnen. Und der Einzige, den sie als Mann kennenlernen, ist der Hausmeister oder der Sportlehrer. Das setzt sich immer mehr durch. Ich halte das für eine fatale Entwicklung, dass in diesem pädagogischen Bereich männliche Bilder fehlen. Jungs, die brauchen doch auch ein männliches Lebensbild, weil Frauen nun mal anders ticken als Männer. Und wenn Jungs bis zur Pubertät immer wieder nur von den Frauen erzogen werden, glaube ich, ist das ein Manko, weil die gar keine männlichen Rollenmuster kennenlernen. Die erleben immer nur Frauen.

ANKE: In der Grundschule sind es noch weniger Männer als in den anderen Klassenstufen. Also je höher die Klassenstufen sind, desto mehr Männer kommen dazu.

LENA: Die Grundschule ist schon sehr deutlich frauenlastig. Neunzig zu zehn. Na gut, für Sport gibt's eine ganze Menge Männer. Aber im Grunde höchstens fünfzehn auf 85. Höchstens.

DAGMAR: Wir kriegen beim Nachwuchs kaum noch Lehrer männlichen Geschlechts. In der Grundschule schon gar nicht. Da kannst du dreimal klatschen, wenn die kommen. Das hast du alle Jubeljahre einmal. Und auch für die SEK I und bis in den Oberstufenbereich kriegst du kaum noch Männer. Du kriegst überwiegend Frauen rein. Das ist überhaupt kein attraktiver Beruf mehr. Der hat keine Aufstiegschancen. Der ernährt heute auch nicht mehr eine Familie.

Lehrerbild – »Lehrer sind faule Säcke!«

STEFFEN: Wie ist das Ansehen des Lehrerberufes in der Gesellschaft? Was sind eure Erfahrungen?

OLIVER: In der Bevölkerung ist ja noch so der Gedanke: »Ach, die Lehrer, das ist ein Halbtagsjob. Die sitzen nachmittags mehr auf dem Tennisplatz oder dem Golfplatz oder liegen auf der Terrasse und machen nix.«

DAGMAR: Es gibt ja so ein Image, das kriegst du als Lehrer häufig zu hören: »Na ja, das ist ja ein bequemer Job. Zwölf Wochen Ferien im Jahr. Die Arbeit endet mittags.« Die endet an Gymnasien inzwischen nachmittags zwischen 15 und 17 Uhr. Aber das nimmt man ja nicht so wahr. Und zwölf Wochen Ferien im Sinne von Freizeit hatte ich nie, weil du in den Ferien ja auch was machen musst. Da planst du was, da bereitest du was vor, da suchst du Bücher. Weihnachtsferien sind immer Ferien, wo man viel zu korrigieren hat. Es liegt natürlich auch an den Fächern, die man hat.

SVENJA: Also immer dieses: »Ach, jetzt habt ihr schon wieder Ferien«, das nervt. Was viele gar nicht sehen, in der Abiturszeit, da hast du schon eine Siebzig-Stunden-Woche, aber locker. Und dafür kriegst du nischt. Diese Abiturswochen, so sechs bis acht Wochen, das ist krass.

LENA: Die meisten haben schon immer noch die eingefahrene Meinung, dass es ein leichter Job ist, dass das jeder machen könnte. »Du hast ja sowieso den ganzen Tag frei.«

ANKE: »Vormittags hast du Recht, nachmittags hast du frei.«

LENA: Und Grundschullehrer ist noch extremer. »Das kann ja jeder. Zwei plus zwei ist immer vier. Kann ich denen auch beibringen.« Na ja, mach doch!

ANKE: Und das Schlimme ist, dass das speziell auch von Lehrern kommt, die SEK I oder SEK II unterrichten: »Na ja, was leistet ihr da unten schon? Ihr spielt ja den ganzen Tag. Ist ja nur Ringelpiez mit Anfassen.« Aber wenn sie dann mal eine Stunde in der Klasse waren: »Oh Gott, ist das anstrengend!«

HEIKO: Du weißt ja selber, was für eine Reputation man als Lehrer in der Öffentlichkeit teilweise hat. Das fängt an von »gut bezahltem Halbtagsjob« bis »Beamtenschmarotzer«. Mit vielen, die dann mit mir über den Beruf Lehrer diskutieren wollen, mal auf einer Party oder beim Kaffee irgendwo, rede ich gar nicht mehr. Das ist teilweise so grober Unfug, was da einem entgegenkommt. Wenn ich um halb eins von der Schule nach Hause fahre, denken die immer, ich lege mich jetzt aufs Sofa. Und von Überbezahlung, weil man ja auch so viel Ferien hat. Also es kursieren schon so Vorurteile in der Bevölkerung, dass einem manchmal die Haare zu Berge stehen.

GEORG: In der DDR gab's ja so diesen proletarischen Duktus. Lehrer, das sind alles Sesselfurzer. Das war so ein typischer Begriff im Betrieb: die Sesselfurzer.

KIRSTEN: Ich meine, Schröder hat sich doch nicht entblödet, in die Öffentlichkeit rauszuposaunen: »Lehrer sind faule Säcke.« Wie kann man als Bundeskanzler so was sagen? Das finde ich wirklich unglaublich. Also die Belastung der Lehrer ist in den letzten sechs, sieben, acht Jahren unglaublich hochgegangen, eben durch Mittleren Schulabschluss, durch viel Bürokratie, durch veränderte Schulstrukturen, durch eine schwierigere Schülerklientel und so weiter. Das ist einfach so. Und der andere Punkt ist, die Zeitungen schreiben überwiegend schlecht über Schule. Es werden immer negative Sachen rausgepickt: Koma-Saufen, Faulheit, Gewalt. Wann liest man denn positive Dinge über Schule? Fast nie.

DAGMAR: Machen wir uns mal nichts vor, Lehrer haben in der Gesellschaft kein positives Berufsbild. Da hat die Politik ja auch lange dran gearbeitet, Lehrer zu diskreditieren. Herr Schröder: »Lehrer sind faule Säcke«, hat er mal frank und frei erklärt. Die Lehrer, die versagen nur und können nichts. Ständig werden die vorgeführt. Das ist das Bild, das ganz viel in der Öffentlichkeit entstanden ist. Ich meine, da rudert man inzwischen ein bisschen zurück. Das ist mir schon klar.

HEIKO: Jeder, der da was sagt, der soll das doch mal machen. Der soll mal dahingehen. Geh mal in die Klasse rein und bring denen was bei! Mach das mal! Geh mal dahin! Da kriegst du Tränen in die Augen. Bei den Bildungsdiskussionen, das sind doch alles Intellektuelle. Was haben die denn für einen Schultyp besucht? Die waren alle auf dem Gymnasium. Und die waren auch noch nie in einer Hauptschule. Die wissen doch gar nicht, wie es da zugeht. Die wissen doch gar nicht, wie das Bildungsniveau da ist, dass Kinder da kaum einen Satz rauskriegen. Die wissen doch gar nicht, mit welchem Aggressionspotential die Lehrer umgehen müssen.

PIA: Es wird viel auf die Lehrer eingeprügelt. »Lehrer sind faule Säcke«, von Schröder zum Beispiel. Ich arbeite schon meine sechzig Stunden die Woche. Das ist einfach eine völlige Schweinerei, dass er so was sagen konnte. Der hätte einmal eine Woche meinen Job machen sollen. Die jetzige Politik nicht mehr so. Es gab jetzt gerade irgendeinen Politiker, der sagte: »Die Lehrer sind die Volkshelden.« Das fand ich total süß.

SZENE X

FINALES

Lehrer, die richtige Wahl?

STEFFEN: Wir sind bei unserer letzten Gesprächsrunde angekommen. Ist der Lehrerberuf die richtige Wahl gewesen? Seid ihr zufrieden?

VINCENT: Ich kann schon sagen, dass ich, konkret mit der Stelle an meiner Schule, den richtigen Beruf gewählt habe. Ich bin sehr froh, dass ich da für mich den richtigen Ort gefunden habe, dass das geklappt hat, dort gelandet zu sein.

ANKE: Wie gesagt, ich gehe jeden Tag zur Schule und weiß genau, das ist das, was ich machen will. Ich hab bis jetzt nicht einen Tag gehabt, wo ich irgendwie daran gezweifelt hätte. Ich bin sehr zufrieden mit dem, was ich mache. Also ich hätte gerne die Arbeitsbedingungen wie an einer privaten Schule, zum Beispiel mit eigenem Arbeitsplatz und Computer, wo man seine Sachen machen könnte. Das fände ich schön. Aber prinzipiell bin ich sehr zufrieden. Ich würde nichts anderes machen wollen.

MAHMUD: Ich bin sicher, dass ich die richtige Entscheidung getroffen habe. Der Beruf macht mir richtig Spaß, wirklich. Man sieht jeden Tag, dass man was Vernünftiges tut. Wenn man diese Schüler begleitet und deren Entwicklung wahrnimmt, wie sie am Anfang kommen und was sie mit der Zeit lernen, und wenn man auch die Kompetenz hat, diese schönen Momente, dieses Feedback von den Schülern wahrzunehmen, dann kann man so viel Energie auftanken, um immer wieder

Spaß an dieser Arbeit zu haben. Das kann nicht jeder. In Gesprächen merke ich, viele Kollegen, die konzentrieren sich nur auf die negativen Seiten. Aber ich lasse mich von diesen Aussagen überhaupt nicht beeinflussen. Ich bin stark davon überzeugt, dass ich die richtige Wahl getroffen hab.

THOMAS: Ich bin eigentlich sehr zufrieden mit dem, wie es so läuft. Also im Moment, muss ich sagen, läuft irgendwie alles sehr rund. Ich kann meine Familie mit drei Kindern ernähren, hab ein schönes Haus. Im Moment läuft es alles ganz gut.

SANDRA: Ich hab ja nicht die große Wahl. Die Wahl steht für mich zwischen Lehrerin und Hartz IV. Denn als Künstlerin zu leben oder dich hier in Deutschland als Biologin zu verwirklichen, das kannst du beides vergessen, in meinem Alter.

LENA: Ich weiß, dass Lehrerin genau das ist, was ich zurzeit machen möchte. Ich weiß aber auch, dass ich es nicht immer machen möchte. Ja, ewig werde ich nicht Lehrerin bleiben. Ich will auf jeden Fall nicht mit fünfzig noch vor einer Klasse stehen. Das ist nicht mein Ziel im Leben. Dann ist man irgendwann Oma und weiß ja gar nicht mehr, was diese Kinder jetzt interessiert.

MARION: Was für mich heute mehr zählt als früher, ist, dass ich weiß: »Okay, ich werde da jetzt nicht reich, aber ich kann davon leben.« Also ich bekomme das auch von meinen Geschwistern mit, die in der freien Wirtschaft arbeiten und dann einfach von Arbeitslosigkeit bedroht sind. Ich meine, diese Ängste und existentiellen Sorgen habe ich nicht. Und das ist als Familie sehr angenehm. Also wir haben eine gewisse Sicherheit, auf die wir aufbauen können. Dieses Beamtentum war ja für mich früher immer so dieses Spießertum. Aber ich merke, dass ich es einfach genießen kann, eine sichere Arbeit zu haben.

PIA: Im Großen und Ganzen bin ich zufrieden. Klar, dass man sich manchmal wünscht, dass es alles ein bisschen ruhiger wäre. Ein ruhiger Job ist es nicht. Aber es ist eben auch nicht langweilig. Und ich habe gute Arbeitsbedingungen an meiner Schule. Ich meine, ich hätte mir auch noch ein ganz anderes Leben vorstellen können. Auch mit den Kindern länger zu Hause zu bleiben. Also nicht wieder so früh arbeiten zu gehen. Aber das hat eben alles nicht so hingehauen. Deswegen ist das schon okay so, wie es ist.

DAGMAR: Zufrieden, ganz eindeutig, ja. Ich bin absolute Überzeugungstäterin. Manche in meinem Alter zählen ja schon die Tage bis zur Pensionierung. Da habe ich kein Problem mit. Aber es ist auch nicht so, dass ich dem hinterherjammern werde. Für mich ist klar, wenn ich 65 bin, ist Schluss. Ich bin keiner, der sagt: »Ich halte das ohne Schule nicht aus.« Ich will dann auch den Schlusspunkt setzen. Also ich werde nicht kaputtgehen, wenn der letzte Schultag anbricht. Ich habe ja auch andere Interessen. Ich will noch in den Förderverein, Naturkundemuseum und Tierpark, Elefantenführungen machen. Also ich hab jetzt schon tausend Ideen, was ich alles machen kann.

HELMUTH: Es gibt noch so viel zu tun. Ich war Schöffe am Jugendgericht, war politisch in der Freien Wählergemeinschaft tätig, war als Landschaftswart tätig. Also ich will damit nur sagen, es gibt genug zu tun und ich verstehe nicht, dass manche sich vor dem Ruhestand fürchten und in ein Loch fallen.

GUNNAR: Ich bin schon zufrieden gewesen. Aber ich bin jetzt auch froh, dass es zu Ende geht und dass ich hoffentlich meinen Ruhestand noch lange genießen kann, dass ich zusammen mit meiner Frau noch lange gesund bleibe und meine Pension genießen kann. Darauf freue ich mich. Deswegen habe ich auch Altersteilzeit gemacht. Ich arbeite nur noch bis zweiundsechzigeinhalb. Also ich habe jetzt noch anderthalb Jahre.

STEFFEN: Nochmals vor die Wahl gestellt, würdet ihr es wieder machen?

HEIKO: Ja, absolut. Das war die richtige Wahl. Würde ich immer wieder machen.

OLIVER: Also ich würde es wieder so machen. Es war schon genau das, was ich mir so vorgestellt habe, auch wenn ich damals noch nicht wusste, was eine Gesamtschule ist. Aber das würde ich heute wieder so machen. Ich würde auch wieder auf eine Gesamtschule gehen.

GUNNAR: Ich würde es noch mal machen. Aber ich würde nicht noch mal an die Hauptschule gehen, mit all den Begleiterscheinungen, die wir da heute haben. Vielleicht würde ich jetzt, wenn ich noch mal jung wäre, an eine Grundschule gehen. Also Grundschulkinder sind unheimlich dankbar für das, was ihnen entgegengebracht wird. Das habe ich in einer Sportstunde erlebt, wie sie dann hinterher fragen: »Wann kommst du wieder?« Da muss ich sagen, das hat mich beeindruckt. Wenn einem Dankbarkeit entgegengebracht wird, ist das viel wert. Das ist ja bei uns an der Hauptschule überhaupt nicht.

KIRSTEN: Ich glaube, ich würde wieder an die Realschule gehen. Grundschule ist mir zu wuselig. Oder vielleicht Gesamtschule, wo man dann alles hat, mit den verschiedenen Niveaus. Das würde mir auch gut liegen. Gymnasium bin ich nicht mehr scharf drauf. Das hätte ich damals sehr gerne gemacht. Aber inzwischen denke ich: nein! Ich glaube, mir liegt letzten Endes diese Sozialarbeit doch mehr als diese diffizilen Leistungskursgeschichten.

HELMUTH: Ja, ich hätte mir keinen besseren Beruf wünschen können und würde es auch heute noch mal genauso machen. Ich würde den Beruf wieder wählen. Es gibt ja große Freiheiten, man unterliegt nur wenigen Zwängen. Und dann eben auch die Freude an den Kindern und Jugendlichen, zu sehen, wie sie sich entwickeln und was daraus nachher wird.

KIRSTEN: Es ist ein ganz wunderbarer Beruf, auch wenn er Kräfte kostet. Ich denke schon, Lehrerin zu sein, das war für mich die richtige Entscheidung. Also ich glaube, ich würde wieder Lehrerin werden. Aber das sehen viele Kollegen anders. Fragen Sie mal andere! Da würden ganz viele Kollegen sagen: »Nee, würde ich nicht wieder machen.« Möchte ich mit Ihnen wetten.

STEFFEN: Topp, die Wette gilt!

TANJA: Im Moment bin ich zufrieden. Ich fühle mich an der Schule wohl. Ich habe sehr nette Kollegen. Und ich bin auch als Lehrerin an der richtigen Stelle. Ich glaube aber, dass es viele andere Sachen gibt, wo ich auch an der richtigen Stelle wäre. Und ich glaube, ich würde im nächsten Leben eher einen heilenden Beruf anstreben, als Physiotherapeutin zum Beispiel.

PIA: Ach, ich könnte mir auch ganz viele andere Sachen vorstellen. Ein Freund sagte gerade zu mir: »Mensch, du wärst eigentlich eine Unternehmensberaterin. Das wäre was für dich.« Würde mir auch Spaß machen. So ein ganz anderes Metier: Wirtschaft, Beratung und solche Sachen. Oder Dinge präsentieren, zum Beispiel beim Radio Nachrichtensprecherin zu sein. Und so dieses Organisieren, das macht mir auch Spaß: organisieren, etwas strukturieren.

GEORG: Nein, ich würde es heute nicht mehr machen. Hätte ich damals die Ressourcen gehabt, hätte ich mich nach der Wende am liebsten im Computerbereich selbstständig gemacht. Aber ich hatte eine Familie am Hals, die musste ernährt werden. Die Löhne waren am Anfang auch sehr, sehr schlecht. Ich war voller Sorgen. Ich hab mich einfach nicht getraut. Mein Sohn hat eine eigene Computerfirma gegründet und zieht aus diesem unglaublichen Arbeitseinsatz auch einen hohen Grad an Befriedigung. Ich beneide ihn darum. Ich beneide ihn darum, selbstständig entscheiden zu dürfen. Zum Glück hat dieses Land für engagierte Menschen die Möglichkeit geschaffen, selbst über ihr Leben zu bestimmen. Das ist für mich auch eine Schlussfolgerung aus der DDR: Die Selbstbestimmungsmöglichkeit der Menschen über ihr eigenes Leben muss als ein unglaublicher Vorteil dieses Systems gewertet werden. Viele sehen es als Gefahr, ich sehe es als unglaubliche Chance.

INGE: Das hat jetzt gar nichts mit dem Beruf zu tun, sondern mit der Möglichkeit der Lebenserfüllung, die ich damals nicht hatte, diese Möglichkeiten, die ich meinen Kindern gegeben habe. Mein einer Sohn ist Musiker und lebt in New York. Der andere ist hier in Berlin Mathematiker. Die konnten werden, was sie wollten. Das konnte ich nicht, mit dieser finanziellen Bedürftigkeit, der Armut, aus der ich gekommen bin. Ich würde mein Leben heute anders machen. Ich würde nicht mehr auf Sicherheit gehen. Ich würde heute wahrscheinlich riskieren, einen künstlerischen Beruf zu machen und dann eben weniger

Geld zu haben. Wobei ich natürlich auch sagen muss, ich habe jetzt eine schöne Pension, ich lebe gut, ich kann meinen Kindern helfen. Das ist natürlich auch was Tolles.

STEFFEN: Ein letztes Wort!

KLAUS: Der Lehrberuf war für mich eine Berufung. Ich konnte meine Hobbys, meine Interessen mit meinem Beruf wunderbar verbinden. Ich war ein überzeugter Lehrer.

HELMUTH: Ich blicke auf mein ganzes Lehrerdasein sehr positiv zurück. Ich habe ganz selten frustrierende Erlebnisse gehabt. Auch dieses Burnout-Syndrom habe ich nie gekannt. Es hat mir Freude gemacht bis zum Schluss.

INGE: Das Lehrersein war einfach ein Teil von mir. Es war gut, so wie es war.

HOLGER: Das ist der schönste Beruf, den ich mir vorstellen kann. Das war das Richtige. Für diese Inkarnation war es das Richtige.

Zukunftspläne

STEFFEN: Wie sehen eure Zukunftspläne aus? Wie lange werdet ihr den Lehrerberuf noch machen?

OLIVER: Es sind bei mir ja noch sechzehn Jahre. Das will ich auch noch durchziehen. Ich meine, man sagt ja immer, die meisten Lehrer schaffen es nicht mehr bis zum Pensionsalter, sondern gehen schon früher in den Ruhestand. Ich hoffe natürlich, dass ich das gesundheitlich durchhalte. Aber man weiß nicht, wie es in zehn Jahren ist. Ob ich dann so gestresst bin, dass ich das psychisch nicht mehr durchhalte. Das weiß ich nicht. Will ich nicht hoffen. Aber ich kann's mir jetzt eigentlich nicht vorstellen. Also ich denke, dass ich es bis zum 65sten Lebensjahr mache.

Tanja: Also ich versuche natürlich meine Arbeitskraft zu erhalten, indem ich versuche mich nicht so zu stressen und genug zu schlafen. Die Schule, an der ich jetzt bin, bietet auch eine Menge Möglichkeiten, um sich nicht so völlig aufzurauchen.

Thomas: Meine Frau sagt immer: »Mensch, willst du nicht irgendwie mal ans Gymnasium gehen?« Aber im Moment habe ich dazu eigentlich gar keinen Anlass. Ich finde, mir geht's da am Oberstufenzentrum ziemlich gut. Ja, irgendwann würde ich vielleicht auch mal ganz gerne wieder Geschichte unterrichten, was ich an dieser Schule ja überhaupt nicht kann. Aber es drängt mich innerlich nicht so wahnsinnig dazu. Also Geschichte ist einfach auch ein sehr aufwendiges Fach. Man müsste dann wieder bei null anfangen. Meine ganzen Unterrichtsmaterialien aus dem Referendariat kann ich ja alle nicht mehr gebrauchen. Das müsste ich mir komplett neu zusammensuchen. Und davor scheue ich ein bisschen zurück.

Heiko: Ich bin ja von meinem Beamtenstatus her Grund- und Hauptschullehrer. Daher stellt sich bei mir die Frage nicht, ans Gymnasium zu gehen, wenn ich von Ägypten nach Deutschland zurückkomme. Wenn ich mir wünschen könnte, ob ich jetzt, ich sag mal, an ein Sportgymnasium in Garmisch-Partenkirchen gehe, natürlich wäre das reizvoll. Aber da ich diese Möglichkeit nicht habe, lohnt es sich gar nicht, darüber nachzudenken.

Svenja: Ich möchte eigentlich gerne in die Lehrerausbildung gehen. Das ist so mein nächstes Ziel: Lehrer auszubilden. Das will ich in den nächsten fünf Jahren erreichen. Man bleibt an der Schule und ist gleichzeitig Fachseminarleiter. Mit der einen Hälfte der Stelle bildet man Lehrer aus, mit der anderen unterrichtet man. Oder meine Dinge, die ich an der Uni mache: Ich hab da ja jetzt so einen Lehrauftrag im nächsten Semester. Oder meine Vorträge und die Publikationen zu fachdidaktischen Themen. Das ist ja das Schöne: Dieser Beruf ermöglicht mir, dass ich das alles machen kann.

Pia: Ich soll jetzt eine Doktorarbeit schreiben, eine Promotion, mein Prof will das unbedingt. Aber eigentlich habe ich da gar keine Lust zu. Weißt du, was ich meine? Ich arbeite lieber mit Menschen und mache diese Projekte mit den Schülern. Das finde ich viel spannender, als mich hinter Büchern zu verbergen und wissenschaftlich zu arbeiten. Das ist eine Typensache. Ich bin eine, die eher praxisverbunden arbeiten möchte.

GEORG: Ich bin ja jetzt an der siebten Schule. Das ist bitte schön nicht als Zeichen von Instabilität zu sehen. Ich habe eine etwas merkwürdige Einstellung: Ich kann mir nicht vorstellen, an einer Schule alt zu werden. Das langweilt mich unglaublich, weil das eingefahrene Gleise bedeutet. Das ist für mich der größte Albtraum. Ich hatte in der alten Schule eine Kollegin, die hat in ihrem Leben nur eine einzige Schule kennengelernt. Sie hat über dreißig Jahre dort gearbeitet. Um Gottes willen! Die wissen ja gar nicht mehr, was außerhalb dieses Mikrokosmos vor sich geht.

VINCENT: Also ich denke, dass ich an der Waldorfschule sehr lange bleiben werde. Ich weiß, dass ich da ganz viele Freiheiten habe, auch die Freiheit, nebenher noch was anderes zu machen. Wenn ich jetzt noch mal irgendwas Handwerkliches machen möchte, dann kann ich meine Stelle so reduzieren, dass ich da trotzdem noch arbeite und auch existentiell mein Einkommen habe.

MAHMUD: Ich will irgendwann noch mal in einem anderen Land, einer anderen Kultur für ein paar Jahre leben. Eine deutsche Schule, irgendwo in einem anderen Land. Ägypten, Lateinamerika, Peru, Mexiko, irgendwo, Kanada, also für zwei, drei Jahre, weil ich gerne noch andere Kulturen kennenlernen möchte.

MARTIN: Ich würde auch gerne mal wieder für ein halbes Jahrzehnt in einen Gemeindedienst gehen, um dann aber wieder irgendwann in den Schuldienst zurückzugehen. Ich bin ein Mensch, ich brauche ab und zu, so alle sieben bis zehn Jahre, mal was anderes.

KATJA: Wie gesagt, ich kann mir durchaus vorstellen, dass ich in fünf Jahren was ganz anderes mache, wenn sich irgendwas ergibt, was ich spannend finde. Ich muss jetzt nicht bis zur Rente Lehrer machen. Ich habe ja auch noch Gesangsunterricht. Ich singe total gerne. Ich male auch weiterhin. Also dieser künstlerische Bereich ist nach wie vor etwas, was mich total reizt. Oder noch eine andere Lebensform ausprobieren. Es gibt ja so tolle Lebensgemeinschaften. Außerhalb, so mit Haus am See. Es gibt auch so Künstlergemeinschaften. Da wollte ich demnächst mal einfach so rumgucken. Mal sehen, wo mein Herz schreit. Und es gibt auch noch den schulpsychologischen Dienst. Die brauchen Leute für Diagnostik. Ich mache ja Diagnostik und Förder-vorschläge. So ganz abwegig finde ich den Gedanken nicht. Aber mein Herz schlägt doch mehr in Richtung Künstlerischem. Wer weiß, vielleicht kannst du mich ja in drei Jahren zu einem anderen Beruf interviewen.

Steffen: Ich bin mit meinen Fragen am Ende und sage vielen Dank, dass ihr mitgemacht habt. Möchte jemand zum Abschluss noch etwas sagen? Fällt euch noch etwas ein?

Katja: Fällt mir jetzt nix mehr ein.

Svenja: Das reicht jetzt.

Dagmar: Ich habe alles Wesentliche gesagt. Mir fällt jetzt nichts ein, wo ich denke, das fehlt noch ganz dringend.

Inge: Mir fällt nichts mehr ein. Ich hoffe, dass ich Ihnen einen richtigen Eindruck vermitteln konnte, dass ich nicht zu sehr idealisiert habe.

Vincent: Ich fand es interessant, das so selber noch mal alles zu reflektieren. Ich hatte mir vorher jetzt auch gar nicht so großartige Gedanken gemacht.

Tanja: Ich finde, das reicht erst mal. Ich glaube, ich habe jetzt eine Menge gesagt. Wenn mir noch was einfällt, schicke ich dir eine SMS.

Holger: Wenn Sie noch Nachfragen haben, gerne. Sie haben ja meine Nummer.

Inge: Nehmen Sie bitte noch ein Stück Kuchen!

Über den Autor

Steffen Strohmenger ist promovierter Ethnologe und hat als Dozent an verschiedenen Universitäten gearbeitet. Für seine Feldforschungen hat er mehrere Jahre in Ägypten gelebt. Im Peter Hammer Verlag ist von ihm das Buch *Kairo: Gespräche über Liebe* erschienen. Zusammen mit seiner Frau hat er 2015 den Verlag Sinnreich & Schweitzer gegründet, der sich auf das Verfassen diskursethnographischer Bücher verlegt. Beide leben mit ihrer Tochter in Berlin.

Weitere Titel aus unserem Programm

Aus der Reihe ***Berufswelten***

Gespräche mit Archäologen
Eine Collage

Anne-Catherine Escher

2016. Sinnreich & Schweitzer, Berlin
352 Seiten. Klappenbroschur
ISBN 978-3-946283-02-7
€ 22,95

Von Ägypten, Vorderer Orient, Asien über Mittelamerika bis Mittel- und Südeuropa: In diesem Buch berichten 24 Archäologinnen und Archäologen unterschiedlicher Fachrichtungen und Spezialisierung in einer inszenierten Gesprächsrunde über ihren Beruf und den Arbeitsalltag auf archäologischen Ausgrabungen.

Ein tiefblickendes Lesevergnügen für angehende und gestandene Archäologen sowie für alle Freunde der Archäologie.

Weitere Titel aus unserem Programm

Aus der Reihe ***Tierwelten***

Gespräche über Hunde
Eine Collage

Steffen Strohmenger

2015. Sinnreich & Schweitzer, Berlin
280 Seiten. Klappenbroschur
ISBN 978-3-946283-01-0
€ 14,95

Pudel, Mops, Cocker; Wolfshund, Dogge, Ridgeback; Husky, Stafford und viele andere – In einer inszenierten Gesprächsrunde berichten 22 Halterinnen und Halter verschiedenster Hunderassen über ihre Erfahrungen aus dem Alltag mit Hund.

Ein heiteres Lesevergnügen für alle großen und kleinen Hundefreunde.

Aus der Reihe ***Sportwelten***

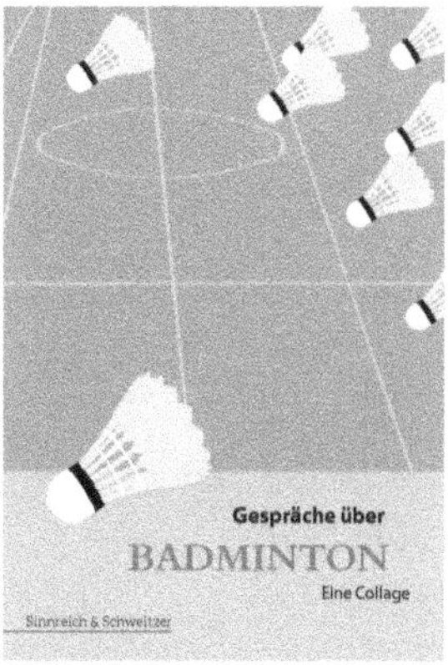

Gespräche über Badminton
Eine Collage

Steffen Strohmenger

2016. Sinnreich & Schweitzer, Berlin
Ca. 256 Seiten. Klappenbroschur
ISBN 978-3-946283-04-1
€ 14,95

Clear, Drop, Smash. Ob Freizeit- oder Leistungssport – In einer inszenierten Gesprächsrunde erzählen 26 Badmintonspieler und Spielerinnen über ihre Leidenschaft für diesen faszinierenden Sport.

Ein schwungvolles Buch für alle gewieften Badmintonspieler und solche, die es werden wollen.

Weitere Titel aus unserem Programm

Aus der Reihe ***Orientalia***

1001 Nacht?
Deutsch-Arabische
Liebesbeziehungen
Eine Collage

Steffen Strohmenger

2016. Sinnreich & Schweitzer, Berlin
200 Seiten. Klappenbroschur
ISBN 978-3-946283-03-4
€ 14,95

In einer inszenierten Gesprächsrunde berichten 21 Männer und Frauen über ihre Erfahrungen in einer deutsch-arabischen Liebesbeziehung. Man ist sich begegnet. Meistens war erheblicher Zufall im Spiel. Und nicht selten war es Liebe auf den ersten Blick. Dieses Buch erzählt von Freud und Leid in solchen bi-kulturellen Partnerschaften und den Erfahrungen, die man dabei macht.

Ein leidenschaftliches Buch für alle, die am Anfang oder inmitten einer deutsch-arabischen Liebesbeziehung stehen, und für alle, die sich gerne verlieben.